Dietmar Krämer
Neue Therapien mit Farben,
Klängen und Metallen

Dietmar Krämer

Neue Therapien mit Farben, Klängen und Metallen

Diagnose und Behandlung der Chakren

Ansata

Der Ansata Verlag ist ein Unternehmen der Verlagsgruppe
Ullstein Heyne List GmbH & Co. KG

ISBN 3-7787-7221-X

Abbildungen der Chakren: Manuel Krämer/Robert Wicki
Einbandgestaltung: Ateet FranklDesign unter Verwendung eines
Bildes von Robert Wicki
Druck und Bindung: Kösel, Kempten

Inhalt

Dank 10
Vorwort 11

TEIL 1
Grundlagen der Neuen Therapien mit Bach-Blüten

KAPITEL I
Die Chinesische Akupunkturlehre

1. Yin und Yang 18
2. Die Meridiane 20
3. Der Zyklus der Wandlungen 23

KAPITEL II
Neue Therapien mit Bach-Blüten

1. Innere Blüten 30
   a) Vorbemerkung 30
   b) Kurzcharakteristik der Bach-Blütenschienen 32
2. Äußere Blüten 46
   a) Vorbemerkung 46
   b) Kurzcharakteristik der Äußeren Blüten 47
3. Basisblüte Larch 50

KAPITEL III
Die Mondlinien

1. Einführung 52
2. Mondlinien als Diagnosemethode 57
3. Therapeutische Möglichkeiten 59

Teil 2

Neue Therapien mit Farben, Klängen und Metallen

Kapitel I

Neue Therapien mit Farben

1. Historisches 64
2. Wirkungen von Farben 68
   a) Psychologische Wirkungen 68
   b) Energetische Wirkungen 70
3. Beziehungen zwischen Farben, Bach-Blütenschienen, Akupunkturmeridianen und Mondlinien 72
4. Bach-Blüten-Farbtest 76
5. Praxis der Neuen Therapien mit Farben 79
   a) Grundlagen 79
   b) Farbbestrahlungen auf Akupunkturpunkten 80
   c) Mondlinientherapie mit Farben 82
   d) Andere Anwendungsformen 85
6. Therapiefarben von Rot bis Violett 90

Kapitel II

Neue Therapien mit Klängen

1. Historisches 104
2. Wirkungen von Klängen 106
   a) Psychologische Wirkungen 106
   b) Energetische Wirkungen 108
3. Beziehungen zwischen Klängen, Bach-Blütenschienen, Akupunkturmeridianen und Mondlinien 112
4. Praxis der Neuen Therapien mit Klängen 115
   a) Singen der Resonanztöne 115
   b) Behandlung von Akupunktur- und Mondlinienpunkten mit Klängen 117

Kapitel III

Neue Therapien mit Metallen

1. Historisches 120
2. Beziehungen zwischen Metallen, Bach-Blütenschienen, Akupunkturmeridianen und Mondlinien 122
3. Unverträglichkeiten und Allergien 124
4. Praxis der Neuen Therapien mit Metallen 126
   a) Tragen am Körper 126
   b) Metallwasser 127
   c) Stimulierung von Akupunkturmeridianen 128
5. Metalle von Aluminium bis Zirkonium 130

Teil 3

Diagnose und Behandlung der Chakren

Kapitel I

Grundlagen

1. Historisches 154
2. Aussehen der Chakren 158
   a) Vorbemerkung 158
   b) Größe der Chakren 159
   c) Form der Chakren 160
   d) Farbe der Chakren 162
   e) Gestörte Chakren 164
3. Aufgaben der Chakren 165
   a) Die Chakren als Aufnahmeorgane für feinstoffliche Schwingungen 165
   b) Die Chakren als übergeordnete Steuerungszentren, die den Kontrollzyklus der Akupunktur kontrollieren . . 171
   c) Chakren und spirituelle Entwicklung 173
4. Beziehungen zwischen Chakren und Bach-Blüten-Hautzonen 176
5. Die sieben Hauptchakren 179
   a) Chakra I 185
   b) Chakra II 191

c) Chakra III 191
d) Chakra IV 195
e) Chakra V 199
f) Chakra VI 203
g) Chakra VII 207
6. Beziehungen der Chakren zueinander 211

KAPITEL II

Diagnose der Chakren

1. Vorbemerkung 216
2. Sensitive Diagnose 217
3. Objektive Diagnosemethoden 222

KAPITEL III

Behandlung der Chakren

1. Therapie mit Bach-Blütenschienen 226
2. Therapie mit Farben 230
3. Therapie mit Klängen 234
4. Therapie mit Metallen 238
5. Chakrameditation 240

Anhang

Anmerkungen 245
Literaturverzeichnis 255
Übersicht: Die unterschiedlichen Körper des Menschen
und die darauf wirkenden Heilverfahren 259
Übersicht: Lokalisation der Chakren 260
Hinweise zum Auffinden der Chakra-Austrittspunkte 261
Alphabetisches Verzeichnis der Bach-Blüten 262
Tabelle: Bach-Blütenschienen und Farben 263
Tabelle: Bach-Blütenschienen und Töne 264
Tabelle: Bach-Blütenschienen und Metalle 265
Tabelle: Akupunkturmeridiane und Farben 266
Tabelle: Akupunkturmeridiane und Töne 267

Tabelle: Akupunkturmeridiane und Metalle 268
Tabelle der Mondlinien 269
Tabelle: Chakren und Akupunkturmeridiane 270
Tabelle: Chakren und Bach-Blüten 271
Tabelle: Chakren und Farben 272
Tabelle: Chakren und Töne 273
Tabelle: Chakren und Metalle 274
Tabelle: Chakren und Planeten 275
Tabelle: Chakren und Edelsteine 276
Bezugsquellen 277
Seminare 278
Hinweis 279

Dank

An dieser Stelle möchte ich allen danken, die an der Fertigstellung dieses Buches und an der umfangreichen Forschungsarbeit, die diesem zugrunde liegt, mitgewirkt haben. Insbesondere danke ich meiner Mitarbeiterin Martina Gräf für ihre unermüdliche Mithilfe bei den für die Erarbeitung der Farbresonanzmethode erforderlichen sensitiven Testserien, meinem Sohn Manuel für die beharrliche Mitarbeit bei der Erforschung der Chakren und die Anfertigung der eindrucksvollen Chakraportraits als Grundlage für die Abbildungen in diesem Band sowie dem Graphiker Robert Wicki für deren künstlerische Umsetzung. Desgleichen danke ich Brunhild Börner-Kray für den anregenden Gedankenaustausch, dem Ansata-Verlag für die hervorragende Zusammenarbeit und meiner Familie für ihre Geduld und ihr Verständnis während der zeitraubenden Arbeit an diesem Buch.

Vorwort

«Es scheint weitere erfolgversprechende Anwendungsmöglichkeiten der Bach-Blüten zu geben. Im Augenblick sieht es so aus, als hätte ich mit den ‹Neuen Therapien› nur eine Türe aufgestoßen; ich weiß noch nicht, was mich hinter dieser Türe alles erwartet.» Mit diesen Worten schloß ich 1989 den ersten Band der «Neuen Therapien mit Bach-Blüten» ab.

Damals konnte ich nur erahnen, daß die neue Art der Auswertung anhand der von mir gefundenen Schienen der Bach-Blütentherapie völlig neue Perspektiven eröffnen würde. Einen Zusammenhang zwischen diesen Schienen und den Meridianen der chinesischen Akupunktur vermutete ich bereits. Für die mehr oder weniger intuitiv gefundenen Entsprechungen sah ich zu diesem Zeitpunkt aber noch keinerlei praktische Verwendungsmöglichkeiten. Als sich jedoch herausstellte, daß die extremen Reaktionen, die bei einigen Patienten aufgetreten waren, eindeutig in Verbindung mit der Einnahme ganzer Schienen standen, kam ich auf diese Akupunkturentsprechungen zurück. Anhand der Regeln der Akupunktur und des altchinesischen Zyklusses der Wandlungen, der die Interaktionen der Meridiane untereinander beschreibt, fand ich die Beziehungen der Schienen zueinander, die eine Therapie

---

* Vgl. S. 30f. bzw. Neue Therapien mit Bach-Blüten 1, S. 18ff.

mit ganzen Schienen überhaupt erst ermöglichten. Seltsamerweise ergaben sich dabei genau sieben Schienenkombinationen.

Diese Tatsache machte mich stutzig, und es drängte sich mir die Frage auf, ob hier nicht eventuell ein Zusammenhang mit den Chakren bestehe. Versuchsweise ordnete ich diese Schienenkombinationen den einzelnen Chakren zu und überprüfte die vermuteten Entsprechungen mit der Farbresonanzmethode*, die ich damals gerade entwickelt hatte. Dabei zeigte sich, daß die Reaktion der den Bach-Blütenschienen entsprechenden Farben sowohl bei den Chakren als auch bei den Akupunkturmeridianen und den Mondlinien** mit den angenommenen Beziehungen völlig übereinstimmt. Mondlinienpunkte, deren Wirkung mir zuvor verschlossen geblieben war, entpuppten sich als Chakrapunkte.

Die nächsten Experimente führte ich mit meinem Sohn Manuel durch, der die Aura und die Chakren sehen kann und mir bereits bei der Erarbeitung der Topographie der Hautzonen entscheidende Tips gegeben hatte. Die im zweiten Band der Neuen Therapien mit Bach-Blüten geschilderten Veränderungen in der Aura nach Einreibung der Haut mit Bach-Blüten*** gehen auf seine Beobachtungen zurück.

Als Test fragte ich ihn bei akuten Problemen von Familienangehörigen, welches Chakra jeweils nicht in Ordnung sei. Das Ergebnis war jedesmal verblüffend: Die mit dem von ihm genannten Chakra korrespondierende Schienenkombination paßte stets exakt für die betreffende Person. Der Erfolg bei der anschließenden Einnahme zeigte außerdem, daß die Diagnose richtig war.

Später ließ ich ihn gelegentlich auch in der Praxis in chronischen Fällen Chakradiagnosen bei ihm unbekannten Personen erstellen, wobei das Resultat immer mit der Mondlinientestung übereinstimmte. Schließlich begann ich selbst, die feinstoffliche Wahrnehmung der Chakren zu üben, um diese auch auf sensitive Weise dia-

---

* Vgl. S. 72ff. bzw. Neue Therapien mit Bach-Blüten 3, S. 37ff.

** Vgl. S. 52ff. bzw. Neue Therapien mit Bach-Blüten 3, S. 141ff.

*** Vgl. Neue Therapien mit Bach-Blüten 2, S. 30/31

gnostizieren zu können. Meine eigenen diesbezüglichen Ergebnisse deckten sich ebenfalls mit der Mondlinientestung.

Diese Erfahrungen und die Reaktionen bei der Bestrahlung der Chakrapunkte der Mondlinien legten den Schluß nahe, daß die Chakren außer den bekannten Aufgaben eine weitere Funktion ausüben: Sie kontrollieren als übergeordnete Steuerungsorgane den Kontrollzyklus der Akupunktur*. Da sich hieraus eine Vielfalt erfolgversprechender diagnostischer und therapeutischer Möglichkeiten zu eröffnen schien, die erst weiter erforscht werden mußten, entschied ich mich damals, die Chakraentsprechungen im dritten Band der Neuen Therapien noch nicht zu veröffentlichen, obwohl sie mit den darin beschriebenen Schienenbeziehungen in direktem Zusammenhang stehen.

Im Laufe der Zeit ergaben sich völlig neue Einsichten in die Wirkungsweise der Chakren, die aus deren Zusammenhang mit dem Kontrollzyklus der Akupunktur resultierten. Die Einbeziehung der Klänge und Metalle in die Therapie der Chakren war die nächste logische Konsequenz. Dabei zeigte sich, daß sowohl Klänge als auch Metalle in ihren Entsprechungen zu den Chakren denselben Gesetzmäßigkeiten folgen wie die Farben.

---

* Vgl. S. 23ff. bzw. Neue Therapien mit Bach-Blüten 3, S. 30ff.

TEIL 1
Grundlagen der Neuen Therapien mit Bach-Blüten

KAPITEL 1

Die Chinesische Akupunkturlehre

1.
Yin und Yang

Die Grundlage der chinesischen Akupunktur ist die Lehre von Yin und Yang und der Zyklus der Wandlungen. Yang bedeutete ursprünglich: die sonnenbeschienene Seite eines Hügels und stand für Helligkeit und Wärme, während Yin die schattige Seite bezeichnete und Dunkelheit und Kälte beeinhaltete. Daraus entwickelte sich ein philosophisches Konzept, das den natürlichen Prozeß immerwährender Veränderung auf der Basis von zwei polaren Gegensätzen zu erklären suchte.

Das Yang repräsentiert hierbei das aktive Prinzip und wird mit Begriffen wie Anregung, Bewegung, Erregung und Hitze assoziiert, während das Yin das passive Prinzip verkörpert und für Ruhe, Bewegungslosigkeit, Empfänglichkeit und Kälte steht. Letztendlich lassen sich alle uns bekannten Polaritäten als Ausdruck von Yang und Yin verstehen: männlich/weiblich, Tag/Nacht, Sonne/Mond, Himmel/Erde, Bewußtes/Unbewußtes, Ratio/Emotio, Geist/Materie, Fülle/Mangel u. a.

Beide Prinzipien stellen jedoch keine reinen Gegensätze dar, die sich statisch gegenüberstehen, sondern sind Ausdruck eines fortwährenden Prozesses der Veränderung und Wandlung. Hierbei löst Yang aus, initiiert – Yin dagegen bringt den Impuls des Yang zur Entfaltung. Yang beginnt, Yin vollendet. Doch auch hier gibt es nichts Statisches, denn Yin und Yang verwandeln sich ineinander.

So folgt beispielsweise auf jede Einatmung eine Ausatmung und auf jede Ausatmung wieder eine Einatmung. Im Zyklus der Natur wechselt der Tag mit der Nacht und die Nacht mit dem Tag, die Hitze des Sommers mit der Kälte des Winters und umgekehrt. Alles ist einer steten Wandlung unterworfen, und beide Aspekte dieses Prozesses, Yin und Yang, bedingen sich gegenseitig. Für jedes Oben muß es zwangsläufig ein Unten geben, für jedes Innen ein Außen, für jedes Links ein Rechts.

Doch auch das Yang trägt einen Yin-Anteil in sich und das Yin einen solchen von Yang. Dies wird durch die chinesische Monade versinnbildlicht, bei der sich im hellen Feld des Yang ein dunkler Punkt und im dunklen Feld des Yin ein heller Punkt befindet. Das Symbol beeinhaltet jedoch noch mehr: Die geschwungene Teilungslinie zerschneidet den Kreis nicht einfach in zwei gleichmäßige Hälften, sondern läßt beide Anteile weit ineinander greifen und verdeutlicht damit das dynamische und fortwährende Ineinanderfließen von Yin und Yang – sie schaffen einander, kontrollieren einander und verwandeln sich ineinander.[1]

Die Monade

2.
Die Meridiane

Nach chinesischer Vorstellung zirkuliert im menschlichen Körper eine Lebenskraft, die als *Chi* bezeichnet wird. Sie nährt uns energetisch und erhält unser Leben.

Diese Lebenskraft setzt sich aus verschiedenen Anteilen zusammen: Die *Erbenergie* ist eine Art «Urenergie», die wir bei unserer Zeugung mit auf den Weg bekommen. Sie ermöglicht es uns überhaupt erst, andere Arten von Energien aufzunehmen. Versiegt sie, so bedeutet das unweigerlich den Tod. Sie kann weder von außen zugeführt noch irgendwie ersetzt werden. Die *Nahrungsenergie* wird durch Umwandlung von Nahrungssubstanzen in Energie gewonnen. Ihre Zufuhr ist abhängig von der Auswahl und Qualität unserer Lebensmittel. Über die Atmung nehmen wir außer dem Sauerstoff auch noch eine feinstoffliche Energie auf, die als *Atmungsenergie* bezeichnet wird. Ihre Zufuhr ist abhängig von der Art unserer Atemzüge sowie der Qualität der eingeatmeten Luft.

Nahrungs- und Atmungsenergie bilden zusammen unsere *Abwehrenergie*, die unsere Widerstandsfähigkeit gegenüber schädigenden äußeren Einflüssen und Krankheitserregern ausmacht. Daneben gibt es noch eine *intersexuelle Energie*. Diese wird durch das Zusammentreffen von Personen unterschiedlichen Geschlechts hervorgerufen und basiert ausschließlich auf der Spannung zwischen zwei extremen Polen.

Die Gesamtheit aller dieser Energien bildet die bereits erwähnte Lebenskraft *Chi*. Auch sie ist polar und hat Yin- und Yang-Anteile. Diese zirkulieren in den Meridianen der Akupunktur, die sich als feinstoffliche Energiekanäle verstehen lassen.

Es gibt zwölf paarig angeordnete Hauptmeridiane, die an der Körperoberfläche verlaufen und jeweils nach dem Organ benannt sind, mit dem sie durch einen inneren Verlauf verbunden sind. Zu diesen gehören noch längs- und querverlaufende Nebenmeridiane, auf die ich im Rahmen dieser kurzen Übersicht über die Grundlagen der Akupunktur jedoch nicht näher eingehen möchte.* Auf den Hauptmeridianen befinden sich die Akupunkturpunkte, die sich bildlich als Schleusen verstehen lassen, mit deren Hilfe die Energie im Bedarfsfall in andere Energiekanäle umgeleitet werden kann.

Die Meridiane beeinflussen nicht nur das ihnen zugehörige Organ in der Tiefe, sondern auch sämtliche Organe und Gewebe in ihrem Verlaufsgebiet. So hat beispielsweise der Dickdarm-Meridian Einfluß auf den Zeigefinger, das Handgelenk, den Ellbogen, den Deltoidmuskel, das Schultergelenk und die Nase.**

Daneben gibt es noch weitere Zuordnungen von Funktionen, Geweben und Sinnesorganen zu Meridianpaaren, die in Funktionskreisen zusammengefaßt und den fünf Elementen*** zugeteilt werden.

Diese Meridianpaare bestehen jeweils aus einem Yin- und einem Yang-Meridian, die sich entsprechend der chinesischen Einteilung in Arbeits- und Speicherorgane in ihrer Funktion ergänzen.

Arbeitsorgane dienen der Aufnahme von Nahrung, der Verarbeitung der von außen zugeführten Stoffe und der Ausscheidung von nicht assimilierbaren Substanzen. Da sie dem *aktiven Prinzip* entsprechen, werden sie dem Yang zugeordnet.

---

* Eine ausführlichere Beschreibung findet sich im dritten Band der Neuen Therapien mit Bach-Blüten.

** Die inneren und äußeren Verläufe sämtlicher Meridiane sind im dritten Band der Neuen Therapien mit Bach-Blüten abgebildet.

*** Vgl. S. 24

Aufgabe der *Speicherorgane* ist die Umsetzung der resorbierten Nahrungsbestandteile, deren Speicherung und die Verteilung der aufgenommenen Energien. Da ihre Funktionen einem *passiven Prinzip* entsprechen, werden sie dem Yin zugeordnet.

Ein Beispiel für ein solches Funktionspaar ist das System Niere/Blase. Die Niere hat hierbei die Rolle des Speicherorgans inne, da ihre Aufgabe in einem *langsamen*, eher *passiven* Prozeß der Filtration und Rückresorption von noch gebrauchten Stoffen besteht. Die Funktionsweise der Blase stellt dagegen einen *aktiven* Vorgang der Ausscheidung dar. Sie ist daher das komplementäre Arbeitsorgan dieses Funktionskreises.

3.
Der Zyklus der Wandlungen

In der klassischen Akupunkturlehre wird Krankheit als ein Mißverhältnis der polaren Kräfte Yin und Yang verstanden. Demnach lassen sich sowohl körperliche Störungen als auch psychische Probleme stets auf eine Fehlverteilung der Lebensenergie *Chi* im Körper zurückführen. Diese wiederum wird durch äußere Krankheitsursachen (z. B. Hitze, Kälte, Wind), innere Krankheitsursachen (Angst, Sorgen, Zorn usw.) sowie sonstige krankmachende Faktoren (beispielsweise Ernährungsfehler, Überanstrengungen und Verletzungen) ausgelöst.*

Das Ziel therapeutischer Bemühungen muß es demzufolge sein, das energetische Ungleichgewicht wieder auszugleichen. In der Akupunktur soll dies durch Stechen spezieller Punkte auf der Körperoberfläche erreicht werden, wodurch die Energie von einem Ort, wo ein Überschuß besteht, dorthin transportiert wird, wo ein Mangel herrscht. Dabei ist zu beachten, daß die Lebensenergie in den dafür vorgesehenen Bahnen (Meridianen) nur in einer bestimmten Richtung fließt, vergleichbar mit Wasser in Kanälen. Zum Verständnis dieser energetischen Flußrichtung dient der *Zyklus der Wandlungen*, der zugleich auch die Interaktionen der

---

* Vgl. Neue Therapien mit Bach-Blüten 3, S. 34 ff.

Meridiane untereinander beschreibt und aus dem sich die Regeln der Akupunktur ableiten lassen.

Der Zyklus der Wandlungen basiert auf der Vorstellung, daß die gesamte belebte und unbelebte Natur aus fünf Elementen aufgebaut ist: Feuer, Wasser, Erde, Metall und Holz. Diese Elemente stellen ordnende Kräfte dar, die im ganzen Universum und auch im Menschen wirksam sind. Ihnen wird nicht nur die gesamte Materie zugeordnet, sondern auch Jahreszeiten, Farben, Gerüche, Geschmäcke und Gefühle. Sie sind jedoch nicht als etwas Statisches zu verstehen, sondern eher als Symbole für Lebensvorgänge, Bewegungstendenzen und Naturabläufe – jedes Element beeinflußt die anderen und wird wiederum selbst von diesen beeinflußt. Alles ist einer ständigen Wandlung unterworfen.

Die Art und Weise, wie diese Wandlungsvorgänge ablaufen und die Gesetzmäßigkeiten, denen sie folgen, werden durch den nachfolgend skizzierten Zyklus der Wandlungen beschrieben. Dieser erklärt vor allem die Interaktionen unter den verschiedenen Elementen, deren Entstehung (symbolisiert durch die Pfeile im Uhrzeigersinn) und Zerstörung (dargestellt durch die Pfeile im Innern des Kreises).

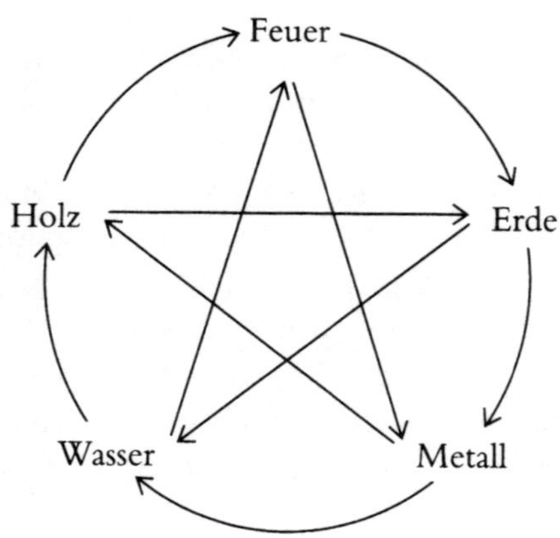

Zyklus der Wandlungen

Den fünf Elementen werden die bereits erwähnten Funktionspaare, ausgehend von den Speicherorganen, zugeordnet. Die Einteilung dabei basiert auf einer symbolischen Entsprechung der Funktionen der einzelnen Organe mit den in der Natur verkörperten Eigenschaften der Elemente. So gehört beispielsweise die Niere zum Wasser, da sie den Wasserhaushalt im Körper steuert.

Die nachfolgende Übersicht zeigt die wichtigsten Zuordnungen:

Element:	**Funktionspaar**:	**Entsprechungen**:
Erde	Milz-Pankreas/Magen	Bindegewebe, Mund, Lippen, süß, *Grübeln*, Spätsommer, Feuchtigkeit
Metall	Lunge/Dickdarm	Haut, Schleimhaut, Nase, scharf, *Traurigkeit*, Herbst, Trockenheit
Wasser	Niere/Blase	Knochen, Skelett, Ohr, salzig, *Angst*, Winter, Kälte
Holz	Leber/Gallenblase	Muskeln, Sehnen, Auge, sauer, *Zorn*, Frühling, Wind
Feuer	Herz/Dünndarm Kreislauf-Sexus/Dreifacher Erwärmer	Blut, Gefäße, Zunge, bitter, *Freude*, Sommer, Hitze

Der Kreislauf-Sexus beinhaltet den aktiven Teil des Herzens, dem die chinesische Medizin einen eigenen Meridian zuordnet. Zu seinen Aufgaben gehört u.a. die Pumpenfunktion des Herzens und die Kontrolle der Blutverteilung im gesamten Körper.* Dem Herz selbst erkannten die Chinesen nur eine Blutspeicherfunktion zu.

Der Dreifache Erwärmer ist ein rein funktioneller Meridian, dem kein stoffliches Organ entspricht. Sein Aufgabengebiet ist der Säfteumlauf im gesamten Körper und – zusammen mit anderen Funktionskreisen – dessen Regulation.**

Bei der Erarbeitung der Beziehungen der Schienen zueinander stellte es sich heraus, daß der Kreislauf-Sexus dabei eine Yang-

* Vgl. S. 201
** Vgl. S. 186

Funktion und der Dreifache Erwärmer eine Yin-Funktion innehat.* Dies ist zunächst ein Widerspruch zur klassischen Akupunkturlehre. Betrachtet man aber die Aufgabengebiete der beiden Meridiane, so erscheint das Ergebnis sehr logisch, insbesondere wenn man berücksichtigt, daß der Dreifache Erwärmer nach neueren Forschungen in der bioelektrischen Medizin das Hormonsystem beinhaltet. Die Hormonproduktion ist im Grunde ein Yin-Prozeß, da sie einen langsamen, eher passiven Vorgang darstellt. Demnach wäre der Dreifache Erwärmer ein Speicherorgan, der Kreislauf-Sexus jedoch ein Arbeitsorgan, da die Pumpenfunktion des Herzens einen aktiven Vorgang der Austreibung und damit einen Yang-Prozeß verkörpert.

Die Ergebnisse der Testung der Zusammenhänge zwischen Akupunkturmeridianen und Chakren mit Hilfe der Farbresonanzmethode bestätigten indes die aufgrund der Beziehungen der Schienen zueinander abgeleitete Zuordnung. Hierbei reagierte die Resonanzfarbe des Dreifachen-Erwärmer-Meridians am Chakrastiel des zweiten Chakras, die Resonanzfarbe des Kreislauf-Sexus-Meridians am Austrittspunkt** des fünften Chakras. Yin-Meridiane stehen grundsätzlich mit den Chakren selbst in Verbindung, da wir über diese feinstoffliche Schwingungen von außen aufnehmen (Yin-Funktion). Yang-Meridiane sind dagegen mit den Austrittspunkten auf der Körperrückseite verknüpft, über die wir überschüssige feinstoffliche Schwingungen wieder nach außen abgeben.***

Die folgende Abbildung veranschaulicht den Zyklus der Wandlungen in Verbindung mit den dazugehörigen Meridianen****. Die Yin-Meridiane befinden sich dabei an der Innenseite des Pentagramms, die Yang-Meridiane an dessen Außenseite. Kreislauf-Sexus und Dreifacher Erwärmer wurden aus den genannten Gründen vertauscht.

---

* Vgl. Neue Therapien mit Bach-Blüten 3, S. 185

** Vgl. S. 169

*** Vgl. S. 172

**** Eine ausführliche Beschreibung der Meridiane folgt im dritten Teil dieses Buches bei der Darstellung der einzelnen Chakren.

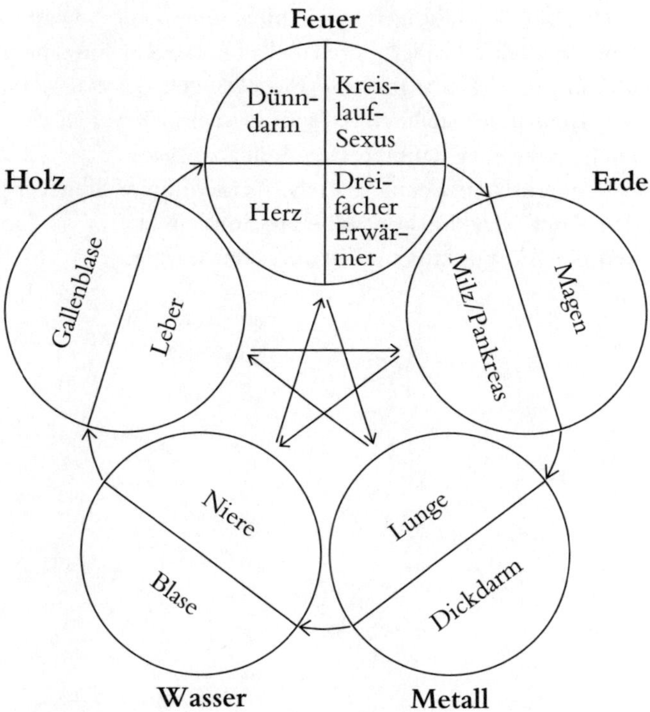

Zyklus der Wandlungen

Der zerstörerische Zyklus im Körper wird auch **Kontrollzyklus** genannt. Jedes Element überwacht hierbei das ihm zugeordnete. Kann das Kontrollelement seine Funktion nicht mehr erfüllen, weil es z.B. selbst erkrankt ist, so kommt es zunächst zu Funktionsstörungen in dem zu kontrollierenden Element, die im unbehandelten Fall bis hin zur Zerstörung von Organen gehen können. Hieraus ergeben sich eine Fülle von Wechselwirkungen, die die medizinisch oft unerklärlichen gegenseitigen Beeinflussungen von Organen erklären können.

Umgekehrt kann es vorkommen, daß sich ein erkranktes Organ von seinem Kontrollorgan nicht mehr beeinflussen läßt. Als Folge wird auch das Kontrollorgan krank.

Der Zyklus der Wandlungen spielt nicht nur in der Akupunktur eine zentrale Rolle, sondern auch bei den Neuen Therapien mit Bach-Blüten, da sich aus ihm die Beziehungen der Bach-Blütenschienen zueinander ableiten lassen. Er beinhaltet jedoch noch wesentlich mehr – er definiert den Aufgabenbereich der Chakren auf der energetischen Ebene, die als übergeordnete Steuerungsorgane den Kontrollzyklus kontrollieren. Somit bildet er die Brücke zwischen der Akupunktur und der Chakratherapie.

Kapitel II

Neue Therapien mit Bach-Blüten

1.
Innere Blüten

a) Vorbemerkung

Die Inneren Blüten umfassen zwölf Gruppen von Bach-Blüten, die mit den Meridianen der chinesischen Akupunktur korrespondieren* und von mir als *Schienen* bezeichnet werden. Diese setzen sich jeweils aus drei Blüten zusammen – einer Kommunikationsblüte, einer Kompensationsblüte und einer Dekompensationsblüte –, die für Gemütszustände stehen, die stets aufeinander folgen bzw. sich auseinander entwickeln.

Die *Kommunikationsblüten* beinhalten Blütenkonzepte, die unserem ureigensten Charakter entsprechen. Sie versinnbildlichen die Art und Weise, wie wir mit unserer Umgebung kommunizieren. Ist die Kommunikation mit unserem Höheren Selbst** gestört, so kommt es auch zu einer Störung in der Kommunikation mit unserer Umgebung. Wir reagieren mit Ängsten, Unsicherheit, Zweifeln, Ungeduld, Überheblichkeit u. a. m.

---

* Vgl. S. 259

** Edward Bach ging davon aus, daß Leiden dadurch entsteht, daß der Mensch nicht mehr in Einklang mit seinem Höheren Selbst handelt. Die Bach-Blüten stellen durch ihre Schwingung den blockierten Kontakt zwischen Persönlichkeit und Höherem Selbst wieder her.

Wird das durch die Kommunikationsblüte verkörperte Problem auf längere Sicht nicht gelöst, dann versuchen wir, die Schwäche zu *kompensieren*. So wird beispielsweise die Unsicherheit des Cerato-Zustandes durch sicheres Auftreten und Demonstration von Stärke bis hin zu Dominanz und Machtstreben kompensiert. Dieses Verhalten entspricht dem negativen Seelenkonzept der *Kompensationsblüte* Vine.

Solch ein künstlicher Zustand kann nicht auf Dauer aufrechterhalten werden und führt daher über kurz oder lang zum Stadium der Dekompensation. Im obengenannten Beispiel fällt der Betroffene von seiner Scheinstärke wieder zurück in einen Zustand völliger Verunsicherung und Ziellosigkeit, verkörpert durch die *Dekompensationsblüte* Wild Oat. Dekompensationszustände sind psychopathologische Endzustände. Hier herrscht der größte Leidensdruck. Bei einer langfristigen Bach-Blütentherapie müssen sie daher zuerst behandelt werden, da sie sonst als Therapieblockaden wirken.

b) Kurzcharakteristik der Bach-Blütenschienen

Agrimony-Schiene

Akupunkturbezug: Dünndarm-Meridian

Agrimony-Stadium:
- scheinbare Fröhlichkeit und Sorglosigkeit
- Unbeschwertheit als Fassade, hinter der sich tiefe seelische Not verbirgt
- Verdrängung unangenehmer Gefühle; klagt nie und spricht nicht über eigene Schwierigkeiten
- Verlangen nach Aufregung und Aktivität, um sich abzulenken
- sucht von Sorgen, Ängsten und Befürchtungen gequält die Gesellschaft anderer, um seine Probleme zu vergessen
- Neigung zu Alkohol und Drogen, um sich in Stimmung zu bringen

Vervain-Stadium:
- starke Begeisterungsfähigkeit und hoher Idealismus
- Tendenz zu Überschwang
- Drang, anderen seine Ideen und Erkenntnisse mitzuteilen
- versucht andere durch glühende Reden zu überzeugen
- Hang, anderen aus Überbegeisterung seine Ansichten regelrecht aufzuzwingen
- Neigung, sich bis zur Erschöpfung zu überfordern
- extreme Empfindlichkeit gegen Ungerechtigkeiten

Sweet-Chestnut-Stadium:
- tiefste Verzweiflung aufgrund eines unerwarteten Schicksalsschlags oder einer scheinbar ausweglosen Situation
- Zustand vollkommener innerer Leere ohne jede Hoffnung; fühlt sich selbst von Gott verlassen

- totale Ausweglosigkeit, weiß nicht mehr ein noch aus
- kann sich nicht mit seinem Schicksal abfinden und kämpft verzweifelt dagegen an
- fürchtet, an seinem Los zu zerbrechen

Centaury-Schiene

Akupunkturbezug: Blasen-Meridian

Centaury-Stadium:
- starkes Verlangen nach Anerkennung und Liebe
- Angst, jemanden zu verletzen und dadurch seine Zuneigung zu verlieren
- äußerst rücksichtsvolles Verhalten; stets hilfsbereit
- willensschwach; kann schlecht nein sagen
- Schwierigkeiten, die eigenen Wünsche zu äußern und durchzusetzen
- mangelnde Abgrenzung gegenüber der Umgebung; leicht zu etwas zu überreden, ärgert sich dann hinterher über sich selbst

Holly-Stadium:
- aggressive Abgrenzung
- lebt in einer ständigen ärgerlichen Unruhe
- gerät leicht in Wut und verliert häufig die Kontrolle über sich selbst
- große Reizbarkeit; ärgert sich über die Fliege an der Wand
- neigt zu Zorn, Haß, Neid, Eifersucht
- gibt anderen die Schuld für seine eigene schlechte Laune

Pine-Stadium:
- Schuldgefühle
- Selbstvorwürfe
- ständig schlechtes Gewissen
- Neigung zu quälerischen Selbstanklagen
- Zwang, sich zu entschuldigen

Cerato-Schiene

Akupunkturbezug: Milz/Pankreas-Meridian

Cerato-Stadium:
- mangelndes Vertrauen in die eigene Urteils- und Entscheidungsfähigkeit
- fragt ständig andere um Rat, selbst dann, wenn er sich eigentlich sicher ist
- zweifelt seine eigenen Entscheidungen häufig an
- läßt sich durch die Meinung anderer sehr leicht verunsichern
- neigt dazu, die Ansicht anderer völlig kritiklos zu übernehmen
- läßt sich oft von anderen fehlleiten und trifft Entscheidungen, die er hinterher wieder bereut
- wirkt nach außen hin unselbständig, naiv und einfältig

Vine-Stadium:
- Herrschsucht, Dominanzstreben, Machthunger
- große Willensstärke
- starke Durchsetzungskraft
- wirkt äußerst selbstsicher
- ist völlig von sich selbst überzeugt
- neigt zu rücksichtslosem Verhalten
- setzt seine Wünsche und Vorstellungen unnachgiebig auf Biegen und Brechen durch

Wild-Oat-Stadium:
- Sinn- und Ziellosigkeit
- hat bereits vieles ausprobiert, aber bisher noch nichts entdeckt, was die gewünschte Erfüllung gebracht hätte
- befindet sich ständig auf der Suche
- hat seinen Platz im Leben noch immer nicht gefunden
- Gefühl der Leere, die anscheinend durch nichts aufzufüllen ist
- wechselt häufig Partner, Wohnung und Beruf und beginnt vieles, ohne es jemals zu Ende zu führen

- hat bereits bei den kleinen Entscheidungen des Alltags (z.B. beim Einkauf) Schwierigkeiten, aus einer Vielzahl von Möglichkeiten das für ihn Passende zu finden

Chicory-Schiene

Akupunkturbezug: Lungen-Meridian

Chicory-Stadium:

- übertriebene Fürsorglichkeit
- Hang, andere zu bemuttern
- Neigung, sich in die Angelegenheiten anderer einzumischen
- Selbstmitleid, wenn seine wohlgemeinten Ratschläge mißachtet werden
- reagiert äußerst empfindlich auf Undank
- Neigung, andere moralisch unter Druck zu setzen; weint häufig Krokodilstränen
- leicht beleidigt wegen Kleinigkeiten
- Unfähigkeit, allein zu sein; fühlt sich schnell einsam

Red-Chestnut-Stadium:

- ständige Angst und Sorge um andere
- die Gedanken beschäftigen sich hauptsächlich mit dem Wohlergehen und der Gesundheit geliebter Menschen
- befürchtet bereits bei kleineren Befindensstörungen Angehöriger eine ernste Erkrankung
- möchte aus Sorge ständig wissen, wo sich die Angehörigen aufhalten

Honeysuckle-Stadium:

- Sehnsucht nach der Vergangenheit
- Schwelgen in angenehmen Erinnerungen an früher
- kommt in Gesprächen immer wieder auf die «gute alte Zeit» zurück
- Vergangenheit wird glorifiziert
- beginnt Sätze oft mit: «Das waren noch Zeiten, als ...»
- lebt mehr in der Vergangenheit als im Hier und Jetzt
- zeigt wenig Interesse an der Gegenwart

Clematis-Schiene

Akupunkturbezug: Dickdarm-Meridian

Clematis-Stadium:
- geistig häufig abwesend
- macht einen schläfrigen Eindruck
- scheint nie richtig wach zu sein
- wirkt unaufmerksam und desinteressiert
- unkonzentriert; läßt sich leicht bei der Arbeit ablenken
- träumt mit offenen Augen
- lebt mehr in seiner Fantasiewelt als in der Realität
- sehr vergeßlich

Impatiens-Stadium:
- Ungeduld
- Hektik
- befindet sich stets in Eile
- gehetzte Lebensweise; arbeitet schnell, ißt schnell, spricht schnell und bewegt sich schnell
- reagiert aus Ungeduld leicht reizbar
- treibt andere, die langsamer als er arbeiten, zur Eile an
- hetzt sich selbst oft bis zur Erschöpfung

Mustard-Stadium:
- Phasen von Melancholie und Traurigkeit ohne ersichtlichen äußeren Anlaß
- alles erscheint plötzlich sinnlos und düster
- Totalverlust an Lebensfreude
- tiefe Niedergeschlagenheit
- lähmende Antriebsschwäche
- Sehnsucht, ohne zu wissen wonach

Gentian-Schiene

Akupunkturbezug: Magen-Meridian

Gentian-Stadium:
- Pessimismus
- ständige negative Erwartungshaltung
- wird leicht entmutigt und zweifelt am Erfolg
- neigt dazu, bei äußeren Schwierigkeiten vorzeitig aufzugeben aus der Befürchtung heraus, es werde ja doch schiefgehen
- grübelt ständig und hinterfragt alles
- ist bei geringstem Anlaß oft traurig und niedergeschlagen
- Sorgen um die Zukunft

Willow-Stadium:
- Verbitterung, innerer Groll
- schluckt ständig seine Wut hinunter; explodiert nie
- sehr nachtragend; kann nicht verzeihen
- empfindet sich häufig als Opfer
- beklagt sich über sein angebliches Schicksal mit dem Vorwurf: Warum gerade ich? Womit habe ich das verdient?
- sucht für sein Unglück stets einen Schuldigen

Wild-Rose-Stadium:
- Resignation
- innerliche Kapitulation
- läßt sich vollkommen treiben, da alles sinnlos erscheint
- unternimmt nicht das geringste mehr, um noch etwas an seiner unbefriedigenden Situation zu ändern
- findet sich in fatalistischer Weise mit seinem scheinbar unabänderlichen Schicksal ab
- völlige Energie- und Antriebslosigkeit

Impatiens-Schiene

Akupunkturbezug: Leber-Meridian

Impatiens-Stadium:

- Ungeduld
- Hektik
- befindet sich stets in Eile
- gehetzte Lebensweise; arbeitet schnell, ißt schnell, spricht schnell und bewegt sich schnell
- reagiert aus Ungeduld leicht reizbar
- treibt andere, die langsamer als er arbeiten, zur Eile an
- hetzt sich selbst oft bis zur Erschöpfung

Olive-Stadium:

- totale Erschöpfung
- sämtliche Kraftreserven sind aufgebraucht
- das Leben erscheint wie eine einzige Last
- bereits alltägliche Dinge wie Waschen, Zähneputzen oder der Gang zur Toilette wirken wie ein unüberwindbares Hindernis
- kann sich über nichts mehr freuen
- ist völlig antriebslos und zu nichts mehr zu motivieren

Oak-Stadium:

- falsch verstandenes Pflichtgefühl
- überarbeitet sich sehr häufig
- übergeht oft Tiefpunkte und zwingt sich dann mit großer Willensanstrengung zum Weitermachen
- arbeitet vielfach trotz Erschöpfung weiter und läßt sich auch durch kleinere Befindensstörungen wie z.B. Kopfschmerzen nicht beirren
- betreibt häufig Raubbau an seiner Gesundheit
- starker physischer und psychischer Spannungs- und Verkrampfungszustand infolge permanenter Überbeanspruchung

Mimulus-Schiene

Akupunkturbezug: Nieren-Meridian

Mimulus-Stadium:
- Große Ängstlichkeit und Übersensibilität
- konkret benennbare Ängste, z.B. vor Wasser, Gewittern, Einbrechern, Hunden, Spritzen, Unfällen, Verletzungen u.a.
- Furcht in engen Räumen, Aufzügen, Seilbahnen
- Beklemmung in einer Menschenmenge
- Überempfindlichkeit gegen äußere Reize wie laute Geräusche, laute Musik, grelles Licht, Kälte, Aggressionen anderer
- große Schreckhaftigkeit

Heather-Stadium:
- übertriebenes Mitteilungsbedürfnis
- äußerst aufdringliches Verhalten
- unaufhörlicher Redeschwall; läßt andere kaum zu Wort kommen
- benötigt ständig Publikum
- absolute Unfähigkeit, alleine zu sein
- Drang, sich an andere anzuklammern
- völlige Ichbezogenheit; die Gedanken kreisen nur um die eigene Person
- Neigung zu Selbstmitleid mit häufigem Jammern

Mustard-Stadium:
- Phasen von Melancholie und Traurigkeit ohne ersichtlichen äußeren Anlaß
- alles erscheint plötzlich sinnlos und düster
- Totalverlust an Lebensfreude
- tiefe Niedergeschlagenheit
- lähmende Antriebsschwäche
- Sehnsucht, ohne zu wissen wonach

Rock-Rose-Schiene

Akupunkturbezug: Dreifacher-Erwärmer-Meridian

Rock-Rose-Stadium:

- seelischer Ausnahmezustand aufgrund einer bedrohlichen äußeren Situation (z. B. Unfall, Beinahe-Ertrinken, Herzinfarkt, Gehirnschlag, Krebsverdacht, positiver Aidstest o. a.)
- Panik, Entsetzen, nacktes Grauen, Todesangst
- vor Angst wie von Sinnen
- vor Schreck wie gelähmt
- fühlt sich total ausgeliefert
- Alpträume, in denen das traumatischen Erlebnis auftaucht

Agrimony-Stadium:

- scheinbare Fröhlichkeit und Sorglosigkeit
- Unbeschwertheit als Fassade, hinter der sich tiefe seelische Not verbirgt
- Verdrängung unangenehmer Gefühle; klagt nie und spricht nicht über eigene Schwierigkeiten
- Verlangen nach Aufregung und Aktivität, um sich abzulenken
- sucht, von Sorgen, Ängsten und Befürchtungen gequält, die Gesellschaft anderer, um seine Probleme zu vergessen
- Neigung zu Alkohol und Drogen, um sich in Stimmung zu bringen

Cherry-Plum-Stadium:

- panische Angst durchzudrehen
- Angst, die Kontrolle über sich selbst zu verlieren
- befürchtet, wider eigenen Willen etwas Schreckliches zu tun
- Zwangsvorstellung, sich selbst oder anderen ein Leid anzutun
- Gefühl, innerlich auf einem Pulverfaß zu sitzen, das jeden Moment hochgehen kann
- Angst, innerlich loszulassen
- Angst, den Verstand zu verlieren

Scleranthus-Schiene

Akupunkturbezug: Gallenblasen-Meridian

Scleranthus-Stadium:

- Unfähigkeit, sich zwischen zwei Alternativen zu entscheiden
- Neigung, bereits getroffene Entscheidungen wieder rückgängig zu machen
- innerlich häufig hin- und hergerissen; ringt dabei regelrecht mit sich selbst um die «richtige» Entscheidung
- starke Stimmungsschwankungen: mal himmelhoch jauchzend, dann wieder zu Tode betrübt
- das gesamte Leben ist geprägt von Extremen: hektische Arbeitswut – absolute Lustlosigkeit, Überaktivität – Passivität

Rock-Water-Stadium:

- Bestreben, bestimmte Ideale zu verwirklichen
- versucht, anderen ein Vorbild zu sein
- Festhalten an starren Prinzipien und strengen Regeln, denen das Leben untergeordnet wird
- versagt sich vieles, was sich nicht mit seinen festen Grundsätzen vereinbaren läßt; ist hart gegen sich selbst
- überzogene enge Moralvorstellungen
- Neigung zu Dogmatismus und Fanatismus

Crab-Apple-Stadium:

- übertriebenes Reinheitsprinzip
- Sauberkeitsfanatismus; häufiges Waschen
- Ekel vor Schmutz, Bakterien, Ungeziefer, allen körperlichen Ausscheidungen, Ausdünstungen und Schweiß
- Ekel auf fremden Toiletten
- Empfindlichkeit gegen jede Art von Unordnung
- fühlt sich innerlich unrein, sobald er die selbst gesetzten moralischen Grenzen überschreitet
- extremer Perfektionismus

Vervain-Schiene

Akupunkturbezug: Herz-Meridian

Vervain-Stadium:
- starke Begeisterungsfähigkeit und hoher Idealismus
- Tendenz zu Überschwang
- Drang, anderen seine Ideen und Erkenntnisse mitzuteilen
- versucht andere durch glühende Reden zu überzeugen
- Hang, anderen aus Überbegeisterung seine Ansichten regelrecht aufzuzwingen
- Neigung, sich bis zur Erschöpfung zu überfordern
- extreme Empfindlichkeit gegen Ungerechtigkeiten

Hornbeam-Stadium:
- große geistige Müdigkeit infolge mentaler Überforderung
- nervöse Erschöpfung
- fühlt sich schwach und kraftlos
- übergroßes Schlafbedürfnis
- kommt morgens nicht aus dem Bett, aber je länger er liegenbleibt, desto erschöpfter fühlt er sich hinterher
- fühlt sich morgens nach dem Erwachen müder als abends vor dem Schlafengehen
- enorme Anlaufschwierigkeiten; es kostet viel Überwindung, mit der Arbeit anzufangen

White-Chestnut-Stadium:
- Denkzwang; das Denken hat sich verselbständigt
- Gedanken kreisen unaufhörlich im Kopf; kann sich nicht dagegen wehren
- Gedanken wiederholen sich unaufhörlich, ähnlich einer Schallplatte, bei der die Nadel hängengeblieben ist
- wälzt ständig Probleme, ohne zu einer Lösung zu gelangen
- führt endlose innere Dialoge
- hört irgendwo eine Melodie und wird tagelang von ihr verfolgt

Water-Violet-Schiene

Akupunkturbezug: Kreislauf-Sexus-Meridian

Water-Violet-Stadium:
- Überheblichkeit
- glaubt, anderen in irgendeiner Weise überlegen zu sein
- hält sich für etwas Besonderes
- entzieht sich jeglicher Auseinandersetzung, da er Ärger und Streit als unter seiner Würde hält
- distanziert sich innerlich von anderen
- fühlt sich von anderen stets unverstanden und nimmt aus Stolz von niemand Hilfe an

Chestnut-Bud-Stadium:
- Unfähigkeit, aus den eigenen Fehlern zu lernen
- schmiedet hochfliegende Pläne und überlegt in Gedanken bereits, was er als nächstes tun wird, obwohl die jetzige Arbeit noch gar nicht begonnen ist
- schiebt Unangenehmes vor sich her
- starke Unkonzentriertheit bei ungeliebten Arbeiten
- schlagartiges Entschwinden von Gedanken; weiß nicht mehr, was er sagen/tun wollte
- extreme Vergeßlichkeit bei scheinbaren Belanglosigkeiten

Beech-Stadium:
- Kritiksucht; findet immer irgendwo ein Haar in der Suppe
- stört sich bereits an Kleinigkeiten anderer
- tadelt, nörgelt, macht sich über andere lustig
- bissiger Humor, zynisches Geläster, Spott, Hohn
- Neigung, andere durch Worte zu verletzen oder zumindest in Gedanken herabzusetzen

2.
Äußere Blüten

a) Vorbemerkung

Die fünf Äußeren Blüten gehören zu den fünf Elementen der chinesischen Akupunktur. Sie umfassen negative Seelenkonzepte, die als Folge von äußeren Einflüssen oder als Reaktion auf äußere Einflüsse entstanden sind. Hierzu gehören u.a. die Folgen von seelischen Schocks, Verletzungen und Enttäuschungen, Schwierigkeiten bei erhöhten äußeren Anforderungen sowie Verunsicherung durch eine Neubeginnphase im Leben.

Die Erkennung dieser negativen Gemütszustände ist sehr wichtig, da sie vordergründig sind und deshalb vorrangig behandelt werden müssen. Eine Behandlung tieferer seelischer Probleme ist erst dann möglich, wenn äußere Einflüsse verkraftet und wieder normal verarbeitet werden können. Ansonsten verhindert die ständige Auseinandersetzung mit der Umwelt eine Aufarbeitung tieferliegender seelischer Konflikte.

b) Kurzcharakteristik der Äußeren Blüten

Äußere Blüte Aspen

Elementbezug in der Akupunktur: Holz

Indikationen:
- grundlose Angst
- böse Vorahnungen
- Einbildung, es würde ein schreckliches Unglück oder gar eine Katastrophe bevorstehen
- Angst vor okkulten Dingen
- Angst vor Geistern, Gespenstern
- Angst in Verbindung mit Themen wie Religion und Tod
- übergroße Sensitivität

Äußere Blüte Elm

Elementbezug in der Akupunktur: Wasser

Indikationen:
- Akute Überforderung; die äußere Anforderung ist im Augenblick viel zu hoch
- völlige Überlastung; alles scheint einem momentan zuviel zu sein
- Gefühl, seinen Aufgaben nicht mehr gewachsen zu sein; die zu bewältigende Arbeit erscheint wie ein unüberwindlicher Berg
- plötzliches Versagen der psychischen und teilweise auch der physischen Kräfte
- akute Gedächtnisstörungen in Prüfungen, wenn man durch eine unerwartete Frage aus dem Konzept geworfen wird; alles Gelernte ist plötzlich weg

Äußere Blüte Gorse

Elementbezug in der Akupunktur: Erde

Indikationen:

- Hoffnungslosigkeit in scheinbar ausweglosen Situationen, z. B. bei
  - langanhaltenden Krankheiten, wenn keine Aussicht mehr auf eine Besserung besteht
  - wiederholten geschäftlichen Mißerfolgen
- Mutlosigkeit infolge mehrfacher Rückschläge
- gibt nach vielen vergeblichen Versuchen auf
- findet sich völlig deprimiert und innerlich müde mit seinem scheinbar unabänderlich Schicksal ab
- Zweifel, daß ihm noch geholfen werden kann
- hält sich für einen hoffnungslosen Fall

Äußere Blüte Star of Bethlehem

Elementbezug in der Akupunktur: Feuer

Indikationen:

- Folgen von seelischem Schock
- bei großem Kummer
- in seelischen Nöten
- nach einem Unglücksfall
- nach dem Verlust eines Angehörigen
- nach schlimmen Nachrichten
- nach Enttäuschungen
- nach Verletzungen
- nach Ärger
- unverarbeitete Schocks in der Vergangenheit, z. B.
  - seelische Verletzungen in der Kindheit
  - Geburtstrauma

Äußere Blüte Walnut

Elementbezug in der Akupunktur: Metall

Indikationen:

- Verunsicherung während Neubeginn-Phasen im Leben
- Wankelmut, wenn der letzte entscheidende Schritt getan werden soll
- Beeinflußbarkeit durch gutgemeinte Ratschläge und Warnungen anderer
- falsche Rücksichtnahme auf gesellschaftliche Normen, herrschende Konventionen oder überholte Moralvorstellungen
- mangelnde Standhaftigkeit, wenn es darum geht, ein geplantes Vorhaben auch gegen äußeren Druck durchzuführen
- Schwierigkeiten, sich vom Alten zu lösen und das Neue anzunehmen

3.
Basisblüte Larch

Die Blüte Larch bezeichne ich als Basisblüte, weil vielen negativen Gemütszuständen mangelndes Selbstvertrauen, das Konzept dieser Blüte, zugrunde liegt. Sie läßt sich keiner Schiene zuordnen und liegt, bildhaft ausgedrückt, tiefer als die Kommunikationsblüten. Ihre eigentliche Rolle läßt sich nur in Zusammenhang mit dem geistigen Aspekt des Feuer-Elements verstehen, dessen innersten Wesenskern sie als Blüte des Urvertrauens verkörpert.*

Indikationen:

- mangelndes Selbstvertrauen
- Minderwertigkeitskomplexe
- Gefühl, anderen unterlegen zu sein
- großer Respekt vor Autoritäten
- Zweifel an den eigenen Fähigkeiten
- geringes Durchhaltevermögen; verliert leicht den Mut
- Angst zu versagen
- Lampenfieber
- Prüfungs- und Erwartungsängste
- Schüchternheit und Gehemmtsein

---

* Eine detaillierte Darstellung dieses Themenkomplexes findet sich in Band 3 der Neuen Therapien mit Bach-Blüten, S.138ff.

Kapitel III

Die Mondlinien

1.
Einführung

Unter Mondlinien verstehe ich ein System von diagnostischen und therapeutischen Punkten, das in Zusammenhang mit den Bach-Blütenschienen steht und den Akupunkturmeridianen auf einer noch feinstofflicheren Ebene entspricht. Inspiriert durch einen Hieroglyphentext auf einem altägyptischen Relief*, der mit Abbildungen versehen war, auf denen bestimmte Körperstellen markiert waren, begann ich vor etlichen Jahren zu experimentieren. Als ich – gemäß meinem intuitiven Verständnis der verschlüsselten Texte – eine der dort beschriebenen Meditationsübungen über die entsprechenden Punkte durchführte, erlebte ich eine jähe und äußerst heftige Bewußtseinsveränderung. Damals erschien es mir als sehr wahrscheinlich, daß diese spirituell so machtvollen Punkte auch eine mindestens ebenso starke Heilwirkung besitzen mußten. In der Absicht, diese therapeutisch nutzbar zu machen, versuchte ich gemeinsam mit einem Kollegen, mit dem ich damals zusammenarbeitete, dem Geheimnis dieser Punkte auf die Spur zu kommen.*

Das Ergebnis war schließlich ein System diagonaler Linien mit einem auf den ägyptischen Abbildungen hervorgehobenen Punkt, der dort eine wichtige Rolle spielt, als Mittelpunkt. Diese

---

* Vgl. Neue Therapien mit Bach-Blüten 3, S. 144ff.

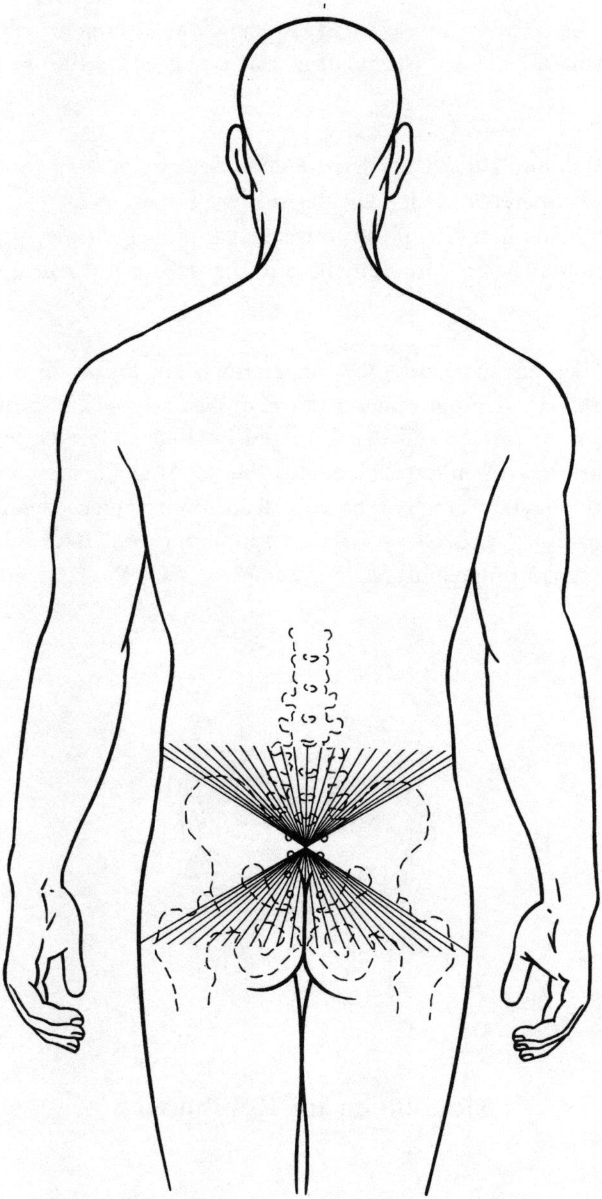

Mondlinien im Beckenbereich

Linien beinhalten sowohl farbempfängliche Bereiche als auch Einzelpunkte, die auf Stimulation mit einem Akupressurstift reagieren.

Die Abbildung auf der vorhergehenden Seite zeigt die Mondlinien im Beckenbereich. Jede der diagonalen Linien gehört zu einer Bach-Blütenschiene. Auf der vertikalen Linie liegen die speziellen Chakrapunkte der Mondlinien, auf die ich später zu sprechen komme.*

Da auf den ägyptischen Abbildungen auch ein Punkt an der Stirn markiert war, der bei einigen der dort beschriebenen spirituellen Praktiken zusammen mit den Punkten im Beckenbereich verwendet wird, experimentierte ich auch an dieser Stelle. Schließlich fand ich dort ebenfalls ein System von diagonalen Linien, deren Reihenfolge im Vergleich zu den Mondlinien im Beckenbereich jedoch genau umgekehrt ist.**

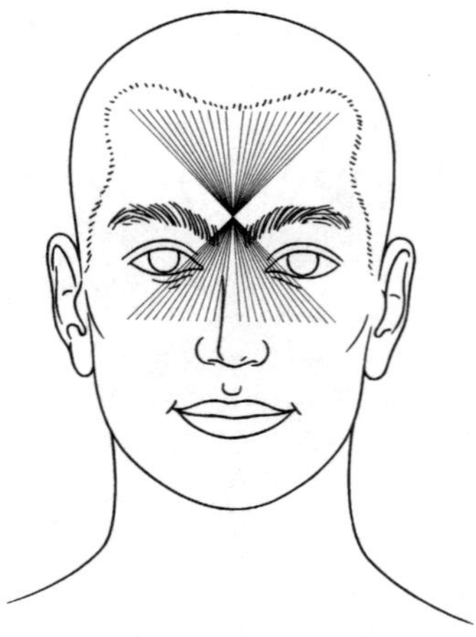

Mondlinien im Kopfbereich

---

* Vgl. S. 231 f.
** Vgl. Tabelle der Mondlinien im Anhang, S. 269.

Die Mondlinienpunkte stellen die Verbindung zwischen unserer emotionalen Ebene (Astralkörper) und unserer energetischen Ebene (Ätherkörper) her. Über diese Durchgangspunkte wirken sich emotionale Schwierigkeiten auf die Akupunkturmeridiane aus; es entsteht ein Ungleichgewicht der polaren Energien Yin und Yang. Ist dieses besonders stark ausgeprägt oder hält es sehr lange an, so wirkt sich diese Störung über die Akupunkturpunkte auch auf den physischen Körper aus, und es kommt zu organischen Problemen.

Das Mondliniensystem und das Meridiansystem der Akupunktur lassen sich daher auch als Relaisstationen* zwischen zwei unterschiedlichen Ebenen verstehen. Hierbei breiten sich Störungen stets nur in einer Richtung aus: von der feinstofflicheren Ebene zur grobstofflicheren. Die jeweiligen Punkte dieser Systeme haben aber auch Einfluß in die entgegengesetzte Richtung. Ein energetisches Ungleichgewicht wirkt sich z. B. über Akupunkturpunkte auf den

Mentale Ebene
(«Mentalkörper»)

... *Punkte* ?

Emotionale Ebene
(«Astralkörper»)

Mondlinienpunkte

Energetische Ebene
(«Ätherkörper»)

Akupunkturpunkte

Grobstoffliche Ebene
(Physischer Körper)

---

* Vgl. Neue Therapien mit Bach-Blüten 3, S. 149 ff.

physischen Körper aus. Die hierbei entstandenen Beschwerden lassen sich umgekehrt durch Manipulation von Akupunkturpunkten wieder beseitigen. In gleicher Weise beeinflussen negative Emotionen über die Mondlinienpunkte die Akupunkturmeridiane, und mittels Mondlinientherapie ist es umgekehrt möglich, emotionale Schwierigkeiten zu behandeln. Die Darstellung* auf der vorausgegangenen Seite veranschaulicht diesen Sachverhalt.

Die Übersicht läßt vermuten, daß es auch ein Relais zwischen Mental- und Astralkörper geben muß. Bislang ist dieses jedoch noch nicht erforscht.

---

* Vgl. Übersicht: Die unterschiedlichen Körper des Menschen und die darauf wirkenden Heilverfahren im Anhang, S. 259.

2.
Mondlinien als Diagnosemethode

Die Testung über die Mondlinien bietet die Möglichkeit, den mittels Befragung, sensitiver Diagnosetechniken und anhand der betroffenen Hautzonen ermittelten Blütenbefund objektiv zu überprüfen. Außerdem erlaubt diese Methode einen Vergleich der benötigten Schienen untereinander. Auf diese Weise läßt sich feststellen, welche der gefundenen Schienen am dringendsten benötigt wird. Bestehen akute körperliche Beschwerden, so ist der mit dieser Schiene gekoppelte Akupunkturmeridian Ausgangspunkt der geklagten Symptome.

Die Testpunkte befinden sich im Beckenbereich am unteren Ende der Mondlinien auf einer gedachten horizontalen Linie in Höhe des Steißbeins. Da alle Punkte den gleichen Abstand aufweisen, genügt es, den äußersten Punkt ausfindig zu machen. Die anderen Punkte lassen sich mit dem Maßband anhand einer Tabelle ermitteln. Sie werden beidseitig mit einem hautfreundlichen Stift (Eye-Liner oder Kajalstift) markiert und anschließend mit einem Akupressurstift auf Drucksensibilität überprüft. Der empfindlichste Punkt zeigt die am stärksten gestörte Schiene an, der zweitempfindlichste die am zweitstärksten gestörte usw.

In der Regel ergibt sich links und rechts derselbe Befund. Differieren die Ergebnisse sehr stark, so ist das ein Hinweis auf eine vorliegende Lateralitätsstörung*.

---

* Gestörte Koordination von linker und rechter Gehirnhemisphäre. Vgl. Neue Therapien mit Bach-Blüten 3, S. 48.

Die Technik der Mondliniendiagnostik ist im dritten Band der Neuen Therapien mit Bach-Blüten, auf den ich hier verweisen möchte, eingehend beschrieben. Die Vorgehensweise ist zwar relativ einfach; das exakte Auffinden der Punkte erfordert jedoch einiges an Übung. Es empfiehlt sich daher, diese Methode auf entsprechenden Seminaren zu erlernen.*

---

* Auskünfte über Seminare sind erhältlich bei: Internationales Zentrum für Neue Therapien, Postfach 1712, D-63407 Hanau.
Internet: www.dietmar-kraemer.de

3.
Therapeutische Möglichkeiten

Die Mondlinien bieten nicht nur eine relativ einfache Diagnosemethode, sondern auch ein Behandlungssystem, das wesentlich einfacher ist als die meisten der in der Naturheilkunde üblicherweise verwendeten energetischen Therapiemethoden. In der Wirkung ist es diesen ebenbürtig, bei seelischen Problemen teilweise sogar überlegen. In meiner Praxis ersetzt es daher Akupunktur, Neuraltherapie und die gängige Farbtherapie. Angenehm für den Patienten ist, daß er dabei nicht mit Akupunktur- oder Injektionsnadeln gestochen wird, was vor allem bei der Therapie von Kindern vorteilhaft ist. Zudem sind in der Regel weniger Behandlungen erforderlich als bei den oben genannten Verfahren.

Eine weiterer Vorteil dieser Methode besteht darin, daß hier grundsätzlich ganze Linien bzw. sämtliche Punkte einer Linie behandelt werden. Die Auswahl geeigneter Therapiepunkte wie z.B. in der Akupunktur entfällt. Außerdem ist es nicht erforderlich, Indikationen einzelner Punkte zu erlernen.

Die Indikationen der Mondlinien folgen zwar aus den ihnen zugeordneten Bach-Blütenschienen; um Fehlinterpretationen zu vermeiden, werden sie jedoch allein aufgrund der Mondlinientestung eingesetzt, wobei die zu therapierende Linie vom druckempfindlichsten Testpunkt ausgeht. Bei Folgebehandlungen, bei denen keine erneute Diagnose erforderlich ist, muß lediglich der

Außenpunkt im Bereich der Hüfte gesucht werden. Die Lage der anderen Punkte läßt sich anschließend aus einer Tabelle entnehmen.

Bei körperlichen Beschwerden hat sich eine kombinierte Akupressur- und Farbtherapie bewährt. Hierbei werden zunächst Punkte auf den unteren Hälften der Mondliniendiagonalen im Beckenbereich mit einem Akupressurstift stimuliert.* Anschließend bestreicht man die oberen Hälften und danach die Mondlinien im Kopfbereich mit der Farblampe.**

Zwischen den oberen und unteren diagonalen Linien im Beckenbereich befinden sich noch spezielle Punkte, die eine eher meditative Wirkung besitzen.*** Diese eignen sich hervorragend für Entspannungsbehandlungen und werden zusammen mit den Chakrapunkten der Mondlinien eingesetzt.****

---

* Die Akupressur hat sich im Vergleich zu Injektionen mit homöopathischen Mitteln – wie im Bd. 3 der Neuen Therapien mit Bach-Blüten angeführt – inzwischen als wirksamste Behandlungsform für Mondlinienpunkte erwiesen.

** Eine eingehende Beschreibung der Methode findet sich im Kapitel «Neue Therapien mit Farben», S. 82ff.

*** Vgl. Neue Therapien mit Bach-Blüten 3, S. 166ff.

**** Vgl. S. 230ff.

TEIL 2

Neue Therapien mit Farben, Klängen und Metallen

Kapitel I

Neue Therapien mit Farben

1.
Historisches

Die Farbtherapie ist eine der ältesten Behandlungsmethoden. Sie basierte ursprünglich auf der heilenden Wirkung des Sonnenlichts, das von vielen alten Kulturen zur Linderung der verschiedensten Beschwerden eingesetzt wurde. Vielfach galt die Sonne als etwas Göttliches, und ihren Strahlen wurden übernatürliche Heilkräfte zugeschrieben. Die Azteken, Mayas und Ägypter betrieben sogar regelrechte Sonnenkulte mit eigens dafür errichteten Tempeln.

Später setzte sich die Erkenntnis durch, daß die einzelnen Farben jeweils spezifische Wirkungen besitzen. Vielfach wurden ihnen daher auch Götter zugeordnet. In Ägypten z.B. brachte man Rot mit Amon, Gelb mit Horus, Grün mit Osiris und Blau mit Anubis in Verbindung.[2] Die alten Griechen assoziierten Gelb mit Apoll, Grün mit Aphrodite und Blau mit Zeus. Da die Priester zu jener Zeit zugleich auch Heiler waren, ging die Vermittlung von Heil und Heilung Hand in Hand. Die Ägypter bauten zu diesem Zweck Farbtempel mit sieben Räumen, die jeweils in einer anderen Farbe gehalten waren. Je nachdem, welche Farbe der Kranke benötigte, wurde er in einen dieser Räume gebracht, um dort ein heilsames Farbbad zu nehmen.[3] Berichten zufolge ließ sich die um 1350 v. Chr. lebende Pharaonin Nofretete von ihrem Hofmedicus Badeöle in verschiedenen Farben zubereiten, um dadurch ihr Wohlbefinden und ihre Schönheit zu steigern. Anregende

Bäder sollen purpurn gefärbt worden sein, beruhigende grün oder blau.[4]

Auch die alten Chinesen setzten Farben zu therapeutischen Zwecken ein. Sie bestrichen beispielsweise Darmkranke mit Gelb und ließen das Licht durch gelbe Vorhänge ins Zimmer dringen. Epileptiker setzten sie auf violette Teppiche und verhängten die Fenster mit violetten Schleiern. Scharlachkranke wickelten sie in rote Gewänder, brachten sie in einen mit roten Tüchern ausgeschlagenen Raum und bestrahlten sie mit rotem Licht.[5]

Im europäischen Kulturkreis war der Dichter Johann Wolfgang von Goethe einer der ersten, der sich intensiv mit der Wirkung der Farben auf die menschliche Psyche beschäftigte. 1810 erschien von ihm das Buch «Zur Farbenlehre», das er als sein Lebenswerk betrachtete und für noch bedeutungsvoller hielt als seine literarischen Schriften.[6]

Als Begründer der modernen Farbtherapie gilt der Amerikaner Edwin D. Babbit, der in seinem 1878 herausgegebenen Werk «Die Prinzipien von Licht und Farbe» praktische Anwendungsmöglichkeiten beschrieb. Die durch seine neue Behandlungsmethode erzielten Heilerfolge verliehen der Farbtherapie damals große Popularität und weckten ein breites Interesse in der Medizin. Der sizilianische Arzt Dr. Sciascia, der im vorigen Jahrhundert mit Farben behandelte, hatte gar den Ruf eines Wunderheilers inne. Für seine Therapie benutzte er einen Farblichtapparat, Photokanter genannt, mit dem er sogar erfolgreiche Verjüngungskuren durchgeführt haben soll.[7] 1931 erschien das Buch «Farbe und Heilweise» von Bruno P. Schliephacke, das grundlegende Theorien über die Anwendungen der Farben enthielt.

Das heutige breite Interesse an der Farbtherapie ist vor allem dem deutschen Heilpraktiker Heinz Schiegl zu verdanken, der 1979 ein populärwissenschaftliches Buch zu diesem Thema unter dem Titel «Colortherapie» veröffentlichte. Schiegl beschrieb darin nicht nur Indikationen für die Selbstbehandlung, sondern legte seinem Buch auch gleich Farbfilter bei, die sich mit wenig Aufwand an jeder

Schreibtisch- oder Nachttischlampe befestigen lassen. Außerdem stellte er Bestrahlungsgeräte für die Naturheilpraxis und den Heimgebrauch vor. Beim Colortron I handelt es sich um einen 1,50 breiten Apparat, der über einer Behandlungsliege angebracht wird. Er enthält sechs Kammern mit Lampen, über denen auswechselbare Farbfilter eingeschoben werden können. Auf diese Weise ist es möglich, entweder den gesamten Körper mit derselben Farbe oder einzelne Körperbereiche gleichzeitig mit unterschiedlichen Farben zu bestrahlen.

Ein weiterer Pionier der Farbtherapie ist der Heilpraktiker und Begründer der medizinischen Kirlianfotographie, Peter Mandel, der eine eigenständige Behandlungsform mit Farben entwickelte. Mandel ordnete zunächst den drei Schwingungsmustern der Kirlianfotographie die drei komplementären Farbpaare des Goetheschen Farbkreises zu: Endokrine Bilder stehen demnach in Bezug zu Blau/Orange, toxische zu Gelb/Violett und degenerative zu Rot/Grün. Yin-Zustände sind jeweils mit der warmen Farbe zu behandeln, Yang-Zustände mit der kalten. Bestrahlt werden entweder bestimmte Reflexgebiete des Körpers oder auch Akupunkturpunkte, weshalb er seine Methode auch Farbpunktur nannte. Die Auswahl der Punktkombinationen ist nach speziellen Kriterien aus dem Kirlianbild zu entnehmen. Durch Kirlianaufnahmen vor und nach der Behandlung läßt sich anschließend überprüfen, ob die gewünschte Reaktion eingetreten und ein Heilerfolg zu erwarten ist. Später entdeckte Mandel eine ganze Reihe von neuen Punkten am Körper, die speziell für die Farbtherapie geeignet sind und bei Bestrahlung mit der Farblampe intensivere Reaktionen auslösen als die klassischen Akupunkturpunkte.

Für die Farbtherapie nach Mandel gibt es inzwischen spezielle Geräte.[8] Die Vegalux-Lampe birgt in ihrem Inneren eine sehr starke Halogenlampe, die ihr Licht an drei Glasfaserarme abgibt, an deren Ende Farbfilter angebracht werden. Auf diese Weise lassen sich bis zu drei Punkte gleichzeitig bestrahlen. Farbfilter gibt es entweder mit Flachfokus, der das Licht breitflächig abstrahlt, oder mit einem sogenannten Pyramidenfokus, der einen Aufsatz aus einem pyramidenförmig geschliffenem Glas besitzt, um das Licht zu bündeln. Für die Ohrakupunktur wurde eine besondere Handlampe entwickelt. Zur Bestrahlung der Mundakupunkturpunkte gibt es die Perlux-Lampe. Diese ist mit eingefärbten, sterilisierbaren Glasstäben ausgerüstet, die gebogen sind, um die entsprechenden Punkte leichter zu erreichen.

2.
Wirkungen von Farben

a) Psychologische Wirkungen

Von allen menschlichen Sinnen ist der Sehsinn der am stärksten ausgeprägte. Rund 83% der vom Gehirn zu verarbeitenden Sinneseindrücke entfallen auf ihn. Im Vergleich dazu beträgt der Anteil des Gehörsinns lediglich 11%, der des Geruchssinns sogar nur 3,5%.[9] Es ist daher nicht verwunderlich, daß Licht und Farben einen so starken Einfluß auf unsere Stimmungslage und unser Wohlbefinden ausüben. Umgekehrt beeinflussen aber unsere Gemütsverfassung und unser Charakter die Interpretation des Wahrgenommenen.

Das Auge funktioniert zwar wie eine mechanische Kamera, und der Sehnerv leitet ein objektives Abbild unserer Umgebung in Form von elektrischen Impulsen an das Sehzentrum weiter; das eigentliche Sehen spielt sich aber im Gehirn ab. So können beispielsweise die drei Arten farbempfindlicher Zäpfchenzellen der Netzhaut nur drei Grundfarben erkennen: Rot, Grün und Blauviolett. Aus dem jeweils unterschiedlichen Mischungsverhältnis der entsprechenden Impulse leitet das Gehirn die übrigen Farbtöne ab und macht sie bewußt, d.h., die Farbempfindung entsteht erst dort.

Bevor visuelle Informationen jedoch in unser Bewußtsein dringen können, müssen sie zuerst noch den Thalamus (Sehhügel) passieren. Dieser ist die Umschaltstation für optische und akustische Bahnen und zugleich eines der wichtigsten selbständigen Koordinationsorgane, in dem Berührungs-, Schmerz- und Temperaturempfindungen mit Geschmacks-, Eingeweide- und Gleichgewichtsempfindungen verknüpft werden. Da er die sensiblen und sensorischen Erregungen von Außen- und Innenwelt zur Großhirnrinde umschaltet, gilt er auch als «Tor zum Bewußtsein».[10] Er übt außerdem eine Filterfunktion aus und läßt nur bestimmte Informationen durch. Gleichzeitig versieht er diese mit Gefühlsregungen.

Der Anblick einzelner Farben löst bei verschiedenen Menschen völlig unterschiedliche Reaktionen aus. Wir beurteilen zwar durchweg Farben, die während des Tages vorherrschen, z.B. Rot-, Orange- und Gelbtöne, als wärmend und anregend, das Grün der Wiesen und Wälder als entspannend und erholend und das Blau der Nacht als kühlend und beruhigend. Auch assoziieren wir braune Holzfarben mit Gemütlichkeit und Behaglichkeit und Rosa mit Liebe, Sanftheit und Zärtlichkeit. Ob wir jedoch eine Farbe als angenehm oder unangenehm empfinden, hängt ausschließlich von unserer eigenen Wesensart ab. Es erscheint daher naheliegend zu versuchen, aus der Vorliebe für bzw. der Ablehnung gegen bestimmte Farben Rückschlüsse auf unseren Charakter zu ziehen.

Bereits vor 50 Jahren begann Prof. Dr. Max Lüscher sowohl an Patienten in zahlreichen Kliniken als auch an Gesunden unterschiedlichen Alters zu experimentieren und wählte in fünfjähriger Forschungsarbeit unter 4565 Versuchsfarben seine speziellen Testfarben aus. Inzwischen wird seine Methode – bekannt als Lüscher-Farbtest – weltweit in vielen psychologischen Praxen und Kliniken eingesetzt. Das Verfahren ist denkbar einfach: Der Klient wählt aus den ihm vorgelegten Lüscher-Farbkärtchen dasjenige aus, das ihm am besten, am zweitbesten und am wenigsten gefällt. Die Bedeutung der Farbwahl in der genannten Reihenfolge braucht anschließend nur noch in dem entsprechenden Werk nachgeschlagen werden.[11]

Mittlerweile gibt es mehrere derartige Farbtests in unterschiedlichen Farbnuancen. Im Unterschied zum Lüscher-Test, bei dem die abgelehnte Farbe eine zentrale Rolle spielt, wird bei den neueren Tests in der Regel nur noch mit Farbvorlieben gearbeitet. Auch die Aura-Soma-Methode, bei der energetische Präparate in zweifarbigen Fläschchen vom Patienten selbst ausschließlich aufgrund der Farbe ausgewählt werden, arbeitet nach diesem Verfahren.

b) Energetische Wirkungen

Die Wirkung, die farbiges Licht bei der Bestrahlung der Körperoberfläche hervorruft, beruht auf einem vollkommen anderen Prinzip als der psychologische Einfluß, den das Betrachten farbiger Gegenstände ausübt. Eine Erklärung hierfür liefert inzwischen die moderne Biophotonenforschung mit dem Nachweis, daß die Zellen aller Lebewesen elektromagnetische Schwingungen ausstrahlen. Neben sichtbarem Licht handelt es sich hierbei vor allem um Mikrowellen. Über diese sogenannten *Biophotonen* kommunizieren die Zellen regelrecht miteinander, wobei die Intensität in etwa der einer Kerzenflamme entspricht, die man aus einer Entfernung von 25 km betrachtet.[12]

Nach Dr. Fritz Popp ist der gesamte menschliche Körper von einem Biophotonenfeld umgeben. Dieses stellt ein regulierendes Kraftfeld dar, das den ganzen Organismus umfaßt und u. a. auch die gesamten biochemischen Vorgänge in uns maßgeblich beeinflußt.[13] Im gesunden Zustand hat es durch seine hohe Kohärenz die Fähigkeit, auf alle Störungen und Einflüsse flexibel zu antworten und sie auszugleichen, wobei es ständig zwischen zwei Zuständen hin- und herpendelt, die mit dem chinesischen Yin und Yang vergleichbar sind. Bei gesundheitlichen Störungen befindet sich das Biophotonenfeld in einem Zustand des Ungleichgewichts. Es hat seine Kohärenz eingebüßt und ist in Richtung Yin oder Yang festgefahren. Ziel therapeutischer Bemühungen müßte es nun sein, Informationen in den Körper einzuschleusen, die einen Ausgleich herbeiführen.[14]

Nach neuesten Forschungen ist die Haut in der Lage, Farbschwingungen aufzunehmen und deren Wirkung in das Innere des Körpers weiterzuleiten. Hierbei gibt es besonders empfängliche Hautareale und Punkte, zu denen u.a. auch die Akupunkturpunkte gehören. Einem russischen Forscherteam gelang in mehrjähriger Arbeit der Nachweis, «daß es im menschlichen Körper Leitungsbahnen für Licht gibt, die exakt dem Verlauf der Meridiane in der traditionellen chinesischen Medizin entsprechen».[15] Demnach ist farbiges Licht tatsächlich in der Lage, Informationen in den Körper einzuschleusen und Disharmonien auf der energetischen Ebene auszugleichen.[16]

3.
Beziehungen zwischen Farben, Bach-Blütenschienen, Akupunkturmeridianen und Mondlinien

Die Erfahrungen bei der Erarbeitung der Topographie der Bach-Blüten-Hautzonen* und die Beobachtung, daß es für jedes Hautareal jeweils eine bestimmte Blütenessenz gibt, die durch Auftragen an dieser Stelle negative Veränderungen in der Aura ausgleicht, dort evtl. bestehende körperliche Probleme lindert und das dieser Störung zugrundeliegende negative Seelenkonzept auflöst, legten den Schluß nahe, daß es auch für Akupunkturmeridiane und Mondlinien Schwingungsentsprechungen in irgendeiner Form geben muß. Diese müßten bei ihrer Anwendung – ähnlich den Bach-Blüten – *die* Schwingung zuführen, die dem Betroffenen fehlt, um sich in Harmonie mit sich selbst zu befinden. Folgt man den Überlegungen der Bach-Blütentherapie, so müßten diese Schwingungsentsprechungen die Ursache der jeweiligen Störungen in den ihnen zugeordneten Akupunkturmeridianen beseitigen, unabhängig von deren energetischem Zustand.

Den ersten Versuch unternahm ich zusammen mit meiner damaligen Assistentin und heutigen Mitarbeiterin Martina Gräf. Dabei bestrahlte ich bei ihr einen der meditativen Punkte der Mondlinien** mit sämtlichen mir zur Verfügung stehenden Farben.

---

* Vgl. Neue Therapien mit Bach-Blüten 2, S. 24ff.

** Vgl. S. 230f. bzw. Neue Therapien mit Bach-Blüten 3, S. 166ff.

Während sie dabei auf subjektive Wahrnehmungen achtete, überprüfte ich die Reaktion ihrer Aura. Eine positive Wirkung konnten wir nur bei einer einzigen Farbe beobachten. Dabei strahlte die gesamte Aura eine äußerst starke Energie ab, was meine Mitarbeiterin in der Regel selbst spüren konnte. Bei der Anwendung von nicht passenden Farben fühlte sie dagegen ein sich steigerndes Unwohlsein, das bei Bestrahlung mit der «richtigen» Farbe augenblicklich wieder verschwand. Diese Vorgehensweise wiederholten wir bei allen zwölf meditativen Punkten der Mondlinien. Wie zu erwarten war, erhielten wir jeweils unterschiedliche Farben.

Bei nachfolgenden Tests, bei denen jedesmal eine weitere Assistentin mitarbeitete, überprüften wir auf dieselbe Weise Akupunkturpunkte. Hierbei zeigte sich, daß alle Punkte eines Meridians stets auf dieselbe Farbe reagierten. Außerdem ergaben sich bei den einzelnen Akupunkturmeridianen genau dieselben Farben, auf die auch die zu ihnen gehörenden Mondlinien ansprachen.

Als nächstes überprüften wir Mondlinienpunkte, deren Wirkung mir zuvor verschlossen geblieben war. Hierbei handelt es sich um je sieben Punkte auf der Körpervorder und -rückseite, die auf einer senkrechten Linie durch den Mondlinienmittelpunkt liegen. Interessanterweise reagierten auf den Punkten, die auf derselben Höhe vorne und hinten lokalisiert sind, stets zwei Farben, die zu Meridianen gehören, die mit gekoppelten Bach-Blütenschienen zusammenhängen. Da ich bereits seit längerem einen Zusammenhang zwischen den sieben Schienenkombinationen, die sich aus den Beziehungen der Bach-Blütenschienen zueinander ergeben, und den Chakren vermutet hatte, startete ich weitere Versuche. Zu meiner großen Überraschung reagierten die Chakren auf die gleichen Farben wie die fraglichen Mondlinienpunkte auf der Körpervorderseite, wobei sich bei Punkten und Chakren dieselbe Reihenfolge ergab. Ich konnte sogar mit der Farblampe aufgrund der Energieabstrahlung der Aura die Größe der Chakren bestimmen.* Auf der Körperrückseite fand ich Punkte, die in etwa den Chakren gegen-

---

* Vgl. S. 161

überliegen und in ihrer Farbreaktion mit den hinteren Mondlinienpunkten übereinstimmen.*

Aus den Entsprechungen von Mondlinien und Akupunkturmeridianen ließ sich schließlich ableiten, welcher Meridian mit welchem Chakra in Verbindung steht. Außerdem ging daraus hervor, daß bei einer Bach-Blütentherapie mit ganzen Schienen die Chakren mitbeeinflußt werden. Dies erklärt auch die enormen Reaktionen, die teilweise dabei auftreten. Die praktischen Erfahrungen, die ich im Laufe der letzten Jahre bei Farbbestrahlungen auf Akupunkturpunkten, Mondlinien und Chakrapunkten der Mondlinien gewinnen konnte, bestätigten schließlich die Richtigkeit der auf diese Weise gefundenen Zusammenhänge.

Die ursprünglich für Versuche mit Farben entwickelte Testmethode läßt sich auch für Experimente mit Bach-Blüten, ätherischen Ölen und Edelsteinen verwenden. Legt man beispielsweise nacheinander verschiedene Blütenessenzen auf eine bestimmte Hautzone, so reagiert die Aura bei der für diese Zone passenden Bach-Blüte mit derselben Energieabstrahlung wie bei den Farbexperimenten. Bei den falschen Blüten zeigt sich dagegen keinerlei Reaktion. Für ätherische Öle und Edelsteine gilt entsprechend dasselbe. Die im ersten Band dargestellten Entsprechungen von Bach-Blüten mit ätherischen Ölen und Edelsteinen habe ich auf diese Weise ausgetestet.

Da die geschilderte Reaktion der Aura offensichtlich auf einem Resonanzeffekt beruht, bei dem durch Applikation der richtigen Schwingung das gesamte System mitschwingt, nannte ich meine Vorgehensweise Resonanzmethode bzw. das bei Farbtests verwendete Verfahren *Farbresonanzmethode.*

Aufgrund des Zusammenhangs von Bach-Blütenschienen, Akupunkturmeridianen und Mondlinien gelten die Resonanzfarben der Meridiane und Mondlinien auch für die Schienen. Vorliebe für bzw. Abneigung gegen bestimmte Farben können daher auf in

---

* Vgl. S. 169

Frage kommende Bach-Blütenschienen hinweisen. Mit Hilfe des im nächsten Kapitel beschriebenen Farbtests läßt sich auf einfache Weise feststellen, welche Blütenkonzepte der Betreffende unbewußt ablehnt. Vielfach stellen gerade diese das Hauptproblem dar.

Interessanterweise tauchen die Resonanzfarben mitunter auch in Träumen auf. Meist erscheint dabei irgendein Gegenstand so auffällig in einem bestimmten Farbton, daß dieser am nächsten Morgen noch in der Erinnerung haftet. Diese Farbe entspricht häufig der Bach-Blütenschiene, deren Thematik beim Träumer gerade aktuell ist. Eine Patientin träumte beispielsweise in Zusammenhang mit der Centaury-Schiene von einer knallroten Hose. Eine andere Person träumte nach Einnahme von Vervain von einem Zimmer, das von unten bis oben mit orangeroten Wollknäueln angefüllt war. Eine Frau, bei der sich nach Einnahme einer Blütenmischung die übersehene Rock-Water-Thematik verstärkte, sah im Traum einen grünen Vorhang, der sich wie im Theater öffnete. Dahinter erschien eine völlig banale Szene, die sie jedoch als äußerst unmoralisch empfand. Ein Junge schließlich tauchte im Traum nach Einnahme der Chicory- und Agrimony-Schiene plus Walnut nach gelben Tauchringen und blieb so lange unter Wasser, daß sich die anderen Sorgen um ihn machen mußten. Hier deutete die Traumsymbolik auf bisher unentdeckte Chicory-Charakterzüge hin.*

---

* Vgl. Neue Therapien mit Bach-Blüten 3, S. 236ff.

4.
Bach-Blüten-Farbtest

Der Bach-Blüten-Farbtest bietet eine einfache Möglichkeit, Hinweise auf abgelehnte Seelenkonzepte zu erhalten, die aus dem Gespräch oft nur schwer ersichtlich sind. Meist erkennt man diese erst im späteren Verlauf einer Therapie, wenn die mehr oberflächlichen Schwierigkeiten abgebaut sind und deren tieferliegende Ursachen allmählich zum Vorschein kommen. Es ist jedoch hilfreich, wenn man als Behandler von vornherein weiß, an welche Problemkreise der Patient nicht herangehen möchte bzw. welche Blütenkonzepte er unbewußt ablehnt. Der Test kann auch zur Selbstdiagnose verwendet werden.

Der Test selbst ist leicht und ohne Vorkenntnisse durchzuführen und nimmt außerdem nur wenige Minuten in Anspruch. Man legt dem Patienten die Bachblüten-Farbtafel* mit den verschiedenen Testfarben vor und bittet ihn, die Farbe zu nennen, die ihm am besten, am zweitbesten und überhaupt nicht gefällt. Dabei soll er spontan und ausschließlich anhand der vor ihm liegenden Farbtöne der Farbtafel entscheiden. Farben, die er sonst bevorzugt, dürfen nicht berücksichtigt werden, da es hier auf ganz bestimmte

* Erhältlich bei: Isotrop Versand, Frankfurter Str. 155, D-65520 Bad Camberg, Tel. & Fax: 06434/5455

Farbnuancen ankommt. Oftmals gibt der Betreffende an, daß er diese oder jene Farbe normalerweise ablehne, aber dieser spezielle Farbton gefalle ihm. Genau auf solche unmittelbaren momentanen Neigungen kommt es an.

Wichtig ist, daß der Test bei relativ normalen Lichtverhältnissen durchgeführt wird. Keinesfalls sollten dabei Neonröhren oder Energiesparlampen eingeschaltet sein, da deren Licht die einzelnen Farbtöne verändern kann.

Die Farben, die der Patient bevorzugt, haben für die Bach-Blütendiagnose nur eine untergeordnete Bedeutung. Da sich der Betreffende von ihnen angezogen fühlt, weisen sie zwar darauf hin, daß er sich mit dem von ihnen verkörperten Seelenkonzept auseinandersetzen möchte und die entsprechenden Schienen benötigt, aber in der Regel ergeben sich diese ohnehin aus dem Gespräch. Viel wichtiger ist die Farbe, die der Patient nicht mag, wobei es vorkommen kann, daß er zwei Farben nennt, die er beide gleichstark ablehnt. In diesem Fall zählen beide Farben.

Die Ablehnung einer Farbe zeigt, daß der Betreffende die Seelenaspekte ablehnt, für die diese Farbe steht. Im Gespräch werden die dazugehörigen Blüten vielfach übersehen bzw. als nebensächlich betrachtet. Nennt man dem Patienten die fraglichen Gemütssymptome, so erkennt er sich darin oftmals nicht wieder. Des öfteren streitet er sogar kategorisch ab, daß diese – selbst auch nur in geringem Maße – auf ihn zutreffen, während seine Umgebung sie möglicherweise bestätigt.

Wie bereits erwähnt stellen genau diese abgelehnten Seelenkonzepte oftmals das Hauptproblem dar. In meiner Praxis konnte ich vielfach beobachten, daß auch chronische Erkrankungen damit in Zusammenhang stehen, da sich die geklagten körperlichen Beschwerden erst nach Einnahme der entsprechenden Blütenessenzen besserten. Dies ist aufgrund der Tatsache verständlich, daß wir das, was wir in unserem Bewußtsein ablehnen, häufig über unseren Körper in Form von Krankheit leben.

Die zu den einzelnen Testfarben gehörenden Bach-Blütenschienen sind auf der Rückseite der Farbtafel aufgeführt. Die Äußeren Blüten wurden dabei analog den Regeln der Akupunktur zugeordnet, d. h., sie gehören zu den Schienen, die mit Yin-Meridianen korrespondieren. Da das Feuer-Element zwei Meridianpaare besitzt, existieren für Star of Bethlehem auch zwei Farbentsprechungen. Die Basisblüte Larch liegt sämtlichen Kommunikationsblüten der Schienen zugrunde und läßt sich daher nicht durch diesen Farbtest ermitteln.

5.
Praxis der Neuen Therapien mit Farben

a) Grundlagen

Von der energetischen Ebene* her betrachtet beruht Krankheit auf einem Ungleichgewicht der polaren Energien Yin und Yang. Bei der Klassischen Akupunktur wird durch Setzen von Nadeln der Energieüberschuß von dem Meridian, der sich im Zustand der Fülle befindet, zu demjenigen geleitet, der eine Leere aufweist. Die esogetische** Farbtherapie nach Peter Mandel führt Akupunkturpunkten oder auch anderen therapeutisch wirksamen Arealen auf der Körperoberfläche Informationen in Form von farbigem Licht zu, die als regulierende Impulse einen Ausgleich von Disharmonien auf der energetischen Ebene bewirken.[17]

Auf der astralen Ebene*** erscheint Krankheit als Schwingungsdefizit. Führt man die fehlende Schwingung von außen zu (z.B. in Form einer passenden Bach-Blütenessenz), wird der unterbrochene

---

* Vgl. Bd. 1, S. 17ff.

** Peter Mandel bezeichnet die von ihm entwickelten Verfahren als Esogetik, d.h. Verbindung von *Eso*terik und Ener*getik*.

*** Vgl. Bd. 1, S. 19ff.

Kontakt mit dem Höheren Selbst wiederhergestellt. Dasselbe gilt für den gezielten Einsatz von ätherischen Ölen.

Betrachtet man die Ergebnisse der Biophotonen-Forschung von Dr. Popp, so läßt sich Krankheit auch als Farbdefizit verstehen. Appliziert man auf Akupunktur- oder Mondlinienpunkten die jeweils «fehlende» Farbe, die sich – wie die von mir durchgeführten Tests zeigen – durch ein Resonanzverhalten zu erkennen gibt, so lösen sich die zu behandelnden Symptome ebenfalls auf. Diese «fehlende» Farbe läßt sich auch als *Eigenfarbe* des betreffenden Meridians bzw. der dazugehörigen Mondlinie bezeichnen.

Im Unterschied zur esogetischen Farbtherapie, bei der regulierende Impulse gesetzt werden, die energetische Reaktionen bewirken, führt man bei der Therapie mit Resonanzfarben lediglich die Schwingung zu, die fehlt. Überreaktionen oder Erstverschlimmerungen sind nicht möglich. Ist das vorhandene Defizit aufgefüllt, nimmt der Körper nichts mehr auf; der Resonanzeffekt erlischt. Bei Akupunkturpunkten und den oberen Diagonalen der Mondlinien dauert dieser Vorgang in der Regel 1–2 Minuten, bei den meditativen Punkten der Mondlinien bis zu 15 Minuten, wobei es völlig unerheblich ist, ob ein Flach- oder Pyramidenfokus verwendet wird. Da keine Reizwirkung erzielt wird, spielt es keine Rolle, ob das Farblicht gebündelt oder breitflächig eingestrahlt wird.

b) Farbbestrahlungen auf Akupunkturpunkten

Eine Anwendungsform der Neuen Therapien mit Farben ist, wie bereits erwähnt, die Bestrahlung von Akupunkturpunkten mit den Eigenfarben der entsprechenden Meridiane. Da diese Grundkenntnisse in der Akupunktur und ein gewisses Maß an praktischer Erfahrung auf diesem Gebiet voraussetzt, soll sie nur kurz skizziert werden.

Im Vergleich zur herkömmlichen Akupunktur ändert sich dabei

im Prinzip nur die Behandlungsmethode, die energetische Diagnostik und die Auswahl der zu therapierenden Punkte bleibt dieselbe. Die Akupunkturpunkte werden nicht mit Nadeln gestochen, sondern mit farbigem Licht bestrahlt. Die Farbwahl ist hierbei sowohl von der Art der geklagten Beschwerden als auch der energetischen Situation unabhängig. Yin- bzw. Yangzustände spielen ebenfalls keine Rolle, da die *Ursache* des energetischen Ungleichgewichts behandelt wird. Die Punkte werden nacheinander mit der Eigenfarbe des zugehörigen Meridians* bestrahlt. Die Art des verwendeten Fokus ist dabei unerheblich. Ich selbst finde hier den Pyramidenfokus praktischer, weil sich dieser auf der Haut aufsetzen läßt und die Hand nicht über dem Akupunkturpunkt stillgehalten werden muß. Die Behandlungsdauer beträgt im Durchschnitt 1–2 Minuten pro Punkt. Es ist jedoch sinnvoll, so lange zu bestrahlen, bis die Abstrahlung der Aura infolge des Resonanzeffekts aufhört.

Diese Vorgehensweise gilt für den Normalfall. Bei hochakuten Schmerzzuständen genügt es oft, mit aufgesetztem Flachfokus mehrere Minuten lang im Abstand von einigen Zentimetern über dem betroffenen Meridian entlangzustreichen.

Die hier vorgestellte Farbtherapie mit den Eigenfarben der Meridiane erweist sich in der Praxis als wesentlich einfacher und ungefährlicher als die Akupunktur mit Nadeln und steht dieser bezüglich ihrer Wirkung in nichts nach. Trotzdem bevorzuge ich persönlich aus mehreren Gründen die Therapie über die Mondlinien: Zum einen ist hier die Diagnose erheblich einfacher als bei der Akupunktur, und zwar sowohl im Blick auf die in Frage kommende Mondlinie als auch hinsichtlich der Auswahl der zu therapierenden Punkte, die sich erübrigt, da grundsätzlich alle Punkte einer Linie behandelt werden. Zum anderen beschränkt sich die Wirkung nicht nur auf die energetische Ebene wie bei der Akupunktur – das tieferliegende Problem auf der emotionalen Ebene wird mit angegangen.

---

* Vgl. Tabelle «Akupunkturmeridiane und Farben» im Anhang, S. 266.

c) Mondlinientherapie mit Farben

Die Vorgehensweise bei der Mondlinientherapie ist im Prinzip sehr einfach. Ausgehend vom Anfangspunkt der zu behandelnden Mondlinie, der sich auf einer Horizontalen in Höhe des Steißbeins befindet, wird eine Linie durch den Mondlinienmittelpunkt gelegt und um die gleiche Strecke nach oben verlängert. Auf der unteren Hälfte dieser Diagonalen, d.h. vom Anfangspunkt bis zum Mittelpunkt, befinden sich (einschließlich Mittelpunkt) sieben Therapiepunkte in gleichem Abstand. Sie werden mit einem Akupressurstift* der Reihe nach stimuliert. Anschließend bestrahlt man die obere Hälfte der Linie 1–2 Min. lang mit der Farblampe*, indem man im Abstand von ca. 5 cm langsam über ihr hin- und herstreicht. Zuletzt werden die Mondlinien am Kopf in gleicher Weise mit der Farblampe ca. 1 Minute lang gestrichen.

Die Abbildung auf der nächsten Seite zeigt eine einzelne Mondlinie mit ihren Therapiepunkten. Der Mittelpunkt läßt sich finden, indem man vom ersten Sakralloch, einer deutlich tastbaren Vertiefung im Kreuzbein, einen Finger breit nach unten und zur Mitte geht. Von hier mißt man den Abstand zum Testpunkt und teilt diese Strecke durch sechs, um den Abstand der einzelnen Punkte untereinander zu erhalten. Sämtliche Punkte einschließlich des Mittelpunkts liegen in einem mit Hilfe des Akupressurstifts deutlich tastbaren Grübchen. Die Punkte werden mit einem Eye-Liner oder Kajalstift markiert, ebenso die diagonale Linie oberhalb des Mittelpunkts.

Mit der Akupressur beginnt man am untersten Punkt auf der *linken* Seite und therapiert einen Punkt nach dem anderen bis zum Mittelpunkt, den man bei diesem ersten Durchgang ausläßt. Anschließend wechselt man die Seite und verfährt entsprechend, behandelt aber den Mittelpunkt mit.

---

* Bezugsquellen siehe Anhang

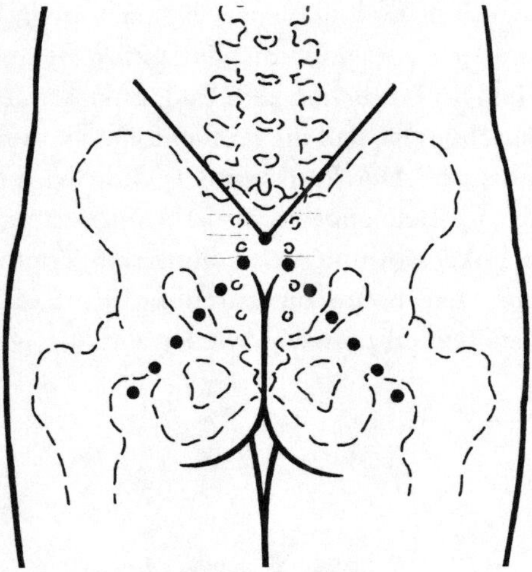

Mondlinie im Beckenbereich mit Therapiepunkten

Die einzelnen Punkte, die in der Regel äußerst druckempfindlich sind, sollten *sehr* kräftig mit leicht kreisenden Bewegungen (rechtsherum zur Anregung) ca. 30 Sekunden stimuliert werden. Der Schmerz sollte dabei die Grenze des Erträglichen nicht überschreiten. Tritt vor Ablauf dieser Zeit plötzlich ein heftiger, regelrecht einschießender Schmerz auf, kann die Therapie an diesem Punkt abgebrochen werden.

Bei der anschließenden Bestrahlung der oberen Diagonalen wird der Flachfokus der Farblampe verwendet. Die in Frage kommende Therapiefarbe ist aus der Tabelle «Bach-Blütenschienen und Farben» im Anhang zu entnehmen. Wie bei der Akupressur beginnt man auch hier auf der linken Seite.

Der Mittelpunkt der Mondlinien im Kopfbereich liegt genau in der Mitte zwischen den Augenbrauen.* Die einzelnen Linien findet

* Vgl. Abbildung nächste Seite

man, indem man von hier aus senkrecht nach oben bis zur Haargrenze geht und sich von dort mit der spitzen Seite des Akupressurstifts Grübchen für Grübchen zum Endpunkt der gesuchten Linie vortastet. Zu beachten ist, daß die Reihenfolge der Mondlinien hier genau umgekehrt ist.* Der Punkt in der Mitte wird (wie auch bei den Mondlinien im Beckenbereich) nicht mitgezählt.

Zur exakten Lokalisation der Mondlinien im Kopfbereich gehört sehr viel Übung. Die breite Lichtstreuung der Farblampe gleicht jedoch Ungenauigkeiten teilweise wieder aus.

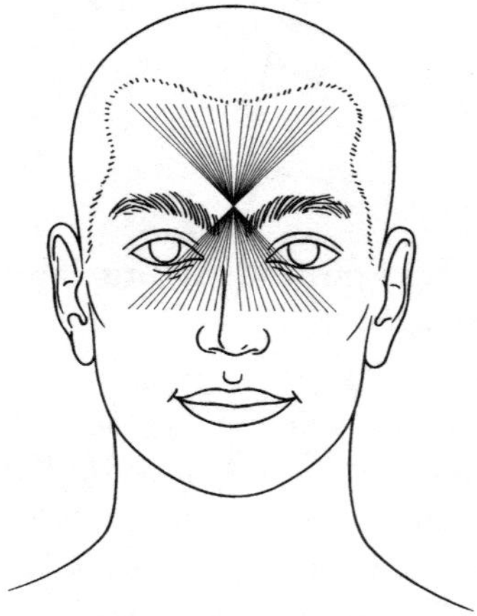

Mondlinien im Kopfbereich

Mögliche Einsatzgebiete für eine kombinierte Akupressur- und Farbtherapie der Mondliniendiagonalen sind sämtliche körperlichen Beschwerden, die mit Naturheilverfahren behandelbar sind, sowie therapieresistente Bach-Blütenfälle, bei denen eine energetische Blockade zu vermuten ist. Ich selbst setze diese Methode vor allem dann ein, wenn eine Störung bereits so weit ins Organische/Grobstoffliche vorgedrungen ist, daß sie sich allein mit Bach-Blüten, ätherischen Ölen und Edelsteinen nicht mehr beseitigen läßt.

---

* Vgl. Tabelle der Mondlinien im Anhang, S. 269.

Voraussetzung für einen Behandlungserfolg ist hier jedoch eine exakte Lokalisierung der Punkte und Linien sowie eine Diagnosestellung über die Mondlinientestung. Es ist daher empfehlenswert, diese Methode auf entsprechenden Seminaren zu erlernen.*

d) Andere Anwendungsformen

Die einfachste Methode der Selbstbehandlung mit Farben ist, sich von einer farbigen Lampe anstrahlen zu lassen. Hierfür ist im Prinzip jede Farblampe geeignet, die über Farbfilter in den auf der beiliegenden Farbtafel abgebildeten Farben verfügt. Die Therapie kann auch mit der Isotrop-Farblampe** durchgeführt werden, die auf einem Stativ (z.B. Mikrophonständer) befestigt oder auf ein Regal in der entsprechenden Höhe gelegt werden sollte. Wegen der relativ geringen Lichtleistung dieser Lampe, die eigentlich für die Therapie von Akupunktur- und Mondlinienpunkten gedacht ist, empfiehlt es sich, den Raum dabei abzudunkeln.

Die Dauer der Anwendung beträgt bei Verwendung der von mir gefundenen Resonanzfarben in der Regel 15–20 Minuten. Während dieser Zeit sollte man bequem sitzen bzw. liegen und sich in einem ruhigen, entspannten Zustand dem Einfluß der Farben überlassen. Der Raum sollte warm und behaglich sein. Ein Aromaöl in der Duftlampe oder Räucherstäbchen und eine sanfte Musik im Hintergrund, wenn diese als angenehm empfunden wird, können die Wirkung der Behandlung verstärken. Störungen durch äußere Einflüsse (z.B. Türglocke, Telefon etc.) sollten nach Möglichkeit vorher ausgeschaltet werden.

Will man im wesentlichen die aktuelle Stimmungslage verändern, so reicht es, mit der Lampe den Kopf im Abstand von ca. 30 cm

---

* Auskünfte über Seminare sind erhältlich bei: Internationales Zentrum für Neue Therapien, Postfach 1712, D-63407 Hanau.

** Bezugsquelle siehe Anhang

anzustrahlen. Als Richtschnur für die Auswahl der Farben dienen hier die Indikationen der den Farben zugeordneten Bach-Blütenschienen.* Hierzu einige Beispiele:

Tiefrot:	bei Trägheit und Energielosigkeit (zur Aktivierung des Willens)
Dunkelrosa:	bei einem Gefühl innerer Leere, weil momentan kein klares Ziel erkennbar ist
Hellrosa:	bei starker innerer Anspannung (wenn man sich psychisch unter Druck fühlt und am liebsten aus der Haut fahren möchte)
Orangerot:	bei ständiger Müdigkeit und großen morgendlichen Anlaufschwierigkeiten
Orange:	bei Phasen von Traurigkeit und Niedergeschlagenheit ohne ersichtlichen äußeren Anlaß (wenn man gleichzeitig auch unter konkreten Ängsten oder Überempfindlichkeiten gegenüber äußeren Einflüssen leidet)
Dunkelgelb:	bei Unzufriedenheit (wenn man aus relativ belanglosen Gründen gekränkt ist)
Gelbgrün:	bei Arbeitsunlust (wenn man gerne herumleiert und unangenehme Aufgaben ständig vor sich herschiebt)
Grün:	bei extremen Stimmungsschwankungen
Helltürkis:	bei Phasen von Traurigkeit und Niedergeschlagenheit ohne ersichtlichen äußeren Anlaß (wenn man auch zu Tagträumen neigt)
Türkis:	bei übermäßigem Grübeln und Sich-Sorgen-Machen
Tiefblau:	bei großer Ungeduld und Hektik sowie starken muskulären Verspannungen
Tiefviolett:	bei starken innerlichen Spannungszuständen infolge Verzweiflung und Ausweglosigkeit

* Vgl. S. 32–45

Die Bestrahlung von erkrankten Körperteilen, speziellen Körpersegmenten oder Hautzonen nach den gängigen Indikationen der Farbtherapie halte ich persönlich für wenig effektiv. Zum einen ist der Aufwand relativ hoch (in der Regel sind tägliche Behandlungen von 30–60 Minuten Dauer erforderlich), und zum andern ist die dadurch erzielte Wirkung im Vergleich zu anderen Therapieverfahren verhältnismäßig gering. Eine gezielte Behandlung der Mondlinien dauert beispielsweise nur etwa 20 Minuten und muß gewöhnlich lediglich einmal pro Woche, in einzelnen Fällen sogar bloß alle zwei Wochen durchgeführt werden. Allerdings ist diese Methode im Grunde nur für Therapeuten geeignet, da zu deren Beherrschung eine spezielle Ausbildung erforderlich ist.

Für die Selbstbehandlung empfiehlt sich bei körperlichen Beschwerden die Therapie über die Bach-Blüten-Hautzonen mit Blütenessenzen, ätherischen Ölen und Edelsteinen, wie sie im ersten Band beschrieben ist. Farbanwendungen können hier *zusätzlich* in der oben beschriebenen Weise oder in Form von farbaktiviertem Wasser erfolgen.

Zur Herstellung von farbaktiviertem Wasser befestigt man die Farblampe im Abstand von etwa 20 Zentimetern über einem ungefärbten Glas, das mit stillem Mineralwasser gefüllt ist. Am einfachsten ist es, die Farblampe mit ihrer Trageschlaufe an einem Fenstergriff aufzuhängen und das Wasserglas darunter zu stellen. Als Bestrahlungsdauer genügen in einem vollkommen abgedunkelten Raum 15–20 Minuten. Bei Tageslicht sind 60 Minuten erforderlich. Die Wirkung ist hier allerdings deutlich schwächer. Anschließend wird das mit der Farbe aufgeladene Wasser über den Tag verteilt schluckweise getrunken (wie eine Wasserauflösung von Bach-Blüten).

Eine andere Herstellungsmöglichkeit für farbaktiviertes Wasser bietet das Isotrop-Farbfilter-Set*, das vor allem für Personen gedacht ist, die keine Farblampe besitzen. Hierbei nimmt man eine

* Bezugsquelle siehe Anhang

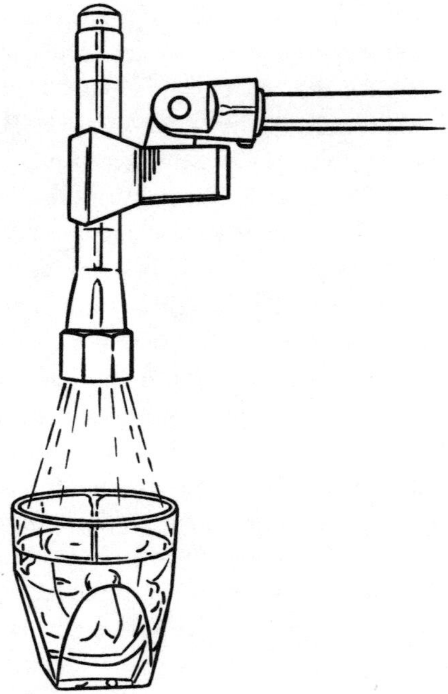

Herstellung von farbaktiviertem Wasser

lichtundurchlässige Tasse und legt den entsprechenden Farbfilter darüber. Danach wird das ganze für 15–20 Min. in die pralle Sonne* oder unter eine Lampe gestellt.

Eine weitere Anwendungsmöglichkeit der Farben ist das gezielte Tragen von bunten Kleidungsstücken, um die momentane Gemütsverfassung positiv zu beeinflussen. Die Auswahl der Farben erfolgt hierbei nach den Indikationen der Bach-Blütenschienen bzw. nach den oben aufgeführten Beispielen. Vorlieben für bestimmte Farben können dabei als Hinweis dienen.

Eine äußerst tiefgreifende Methode ist das absichtliche Tragen

* Das Wasserglas sollte dabei einer **direkten Sonnenbestrahlung** ausgesetzt werden. Indirektes Sonnenlicht ist hierfür zu schwach.

einer abgelehnten Farbe, um sich bewußt mit den abgelehnten Seelenkonzepten auseinanderzusetzen, für die diese Farbe steht. Einige diesbezügliche Farbtupfer auf einem bunten Kleidungsstück bewirken allerdings relativ wenig. Therapeutisch am wirkungsvollsten ist eine einfarbige Kleidung, möglichst exakt in dem entsprechenden Farbton*. Hierbei bessern sich langfristig die negativen Emotionen, die bei den Blüten, die zu dieser Farbe gehören, beschrieben sind. Der Mechanismus hierbei ist relativ einfach: Das, was wir in uns selbst ablehnen, lehnen wir auch außerhalb von uns ab. Setzen wir uns bewußt damit in der Außenwelt auseinander, so hat dies auch Rückwirkungen auf unser Inneres.

In derselben Weise arbeite ich in der Aromatherapie** gezielt mit den Düften, die der Patient nicht mag. Gerade diese zeigen die intensivsten Heilwirkungen, und nach mehreren Wochen Therapie (vorwiegend Ganzkörpereinreibungen) löst sich neben den geklagten Beschwerden oft auch die Aversion gegen das jeweilige Öl auf. In ähnlicher Weise bessert sich bei der Farbanwendung in Form entsprechender Kleidung die Antipathie gegen die abgelehnte Farbe. Die dieser Reaktion zugrundeliegende Integration abgelehnter Seelenkonzepte wird vielfach als ein nicht näher zu definierendes Gefühl von Ganzheit empfunden.

---

* Dies bezieht sich **ausschließlich** auf die den Bach-Blütenschienen entsprechenden Farben auf der beigefügten Farbtafel.

** Vgl. Neue Therapien mit ätherischen Ölen und Edelsteinen, S. 54/55

6.
Therapiefarben von Rot bis Violett

Tiefrot

Akupunkturbezug: Blasen-Meridian
Bach-Blütenbezug: Centaury-Schiene

Rot steht am Anfang des Spektrums und besitzt von allen Farben die am stärksten anregende Wirkung. Es macht heiter, gesprächig, erregt, hastig, eifrig und leidenschaftlich[18], stimuliert die sexuelle Triebkraft[19] und aktiviert bei Trägheit. Allerdings kann es bei Personen mit cholerischem Temperament u. U. Aggressionen und Erregungszustände auslösen.

Körperlich wirkt Rot ebenfalls stark anregend, belebend, erwärmend, gefäßerweiternd, durchblutungsfördernd und entstauend. Außerdem regt es die Bildung von Hämoglobin an, das zur Bildung roter Blutkörperchen benötigt wird.[20] Rot eignet sich zur Behandlung von plötzlichen Schwächezuständen, Durchblutungsstörungen, Hautleiden infolge schlechter Durchblutung[21], Frostschäden, eiterfreien Wunden und chronischem Husten. Rotbestrahlungen oder auch einfach rote Kleidungsstücke (z.B. rote Handschuhe, Schals) sind bei ersten Anzeichen einer beginnenden Erkältung hilfreich und können diese u. U. bereits im Keim ersticken.[22] Ist jedoch bereits Fieber eingetreten, darf Rot nicht mehr verwendet werden, da es temperatursteigernd wirkt. Grundsätzlich sollte Rot niemals bei akuten Entzündungszuständen, offenen Wunden, Eiterungen, Bluthochdruck und Blutgerinnseln eingesetzt werden.[23]

Psychologisch gesehen verkörpert Rot größtenteils Eigenschaften, die Menschen im Centaury-Zustand fehlen, so z.B. Willensstärke, Initiative, Bereitschaft zum Handeln[24], Mut zum Kämpfen und Kraft zum Durchhalten[25]. Man assoziiert mit dieser Farbe aber auch Erregung, Leidenschaft, Verlangen, Begehren und die rein körperliche Liebe. Nicht umsonst sind Bordelle nachts rot beleuchtet. – Man spricht sogar vom Rotlichtmilieu.

Die stark aktivierende Wirkung dieser Farbe läßt sich nutzen, indem man beispielsweise im Winter rote Socken und Unterwäsche trägt, um weniger frieren zu müssen. Ein roter Trainingsanzug zum Joggen und Turnen strahlt Vitalität und Stärke aus.[26] Als durchaus sinnvoll erweist es sich auch, Räume in Rot zu halten, die der körperlichen Fitneß dienen, oder in denen Personen arbeiten, die sehr träge sind.[27] In Schlafzimmern sowie Entspannungs- und Meditationsräumen sollte Rot vermieden werden, da es zu stark anregt und u. U. für einen unruhigen Schlaf sorgt. Auch an Orten, an denen konzentriert gearbeitet wird, ist diese Farbe fehl am Platze.[28]

In der Farbtherapie wird meist ein warmes Rot eingesetzt. Ich selbst verwende einen etwas dunkleren Farbton, der leicht in Richtung Rubinrot geht. Dieses Tiefrot steht in Beziehung zur Centaury-Schiene, deren Indikationen daher auch für diese Farbe gelten.

Dunkelrosa

Akupunkturbezug: Milz/Pankreas-Meridian
Bach-Blütenbezug: Cerato-Schiene

Dunkelrosa* findet in der gängigen Farbtherapie bislang noch keine Verwendung. In der einschlägigen Literatur sind weder psychologische Wirkungen noch Indikationen für Farbbestrahlungen aufgeführt. Lediglich die Beschreibung einer amerikanischen Farblampe, der ein Filter in einem relativ ähnlichen Farbton, wie ich ihn verwende, beiliegt, enthält einen entsprechenden Hinweis. Demnach wirkt diese Farbe, die unter der Bezeichnung «Rosa» aufgeführt ist, harmonisierend und anregend, ohne aufzureizen.[29]

Dunkelrosa entspricht der Cerato-Schiene, deren Indikationen deshalb auch für diese Farbe gültig sind.

Hellrosa

Akupunkturbezug: Dreifacher-Erwärmer-Meridian
Bach-Blütenbezug: Rock-Rose-Schiene

Hellrosa** wird bis jetzt ebenfalls noch nicht allgemein als Heilfarbe angesehen. Lediglich Peter Mandel beschreibt in seinem neue-

* Nach Kornerup/Wanscher, Taschenbuch der Farben, müßte dieser Farbton eigentlich «Rot» heißen. Da es sich hierbei jedoch nicht um einen gebräuchlichen Rotton handelt, sondern um ein dunkles Rosa, wählte ich die unübliche Bezeichnung Dunkelrosa, die diese Farbe meines Erachtens am besten charakterisiert.

** Die korrekte Bezeichnung des von mir verwendeten Farbtons lautet nach Kornerup/Wanscher, Taschenbuch der Farben, Blaßrot oder auch Venetianerrosa. Da diese Benennungen nicht allgemein geläufig sind, hielt ich es für zweckmäßig, statt dessen eine solche Bezeichnung zu verwenden, die jeder mit dem gemeinten Farbton in Verbindung bringt. Im übrigen wird dieser Farbton bei der bereits erwähnten Farblampe so bezeichnet.

sten Buch Anwendungsmöglichkeiten dieser Farbe, die er Rosé nennt. Er ordnet sie den von ihm postulierten Seele-Geist-Farben zu, die seiner Auffassung nach keine spezifischen Indikationen besitzen und rein spirituell wirken.[30]

Ich selbst arbeite bereits seit vielen Jahren mit Hellrosa. Es ist für mich eine der wichtigsten Therapiefarben, da es über den Dreifachen Erwärmer das Endokrinum beeinflußt. Psychische Ausnahmezustände, in denen der Betroffene völlig außer sich ist und glaubt, durchdrehen zu müssen, sowie durch erhöhten inneren Druck ausgelöste Reaktionen wie heftiges Zittern, Schüttelfrost und akute Kreislaufprobleme lassen sich durch Bestrahlung spezieller Punkte* mit Hellrosa oft innerhalb weniger Minuten stoppen.

Orangerot

Akupunkturbezug: Herz-Meridian
Bach-Blütenbezug: Vervain-Schiene

Die Farbe Orangerot** wird in der mir zur Verfügung stehenden Fachliteratur nicht erwähnt. Viele der in der Farbtherapie verwendeten Orangefilter sind in Wirklichkeit jedoch orangerot. Auch in einigen Büchern zu diesem Thema findet sich Orangerot auf Farbtafeln, während im Textteil jeweils von Orange die Rede ist. Es ist daher nicht klar ersichtlich, welche der üblicherweise unter Orange beschriebenen Eigenschaften tatsächlich für diese Farbe und welche für Orangerot gelten.

Für mich ergeben sich die Indikationen von Orangerot aus der Vervain-Schiene, zu der diese Farbe gehört. Bei Personen, die leicht reizbar sind, sollte man mit ihr etwas vorsichtig sein.

---

* Vgl. S. 231
** Vgl. beigefügte Farbtafel

Orange

Akupunkturbezug: Nieren-Meridian
Bach-Blütenbezug: Mimulus-Schiene

Orange hat eine stark aufmunternde, stimmungsanregende, psychisch aufhellende und antidepressive Wirkung. Es vermittelt Lebensfreude, Fröhlichkeit und Heiterkeit und eignet sich daher hervorragend zur Behandlung von Melancholie, Schwermut, Unzufriedenheit, Arbeitsunlust, morgendlicher Schläfrigkeit, Antriebsarmut[31], Lethargie und Angstzuständen*.

Körperlich wirkt diese Farbe ebenfalls belebend, anregend, aufbauend und kräftigend. Sie regt Stoffwechsel, Blutbildung, Blutkreislauf*, Verdauungs- und Nierenfunktion an, fördert den Appetit und wirkt sich positiv auf Haare, Nägel, Knochen und Zähne aus[32]. Anwendungsgebiete sind häufige Müdigkeit, Energielosigkeit, Kreislaufschwäche**, Anämie, Abmagerung, Herzprobleme***, Nierenschwäche, Blähungen und sämtliche Arten von Sklerosen wie Arteriosklerose, Cerebral- und Coronarsklerose[33].

Aus psychologischer Sicht signalisiert Orange «optimistische Lebenslust, Gefühlswärme und Aufgeschlossenheit gegenüber den Mitmenschen, der Umwelt und den Lebensfragen im allgemeinen»[34]. Es wird auch als «soziale» Farbe angesehen, «die zu Herzlichkeit und Kontaktfreudigkeit animiert»[35]. Sie ist daher ideal geeignet für Räume, in denen sich die Familie trifft und Gäste empfangen und bewirtet werden, sowie für soziale Treffpunkte und Gemeindezentren.[36]

---

* Bei Angstzuständen sollte nach der gängigen Farbtherapie Orange im Wechsel mit Blau eingesetzt werden.

** Für Herz- und Kreislaufprobleme eignet sich meiner Erfahrung nach besser Orangerot.

*** Die Behandlung organischer Herzbeschwerden sollte einem erfahrenen Therapeuten überlassen werden.

Einige der in der Fachliteratur unter Orange aufgeführten Eigenschaften treffen meines Erachtens eher auf ein dunkleres, mehr rötliches Orange zu, das zur Vervain-Schiene und zum Herz-Meridian gehört.* Hierzu zählen Attribute wie Begeisterung, Unternehmensgeist,[37] Ehrgeiz[38], Expansionsdrang und Extrovertiertheit[39].

Dunkelgelb

Akupunkturbezug: Lungen-Meridian
Bach-Blütenbezug: Chicory-Schiene

Gelb wirkt anregend und aufheiternd. Es spendet neue Energie, Lebensfreude und Fröhlichkeit und ist hilfreich bei Trübsinn, Unzufriedenheit und Arbeitsunlust. Des weiteren erhöht es die Auffassungsgabe, den Lerneifer und das Durchhaltevermögen und wirkt sich günstig auf das Gedächtnis und das Erinnerungsvermögen aus. Außerdem soll es die Verarbeitung von Erfahrungen und Eindrücken begünstigen.[40]

Körperlich beeinflußt Gelb das Nerven- und Drüsensystem, die Verdauung und die Haut. Es regt die Funktion von Magen, Leber und Gallenblase an und fördert die Darmperistaltik. Daneben aktiviert es den Lymphfluß und macht Chronisches akut.[41] Indikationen sind sämtliche Erkrankungen des Verdauungstraktes, Verstopfung, Hautunreinheiten und Allergien. Bei akuten Entzündungen, Fieber und nervösem Herzklopfen sollte die Farbe nicht eingesetzt werden.[42]

Gelb symbolisiert die im Zenit stehende Sonne und steht für Freude am Leben, unbeschwerte Heiterkeit, Zufriedenheit, wachen Verstand, hohe Intelligenz, vielseitige Begabungen und mannigfaltige Interessensgebiete.[43] Gelb verkörpert außerdem Offenheit, gedanklichen Austausch[44] und das Grundbedürfnis, sich frei entfalten zu

* Vgl. S. 93

können.[45] Personen, die diese Farbe lieben, haben vielfach die Eigenart, stets von anderen etwas zu erwarten.[46]

Der von mir verwendete Gelbton ist etwas dunkler als der in der Farbtherapie üblicherweise benutzte. Dunkelgelb steht jedoch in Beziehung zur Chicory-Schiene, deren Indikationen demzufolge auch für diesen Farbton gelten.

Gelbgrün

Akupunkturbezug: Kreislauf-Sexus-Meridian
Bach-Blütenbezug: Water-Violet-Schiene

Dieser Farbton* wird in der üblichen Farbtherapie bisher noch nicht eingesetzt. Auch in der mir zu Verfügung stehenden Fachliteratur ist er nirgends erwähnt. Da er jedoch der Water-Violet-Schiene entspricht, ergeben sich daraus auch seine Indikationen.

Grün

Akupunkturbezug: Gallenblasen-Meridian
Bach-Blütenbezug: Scleranthus-Schiene

Grün ist die Farbe der Erholung und Entspannung und wirkt belebend und ausgleichend zugleich. Es vermittelt Ruhe und Zufriedenheit, beruhigt, stabilisiert die Nerven und fördert die Regeneration des Nervensystems.[47] Die Farbe ist hilfreich bei nervlicher Überlastung, Reizbarkeit, Unruhe, Schlaflosigkeit und Stimmungsschwankungen.[48] Sie fördert außerdem das Urteilsvermögen und wirkt sich positiv auf Entscheidungsprozesse aus.[49]

---

* Vgl. beigefügte Farbtafel

Körperlich wirkt die Farbe ebenfalls regenerierend. Sie unterstützt Heilungsprozesse und fördert die Ausscheidung toxischer Substanzen.[50] Als Indikationen gelten akute und chronische Bronchitis, Husten, Schnupfen und Heuschnupfen, Zysten, Gelenkentzündungen, Rheuma, Arthrosen und Diabetes.

Grün ist die Farbe, die uns in der Natur am häufigsten begegnet. Wir assoziieren sie mit Frühling, üppigem Wachstum, Erneuerung und Genesung. Sie gilt auch als Farbe der Harmonie, des Friedens, der Brüderlichkeit und der Hoffnung.[51] Geeignet ist sie hervorragend für Orte, die der Heilung und Regeneration dienen. Hierzu zählen vor allem Krankenhäuser, Sanatorien und Rehabilitationszentren, aber auch Arzt- und Naturheilpraxen sowie Räume für Krankengymnastik.

Türkis

Akupunkturbezug: Magen-Meridian
Bach-Blütenbezug: Gentian-Schiene

Türkis wird in der Farbtherapie bislang kaum verwendet, obwohl es hervorragende therapeutische Eigenschaften besitzt. Die Farbe wirkt erfrischend und kühlend und hat einen beruhigenden Einfluß auf das Nervensystem.[52] Sie lindert Streßsymptome und nervöse Anspannung[53], beseitigt streßbedingte geistige Erschöpfungszustände und beruhigt überschießende Gedanken und mentale Nervosität.[54] Daneben hilft sie bei Ermüdung aufgrund von Giftstoffbelastungen im Körper und bei Kopfschmerzen infolge Müdigkeit.[55] Nach einem Sonnenbrand soll sie die Regeneration der Haut fördern.[56]

In der einschlägigen Literatur werden einige weitere Indikationen wie z.B. Schilddrüsenstörungen und die Folgen von Elektrosmog genannt[57], die offensichtlich aus der Zuordnung dieser Farbe zum Hals-Chakra abgeleitet sind. Da diese Zuordnung nicht stimmt*, dürften auch die sich daraus ergebenden Indikationen irrelevant sein.

In gleicher Weise werden der Farbe Türkis auch psychologische Wirkungen unterstellt, die sich aus den Aufgaben des Hals-Chakras ergeben und daher ebenfalls unzutreffend sind, so z.B. die Förderung des klaren sprachlichen Ausdrucks und der aufrichtigen Kommunikation.[58]

Die sonstigen Aussagen über diese Farbe stimmen mehr mit der Clematis-Schiene überein als mit der Gentian-Schiene und treffen daher eher auf Helltürkis zu. Da in der Fachliteratur nicht zwischen hellem und dunklem Türkis unterschieden wird, habe ich dementsprechend die diesbezüglichen Angaben unter Helltürkis abgehandelt.

Helltürkis

Akupunkturbezug: Dickdarm-Meridian
Bach-Blütenbezug: Clematis-Schiene

Spezifische Indikationen sind bei diesem Farbton** bis jetzt noch nicht bekannt. Peter Mandel ordnet ihn jedoch den bereits erwähnten Seele-Geist-Farben zu, die rein spirituell wirken sollen.[59] Meiner Erfahrung nach läßt sich Helltürkis hingegen analog den Indikationen der Clematis-Schiene einsetzen.

Wie oben erwähnt, gelten einige der in der Fachliteratur ohne genauere Differenzierung der Farbe Türkis zugeschriebenen Wirkungen meines Erachtens eher für Helltürkis. Hierbei wird Türkis mit geistiger Klarheit und schöpferischer Ausdruckskraft in Verbindung gebracht[60] und gilt als Farbe der Selbstdarstellung, die zu Fan-

* Vgl. S. 156
** Vgl. beigefügte Farbtafel

tasie und Spontanität anregt.[61] Personen, die sich von ihr angezogen fühlen, entziehen sich bisweilen der Realität und flüchten sich lieber in die Scheinwelt ihrer Fantasie. Darunter befinden sich aber auch Erfinder, Künstler und außerordentlich kreative Menschen, die viel Humor besitzen.[62]

Tiefblau

Akupunkturbezug: Leber-Meridian
Bach-Blütenbezug: Impatiens-Schiene

Blau hat eine stark beruhigende, harmonisierende und klärende Wirkung und vermittelt dadurch Ruhe, Entspannung und Erholung. Es wirkt besänftigend bei Unruhezuständen, Aufgedrehtheit und Überreiztheit[63], lindert nervös bedingte Verkrampfungen und Organbeschwerden[64] und ist hilfreich bei nervöser Schlaflosigkeit.

Körperlich zeigt Blau einen kühlenden, schmerzlindernden, entzündungshemmenden, zusammenziehenden, abschwellenden und regenerierenden Effekt. Es fördert die Ausatmung[65], reguliert die Kontraktion der Muskeln[66], verengt die Venen, senkt erhöhten Blutdruck und stillt nervösen Juckreiz. Als Indikationen gelten alle hitzigen Erkrankungen, Entzündungen, eitrige Prozesse, Durchfall, Hämorrhoiden, sämtliche akuten Schmerzzustände, Kopfschmerzen, Migräne[67], Zahnungsprobleme bei Kindern und Menstruationsbeschwerden[68]. Bei niedrigem Blutdruck und bei Depressionen sollte diese Farbe nicht eingesetzt werden.

Blau ist die Farbe des Himmelsgewölbes und symbolisiert grenzenlose Weite, tiefe Stille und inneren Frieden. Die Farbe wird daher auch mit Sehnsucht, Geborgenheit, Glauben, Vertrauen, Zufriedenheit und Harmonie in Verbindung gebracht.

Zu empfehlen ist Blau für Räume, die der Entspannung, Meditation und Kontemplation dienen. Für Schlafzimmer ist es infolgedessen ideal geeignet.

In der Farbtherapie wird meist ein Cyanblau verwendet. Ich selbst setze das wesentlich dunklere Tiefblau ein, das in Beziehung zur Impatiens-Schiene steht und somit auch dieselben Indikationen besitzt.

Tiefviolett

Akupunkturbezug: Dünndarm-Meridian
Bach-Blütenbezug: Agrimony-Schiene

Violett besitzt einen äußerst entspannenden, fast sogar hypnotischen Einfluß. Es beruhigt bei Nervenüberreizung, besänftigt Erregungszustände und fördert die Schlafbereitschaft. Bei neurotischen Personen ist bei dieser Farbe jedoch Vorsicht geboten.[69]

Körperlich wirkt Violett vorwiegend auf das Lymphsystem und die Milz. Es regt den Lymphfluß und die Ausscheidung von Giftstoffen an und fördert die Bildung der weißen Blutkörperchen. Nach Theo Gimbel beeinflußt Violett die Epiphyse und wirkt dadurch regulierend auf den körpereigenen Rhythmus.[70] Indikationen, bei denen sich die Farbe bewähren soll, sind Verdauungsstörungen, Ischias, Neuralgien und Migräne.

Violett gilt als Farbe der Spiritualität, der Mystik, der Magie und des Zaubers.[71] Es wird auch in Verbindung gebracht mit Inspiration, Grenzüberschreitung, Verwandlung, Läuterung und höheren Bewußtseinszuständen und soll die Wirkung jeglicher Meditation verstärken. Nach meiner Erfahrung kann Violett jedoch stark innerlich aufwühlen und dadurch Unruhe erzeugen, was für die Versenkung sehr hinderlich ist. Ich persönlich halte hier Blau und vor allem Hellrosa für wesentlich besser geeignet. Während Blau vorwiegend beruhigt und daher u. U. einschläfernd wirken kann, erzeugt Hellrosa einen Zustand ruhevoller Wachheit, wie er für eine tiefe und dennoch bewußte Meditation erstrebenswert ist.

In der Farbtherapie werden je nach Hersteller der verwendeten Farblampe unterschiedliche Violettöne eingesetzt, wobei nicht nur das Mischungsverhältnis von Rot und Blau variiert, sondern auch die Helligkeit der Farbe insgesamt. Ich selbst benutze ein mehr bläuliches Tiefviolett, das in Beziehung zur Agrimony-Schiene steht, aus der sich die Indikationen ableiten lassen.

Kapitel II

Neue Therapien mit Klängen

1.
Historisches

Die Verwendung von Klängen für Heilungszwecke ist uralt. Eingesetzt wurden sie meist von Schamanen im Rahmen von Heilungszeremonien. Diese Riten waren vielfach mit spirituellen Praktiken verknüpft, bei denen sich der Schamane mit Hilfe monotoner, sich stets wiederholender Gesänge, begleitet vom gleichförmigen Rhythmus einer Trommel, in Trancezustände versetzte, um mit der geistigen Welt Verbindung aufzunehmen und dort Hilfe für den Kranken oder Ratschläge für dessen Behandlung zu erflehen. Die Musik war dabei das Medium für den Übergang in andere Bewußtseinszustände, in die entweder der Kranke selbst oder der Behandler versetzt werden sollte. Dieser Brauch hat sich bei vielen Naturvölkern bis heute erhalten.

In Zusammenhang mit dem gegenwärtigen Interesse am Wissen der alten Kulturen wurde auch die heilende Wirkung der Klänge wiederentdeckt. Vor allem in den letzten Jahren entstand ein regelrechter Boom auf diesem Gebiet. Experimentiert wird mit ethnischen Instrumenten wie z.B. tibetischen Klangschalen und dem australischen Didgeridoo, mit Naturgeräuschen wie Regenplätschern, Meeresrauschen und dem Tosen von Wasserfällen, mit klassischen Musikinstrumenten westlicher wie östlicher Prägung (z.B. Flöten, Gitarren, Sitars und Tamburas) und mit Synthesizern, die Klänge erzeugen, die in der Natur nicht vorkommen.

Das Ergebnis ist eine Flut von Entspannungs-, Motivations- und Heilkassetten für diverse Gesundheitsprobleme, die derzeit den Naturheilkunde- und Esoterikmarkt regelrecht überschwemmen. Das Spektrum der dabei verwendeten Verfahren reicht von langsam gespielter klassischer Musik, die in ihrem Rhythmus auf den Herzschlag abgestimmt ist, sanften modernen Stücken, synthetischen Sphärenklängen, mit Flötenmelodien untermalten Walgesängen, Naturgeräuschen mit exotischen Instrumentenklängen im Hintergrund und mit musikunterlegten Affirmationen bis hin zu mathematisch errechneten Ton- und Klangfolgen zur Stimulierung spezifischer Gehirnwellen. Diese CDs und Kassetten sind in der Regel für die Selbstbehandlung gedacht.

2.
Wirkungen von Klängen

a) Psychologische Wirkungen

Nach dem Sehen ist das Hören unsere wichtigste Sinneswahrnehmung. Bevor wir das Licht der Welt erblicken, nehmen wir bereits im Mutterleib Geräusche über unsere Ohren auf, die nach viereinhalb Monaten schon voll ausgebildet und funktionsfähig sind.[72] Wir lernen die Stimme unserer Mutter von anderen Geräuschen zu unterscheiden, ahnen aus ihrem Tonfall, wie sie sich gerade fühlt, und prägen uns die Stimme unseres Vaters ein, mit dem sie häufig spricht. Und wir entnehmen dem, was hier hören, ob es für uns angenehm oder unangenehm, aufregend oder langweilig, harmlos oder gar gefährlich ist.

Nach Thomas Verny reagieren Ungeborene im Alter zwischen vier und fünf Monaten bereits sehr differenziert auf Musik. Bei Versuchen mit Vivaldi beruhigten sich sogar sehr unruhige Babys, während bei Beethoven selbst die ruhigsten Babys anfingen, sich zu bewegen und zu strampeln.[73]

Geräusche prägen auch später noch unser Leben. Bei unseren Vorfahren sicherten sie sogar das Überleben, indem sie vor Gefahren (z. B. wilden Tieren) warnten. Für eine Reihe von Naturvölkern trifft das heute noch zu. Aus diesem Grund lassen sich unsere Ohren – im Gegensatz zu den Augen – nicht einfach verschließen. Wir hören selbst im Schlaf noch, nur entscheidet hier unser Gehirn, welche Geräusche Gefahr signalisieren und eine Reaktion erfordern und welche harmlos sind und daher besser nicht in unser Bewußtsein dringen sollten, um unsere Nachtruhe nicht zu beeinträchtigen. Bei vielen funktioniert dieses selektive Hören heute nicht mehr. Sie leiden unter einem sehr leichten Schlaf und werden bei jedem Geräusch wach oder können gar nur dann einschlafen, wenn es um sie herum totenstill ist.

Wir kommunizieren mit unserer Umgebung hauptsächlich über Klänge in Form von Sprache und Musik. Das Miteinander-Reden dient nicht nur der reinen Verständigung; es vermittelt auch Gemeinschaft, Zusammengehörigkeit, Zuneigung und emotionale Zuwendung und ermöglicht einen verbalen Austausch von Gefühlen. Wesentlich unmittelbarer als durch Worte lassen sich Emotionen durch Musik zum Ausdruck bringen. Diese «kann die logischen und analytischen Filter des Verstandes umgehen und einen direkten Zugang zu tiefliegenden Gefühlen und Leidenschaften herstellen»[74]. Auf diese Weise ruft sie vielfach die Erinnerung an zurückliegende, angenehme Ereignisse ins Gedächtnis zurück oder spricht unausgelebte Bedürfnisse der Gegenwart an. Wir schwelgen dann in Erinnerungen oder geraten ins Träumen.

Rhythmische Musik regt uns an und reißt uns mitunter geradezu mit, während langsame, sanfte Klänge eher beruhigend und entspannend auf uns wirken. Manche Stücke lassen uns melancholisch werden, andere wiederum machen uns fröhlich und holen uns aus einer trüben Stimmung wieder heraus. Sakrale Musik mit Orgelklängen und Chören löst in der Regel eine feierliche Stimmung aus, während monotone, sich stets wiederholende Gesangsfolgen (z.B. gregorianische Gesänge und indischer Kirtan) regelrecht in Trance versetzen können.

Daraus ergibt sich, daß Klänge in der Lage sind, unser Bewußtsein zu verändern, ja sogar zu manipulieren. Diese Tatsache läßt sich auch therapeutisch nutzen. Einige Behandler wählen z.B. gezielt Musikstücke für ihre Patienten aus, die sie für deren momentane Symptomatik als geeignet erachten. Es gibt inzwischen bereits eine «musikalische Hausapotheke», die Empfehlungen bestimmter Musikstücke für diverse Alltagsbeschwerden enthält.

Eine weitere Form der Musiktherapie sind die bereits erwähnten Kassettenprogramme, die entweder zur allgemeinen Entspannung oder auch für ganz spezielle Gesundheitsprobleme im Handel angeboten werden. Sie enthalten neben reinen Musikstücken und beruhigenden Naturgeräuschen oft auch manipulative Elemente. Diese bestehen teilweise aus gesprochenen Affirmationen oder auch kaum hörbaren Programmierungssätzen (sog. Subliminals).

Eine andere Methode, die nur beim Anhören über einen Kopfhörer funktioniert, sind gezielte Tonhöhenunterschiede zwischen der linken und rechten Seite. Durch diese sog. *Binaural Beats* wird das Gehirn dazu stimuliert, die Differenzfrequenz zu erzeugen, wobei in diesem Fall beide Hemisphären mit derselben Frequenz schwingen (Hemisphären-Synchronisation). Damit läßt sich nicht nur eine verbesserte Koordination von linker und rechter Hemisphäre (d.h. von Gefühl und Verstand) bewirken, sondern auch jede beliebige Gehirnwelle erzeugen. Wünscht man z.B. eine Gehirnfrequenz von 10 Hz, so gibt man auf das eine Ohr 200 Hz, auf das andere 210 Hz. Auf diese Weise lassen sich nicht nur nach Gutdünken Alpha- und Theta-Zustände (Schläfrigkeit und tiefe Ruhe) erzeugen, sondern auch sogenannte veränderte Bewußtseinszustände. Pionier dieser Forschung ist Robert Monroe, dem es mit dieser Methode u.a. gelang, im Laborexperiment außerkörperliche Erfahrungen hervorzurufen.[75]

b) Energetische Wirkungen

Die Wirkungsweise von Klängen beim Auftreffen auf den physischen Körper ist eine völlig andere als bei der Aufnahme durch das Ohr. Während beim Hörvorgang die Schallwellen im Ohr in Nervenimpulse umgewandelt und dem Gehirn zugeführt werden, pflanzen sich diese im Körper infolge dessen hohen Wassergehalts fort und versetzen das durchdrungene Gewebe in Vibration. Sie bewirken quasi eine mehr oder weniger tief ins Körperinnere reichende zarte Massage auf molekularer Ebene.[76] Während die Wirkung von Musik auf die Stimmungslage und damit das psychische Wohlbefinden weitgehend vom persönlichen Geschmack beeinflußt wird, kommt es hier ausschließlich auf den Resonanzeffekt, d.h. das Mitschwingen an, unabhängig davon, ob einem die verwendeten Klänge gefallen oder nicht.

In der Bioenergetik wird Krankheit als eine am falschen Ort und zur falschen Zeit festgehaltene Energie definiert, was beim akuten Schmerz sehr deutlich wahrzunehmen ist. Nimmt man diesen an, anstatt sich vehement gegen ihn zu wehren, so läßt er meist relativ schnell nach.

In ähnlicher Weise läßt sich eine körperliche Störung auch als falscher Ton am falschen Ort verstehen, wenn man davon ausgeht, daß jedes Organ, jedes Gewebe seine eigene Frequenz besitzt, in der es normalerweise schwingt.[77] Versetzt man eine blockierte Körperstelle in Vibration, so wird diese stimuliert, zunächst mit der äußeren Frequenz mitzuschwingen und anschließend zu ihrer eigenen, harmonischen Frequenz zurückzukehren.[78] Verwendet man dabei von vornherein einen Ton mit der Frequenz, die der jeweiligen Stelle entspricht, so ist der therapeutische Effekt wesentlich höher, da die Zellen gleich in der Eigenfrequenz mitschwingen. Leider sind die Resonanzfrequenzen der einzelnen Organe und Gewebe bislang noch nicht bekannt, so daß man auf das Experimentieren und Hineinfühlen angewiesen ist.

Manche Musikinstrumente erzeugen bereits beim Erklingen im Abstand von einigen Metern ein mehr oder weniger deutlich wahrnehmbares Mitvibrieren des Körpers. Hierzu gehören vor allem verschiedene Arten von Trommeln (besonders Baßtrommeln) und einige ethnische Instrumente. Erheblich intensiver ist dieser Effekt bei den tibetischen Klangschalen und beim australischen Didgeridoo.

Beim letzteren handelt es sich um ein Holzblasinstrument, das aus einem ca. 1,30 Meter langen und etwa 15 Zentimeter dicken, von Termiten ausgehöhlten Ast gefertigt wird und beim Anblasen einen tiefen, durchdringenden und verhältnismäßig lauten Brummton mit einem natürlichen Wah-Wah-Effekt (ähnlich einer Maultrommel) von sich gibt. An sich geht dieser Klang schon «durch und durch» und erzeugt dadurch ohnehin einen therapeutischen Effekt. Dieser läßt sich steigern, indem man erkrankte Körperteile «bespielt», d.h. mit dem Instrument anbläst.[79]

Ähnlich durchdringend ist der Klang tibetischer Klangschalen, die aus verschiedenartigen Metallegierungen bestehen und von ihrer Form her Essensschalen ähneln. Sie werden mit einem Klöppel angeschlagen oder mit einem Holzstab durch Reiben entlang des Schalenrands zum Klingen gebracht. Dabei entstehen summende, singende, schwebende Klänge, die nicht nur den Körper zu durchdringen scheinen, sondern auch das Bewußtsein beeinflussen. Neben sehr individuellen Erfahrungen kommt es dabei meist zu einem Gefühl körperlichen Wohlbefindens und angenehmer Entspannung. Für Behandlungszwecke kann man eine Klangschale vor einem erkrankten Organ aufstellen oder entsprechend auf den Körper auflegen, um die betroffene Stelle besonders intensiv in Vibration zu versetzen.

Eine andere Methode ist das Arbeiten mit Stimmgabeln. Neben dem Lauschen und meditativen Einstimmen auf den durch sie erzeugten Klang kann man diese auch auf blockierte Körperstellen aufsetzen, um deren Schwingungen auf den Körper zu übertragen.[80] Diese Methode wird bislang nur von einigen wenigen Musiktherapeuten benutzt.

Eine weitere Möglichkeit, den physischen Körper mit Hilfe von Klängen in Vibration zu versetzen, ist das Obertonsingen. Obertöne sind Vielfache der Grundfrequenz eines Tones, die bei dessen Erzeugung mit entstehen. Während der Grundton selbst die wahrgenommene Tonhöhe festlegt, bestimmen die Intensität und das Verhältnis der mitschwingenden Obertöne untereinander den Klang eines Instruments. Dies gilt auch für die menschliche Stimme.

Das Obertonsingen ist eine ganz spezielle Technik, bei der möglichst viele Obertöne gebildet werden. Dabei wird gleichzeitig auch die größtmögliche Resonanz der eigenen Stimme im Körper erzielt. Neben dem auch für Außenstehende überwältigenden Klangeffekt vermittelt diese Art von Gesang innere Ruhe und Sicherheit und eine erhöhte Empfindsamkeit für äußere Geräusche. Außerdem besitzt er eine heilende Wirkung.[81]

Diese in den letzten Jahren vor allem in der New-Age-Szene bekanntgewordene meditative Methode des Singens ist Jahrhunderte alt und Bestandteil religiöser Riten vieler Kulturen. Sie ist in Tibet, Nordindien, China, Japan, Sibirien, Rumänien, Bulgarien, Zentralafrika, den südamerikanischen Anden und der Mongolei bekannt und wird zum Teil noch heute praktiziert, insbesondere von buddhistischen Mönchen.[82]

3.
Beziehungen zwischen Klängen, Bach-Blütenschienen, Akupunkturmeridianen und Mondlinien

Nachdem ich die Beziehungen zwischen Bach-Blütenschienen, Akupunkturmeridianen und Farben erarbeitet und die spezielle Farbtherapie der Mondlinien entwickelt hatte, stellte sich für mich die Frage, ob sich nicht auch Klänge in das System der Entsprechungen einbeziehen und ähnlich wie die Farben therapeutisch nutzen lassen. Zu jener Zeit begann ein Kollege, der mit mir damals zusammenarbeitete, mit einem Miniatur-Keyboard und einem kleinen Lautsprecher, wie er für Taschenradios und Diktiergeräte benutzt wird, zu experimentieren. Angeregt worden war er dazu durch Andeutungen von Peter Mandel auf Farbtherapieseminaren über erfolgreiche Versuche mit Klängen, bei denen dieser Miniaturlautsprecher auf spezielle Punkte der Körperoberfläche aufgeklebt hatte. Ausgangspunkt für meinen Kollegen waren die Töne, die in der einschlägigen Literatur bei den einzelnen Chakren angegeben sind. Im Prinzip handelt es sich dabei um die Zuordnung der sieben Töne der Tonleiter zu den Chakren, beginnend mit dem eingestrichenen c beim ersten Chakra und endend beim siebten mit dem eingestrichenen h.

Da ich bereits damals durch Tests nachgewiesen hatte, daß die übliche Zuordnung der sieben Regenbogenfarben zu den Chakren nicht stimmt, stellte ich diese Entsprechungen, die ohne jede Beweisführung in den betreffenden Werken aufgeführt waren, in

Zweifel. Mir schien ein Zusammenhang mit den Akupunkturmeridianen und Mondlinien und eine Chakrabeziehung entsprechend der von mir entdeckten Kontrollfunktion der Chakren über den Kontrollzyklus der Akupunktur wesentlich logischer.

Als ersten Versuch beschallte ich die «meditativen Punkte» der Mondlinien* mit dem von meinem Kollegen gebastelten Klangsystem. Den Lautsprecher legte ich dabei auf eine Leukosilk-Rolle, wodurch ich eine Schallöffnung von etwa einem Zentimeter Durchmesser erhielt. Unter Berücksichtigung der Zusammenhänge zwischen Mondlinien, Akupunkturmeridianen und Chakren standen die hierbei ermittelten Resonanztöne der Mondlinien in vollkommenem Widerspruch zu den Angaben in der entsprechenden Literatur.

Als nächstes überprüfte ich die von mir gefundenen Töne auf den Chakren. Zu diesem Zweck verwendete ich ein Synthesizer-Modul, das an meinen Computer angeschlossen war. Die Töne applizierte ich mit Hilfe eines an einem Mikrophonständer montierten Lautsprechers auf die Chakren bzw. deren Austrittspunkte**.

Bei der nächsten Testserie, die ich erst einige Jahre später zusammen mit meinem Sohn Manuel durchführte, benutzte ich einen professionellen Synthesizer und einen Hifi-Kopfhörer, den ich als Lautsprecher umfunktionierte. Getestet wurden diesmal die Endpunkte der Akupunkturmeridiane und die Chakren. Um durch angrenzende Akupunkturmeridiane bedingte Fehler zu vermeiden, beschallte ich durch direktes Auflegen der Kopfhörermuschel auf den Körper jeweils nur einen verhältnismäßig schmalen Bereich um die Ein- und Austrittspunkte. Mit dieser verbesserten Methode und einem wesentlich flexibleren und qualitativ hochwertigen Klangsystem konnte ich viel präziser arbeiten und bei den einzelnen Tönen auch die Oktave festlegen, in der die stärkste Resonanz auftritt.

Die nachfolgende Tabelle zeigt die von mir gefundenen Entsprechungen der Töne mit den Akupunkturmeridianen, die auch für

---

* Vgl. S. 231 und Neue Therapien mit Bach-Blüten 3, S. 166ff.

** Vgl. S. 169

die mit den Meridianen gekoppelten Bach-Blütenschienen und Mondlinien gelten.*

Die einzelnen Töne liegen (mit Ausnahme von c' und cis') in der kleinen Oktave, d.h. die Entsprechungstonleiter beginnt beim kleinen d und endet beim eingestrichenen cis.

Blütenschiene:	*Akupunktur-Meridian:*	*Ton:*
Agrimony	Dünndarm	a
Centaury	Blase	e
Cerato	Milz/Pankreas	d
Chicory	Lunge	fis
Clematis	Dickdarm	gis
Gentian	Magen	cis'
Impatiens	Leber	dis
Mimulus	Niere	h
Rock Rose	Dreifacher Erwärmer	g
Scleranthus	Gallenblase	ais
Vervain	Herz	f
Water Violet	Kreislauf-Sexus	c'

* Die Zuordnungen zu den Chakren sind im dritten Teil dieses Buches im Rahmen der Chakratherapie mit Klängen abgehandelt. Sie sind aber auch im Anhang als Tabelle zu finden.

4.
Praxis der Neuen Therapien mit Klängen

a) Singen der Resonanztöne

Die einfachste Form der Therapie mit Klängen ist das Singen des aktuellen Resonanztons. Dieser ergibt sich aus der momentan am dringendsten benötigten Bach-Blütenschiene bzw. dem am meisten gestörten Akupunkturmeridian.

Da die genaue Tonhöhe die Grundvoraussetzung für den Resonanzeffekt bildet, sollte der Ton auf einem Instrument gespielt und möglichst exakt nachgesungen werden.* Zu diesem Zweck sind alle Musikinstrumente brauchbar, bei denen der erzeugte Ton über einen beliebigen Zeitraum festgehalten werden kann, um auch während des Singens die Tonhöhe kontrollieren zu können. Dazu gehören alle Arten von Akkordeons, Harmonien, Hammondorgeln und elektronischen Keyboards. Instrumente, die geschlagene oder gezupfte Töne erzeugen, wie z.B. Klavier und Gitarre, sind dafür weniger geeignet. Außerdem erzeugt das Hören eines permanenten Tons ein gewisses Gleichmaß, das durch das Atemholen beim Singen kaum gestört wird, während das ständige Wiederanschlagen beim

---

* Eine CD mit den entsprechenden Klängen ist bei den im Anhang angegebenen Bezugsquellen erhältlich.

Klavier jedesmal als Unterbrechung empfunden wird. Das Gefühl des sich Einschwingens und des Mitfließens geht dabei verloren.

Für die Übung ist entspanntes, aufrechtes Sitzen mit möglichst gerader Wirbelsäule wichtig. Enge Kleidung sollte vorher gelockert werden. Die Augen können dabei wahlweise geöffnet bleiben oder geschlossen werden, je nachdem, was gerade am angenehmsten empfunden wird.

Man spielt ganz einfach den Ton auf dem Instrument und singt ihn mit, wobei man zunächst etwas leiser beginnt, bis die richtige Tonhöhe gefunden ist. Anschließend erhöht man die Lautstärke, bis eine deutliche Vibration im gesamten Kopf zu spüren ist. Das gelingt am besten, wenn man einen Vokal intoniert und diesen auch noch nasaliert, um möglichst viele Obertöne zu erzeugen. Dieses «Näseln» hört sich ähnlich an wie manche französisch ausgesprochenen Wörter, z.B. Bon (Gutschein), und ist ein Mittelding zwischen dem Vokal selbst und einem daran angehängten «ng». Probiert man auf diese Weise alle Vokale durch, so stellt man fest, daß sich das «O» am besten dafür eignet, gefolgt vom «U». Das «A» und «E» wirken weniger intensiv, während «I» eher als unangenehm empfunden wird. Interessanterweise ist das bekannteste indische Mantra OM ein nasaliertes «O», das oft auch AUM geschrieben wird, um die nasalierte Aussprache zu verdeutlichen. In der Meditation wird dieses innerlich, bei mantrischen Gesängen laut über einen gewissen Zeitraum wiederholt. Ein nasaliertes «U» ist in dem großen tibetischen Mantra OM MANI PADME HUM enthalten.

Die Dauer der Übung sollte ca. drei Minuten betragen. Gelegentlich stellt sich bereits nach einer Minute der Eindruck ein, wacher zu werden und nach zwei Minuten das Gefühl, überdreht zu sein. In diesem Fall sollte man dem Bedürfnis aufzuhören nachgeben. Wichtig bei dem gesamten Ablauf ist, seine eigene Stimme mit dem Ton des Instruments ganz locker mitschwingen zu lassen und sich nicht zu verkrampfen. Dabei sollte man langsam und tief einatmen und ebenso bedächtig beim Ausatmen mit halb geöffnetem Mund das «O» intonieren.

Die größtmögliche Wirkung erreicht man durch regelmäßige Ausführung der beschriebenen Übung. Bei akuten Problemen kann diese mehrmals täglich durchgeführt werden. Bei chronischen Schwierigkeiten genügt je eine Sitzung morgens und abends. Derselbe Ton sollte jedoch nicht länger als vier Wochen benutzt werden, da nach diesem Zeitraum anzunehmen ist, daß sich das zu behandelnde Problem soweit gebessert hat, daß nunmehr ein anderes seelisches Thema vordergründig ist und die alte Diagnose nicht mehr stimmt. Ist dieses eindeutig erkennbar, so kann die Übung mit dem entsprechenden Resonanzton fortgesetzt werden.

b) Behandlung von Akupunktur- und Mondlinienpunkten mit Klängen

Die Behandlung von Akupunktur- und Mondlinienpunkten mit Klängen ist zwar grundsätzlich möglich, im Vergleich zur Farbtherapie ist sie aber aufwendiger und umständlicher. Ich habe diese Möglichkeit daher nicht weiterverfolgt. Die eigentliche Stärke der Klangtherapie zeigt sich bei der Behandlung der Chakren*, wo es durch sie möglich ist, auf verhältnismäßig einfache Weise und dennoch äußerst wirkungsvoll feinstoffliche Blockierungen aufzulösen. Hier ist sie anderen Methoden, die ich kenne, weit überlegen. Ich werde daher auf die Behandlung von Akupunktur- und Mondlinienpunkten mit Klängen nicht näher eingehen, zumal hierfür Fachkenntnisse auf dem Gebiet der Akupunktur erforderlich sind. Für das Streichen der Meridiane mit Klängen gilt dasselbe wie für die Farben. Bei hochakuten Schmerzen, insbesondere wenn sie dem Meridianverlauf folgen, genügen hier oft Anwendungen von wenigen Minuten. Wir benutzen dazu einen qualitativ hochwertigen Kopfhörer, bei dem aus praktischen Gründen der Kopfhörerbügel abgeschraubt wurde, und eine CD mit reinen Sinustönen.**

---

* Vgl. S. 234ff.

** Die CD ist auf Seminaren im Rahmen unserer Ausbildung in Klangtherapie erhältlich.

Kapitel III

Neue Therapien mit Metallen

1.
Historisches

Der Einsatz von Metallen in der Heilkunde ist uralt. Ihre Anwendung war meist jedoch eng mit der Astrologie verknüpft. Aufgrund deren Zuordnung zu einzelnen Planeten wurden bestimmte Wirkungen abgeleitet, die sich aus dem überlieferten Einfluß des entsprechenden Planeten ergaben. Demnach sollte z.B. Zinn auf die Leber wirken, da diese astrologisch dem Jupiter untersteht und von ihm, je nach dessen Aspektierung, positiv oder auch negativ beeinflußt werden soll.

Neben dem Auflegen auf erkrankte Körperstellen und zur Herstellung von Metallwasser für Einreibungen und innerliche Einnahmen wurden die Metalle häufig auch als Amulett verwendet. Dabei wurden sie oft auch als Glücksbringer mißbraucht in dem Glauben, man könne durch sie positive Kräfte der mit ihnen in Verbindung stehenden Planeten anziehen. Ein Venus-Talisman aus Kupfer galt z.B. als Förderer der Liebe, der Anmut verleiht, liebenswürdig macht und Gegenliebe erregt.[83] Ein Amulett aus Blei dagegen sollte vor bösen Einflüssen und negativen Gewalten, die dem Saturn unterstehen, schützen.[84]

In der anthroposophischen Medizin werden Metalle heute noch nach diesen traditionellen Zuordnungen verordnet. Sie werden in Form von homöopathischen Niederpotenzen eingesetzt, oft in

Kombination mit potenzierten Zellpräparaten aus den ihnen zugeordneten Organen. So gibt es beispielsweise ein Nieren-Kupfermittel, ein Zinn-Lebermittel, ein Gold-Herzmittel usw.[85]

Eine weitere anthroposophische Anwendungsform ist die Behandlung mit den sogenannten vegetabilisierten Metallen. Für deren Herstellung wird jeweils eine spezielle Heilpflanzenart in einen mit einem entsprechenden Metalldünger durchsetzten Boden gesät. Aus der voll entwickelten Vegetation wird ein Kompost zubereitet, mit dem im nächsten Jahr ein neuer Boden behandelt wird. In diesen werden frische Samen noch unbehandelter Pflanzen eingesät. Der Kompost dieser zweiten Vegetation wird wieder in bestimmter Menge einem frischen Boden zugefügt, in den erneut frische Samen noch unbehandelter Pflanzen eingesät werden. Aus den später geernteten Pflanzenteilen der dritten Vegetation werden schließlich homöopathische Niederpotenzen zur innerlichen Einnahme und für Injektionszwecke hergestellt.[86]

2.
Beziehungen zwischen Metallen, Bach-Blütenschienen, Akupunkturmeridianen und Mondlinien

Die Erfahrungen mit ätherischen Ölen, Edelsteinen, Farben und Tönen in Zusammenhang mit Bach-Blüten bzw. Bach-Blütenschienen ließen vermuten, daß es hier auch Verbindungen zu anderen Behandlungsmethoden geben müsse. Da ich mich schon seit längerem mit der Therapie mit Metallen beschäftigt hatte, insbesondere in Verbindung mit der anthroposophischen Medizin, begann ich auch auf diesem Gebiet zu experimentieren. Ausgangspunkt meiner Versuche waren die sich aus den traditionellen Zuordnungen von Planeten zu den Chakren ergebenden Beziehungen zu bestimmten Metallen, die nach meiner Entdeckung der Zusammenhänge zwischen den Schienenbeziehungen und diesen feinstofflichen Energiezentren verständlicherweise mein Interesse weckten.

Die Tests selbst erfolgten nach demselben Resonanzverfahren, mit dem ich bereits die Entsprechungen von ätherischen Ölen, Edelsteinen, Farben und Tönen erarbeitet hatte. Hierbei zeigte sich, daß die giftigen Metalle wie Quecksilber und Blei beim Auflegen auf die entsprechenden Chakren keinerlei Resonanzeffekt auslösen. Sie spielen wohl in der Alchemie eine Rolle; eine schwingungsmäßige Beziehung zu den Chakren besteht jedoch nicht. Außerdem war von vornherein klar, daß es über die Beziehungen der Schienen zueinander zwölf Entsprechungen von Metallen mit den Chakren geben mußte und nicht sieben, wie bisher angenommen.

Ich testete daher alle in der Natur vorkommenden Metalle zunächst auf den Akupunkturmeridianen. Zu diesem Zweck benutzte ich hauptsächlich die Anfangs- und Endpunkte an den Finger- bzw. Zehenspitzen.[87] Später überprüfte ich die Resultate auf den Chakren bzw. den von mir gefundenen Austrittspunkten. Die Ergebnisse entsprachen dabei exakt den Zusammenhängen zwischen Chakren und Akupunkturmeridianen, wie sie im dritten Teil dieses Buches dargestellt sind.

Die nächste logische Konsequenz waren die sich daraus ergebenden Beziehungen von Metallen zu Mondlinien und Bach-Blütenschienen, die sich in der Praxis bestätigten. Damit war deren Einbindung in das von mir gefundene System der Entsprechungen möglich.

3.
Unverträglichkeiten und Allergien

Beim Tragen von Metallen in Form von Ringen, Armreifen, Uhrgehäusen, Anhängern, Ohrringen, Reißverschlüssen und Schnallen von Kleidungsstücken kommt es gelegentlich zu Unverträglichkeiten bis hin zu Allergien. Hierbei handelt es sich um eine vergleichbare Art von Abstoßung wie bei der Abneigung gegen bestimmte Farben, Düfte und Edelsteine. Auch hier läßt sich mit Hilfe des Systems der Entsprechungen ablesen, welche Bach-Blütenschiene in Frage kommt und welches seelische Problem somit für die jeweiligen Reaktionen verantwortlich ist.

So steht beispielsweise Nickel in Bezug zur Schiene Scleranthus – Rock Water – Crab Apple. Crab Apple ist die bei Hautrötungen, Entzündungen und Hautausschlägen am häufigsten benötigte Bach-Blüte. Dieselben Symptome, die diese Blütenessenz heilt, treten auch bei einer Nickelallergie auf.

Kupfer entspricht der Vervain-Schiene und damit dem Herzmeridian, der wiederum zum Feuer-Element der Akupunktur gehört. Vervain- und White-Chestnut-Typen besitzen gewöhnlich zuviel Feuer und werden teilweise durch Kupferarmreifen, wie sie heute zur allgemeinen Förderung der Gesundheit im Fachhandel angeboten werden, unruhig und nervös.

Unverträglichkeiten lassen sich hin und wieder auch bei Gold und

Silber beobachten. Die anderen Metalle, die ebenfalls in Beziehung zu Bach-Blütenschienen stehen, werden – mit Ausnahme des immer mehr in Mode kommenden Titans – nicht zu Schmuck- oder sonstigen Gegenständen verarbeitet, die direkt am Körper getragen werden. Sie können daher leider auch keine diagnostischen Hinweise dieser Art liefern.

4.
Praxis der Neuen Therapien mit Metallen

a) Tragen am Körper

Die einfachste Anwendungsform von Metallen ist das Tragen am Körper. Hierzu kann man sie ähnlich wie Edelsteine in die Hosentasche stecken oder in einem Beutel um den Hals hängen. Bei scharfkantigen Brocken und relativ kleinen Klumpen empfiehlt sich grundsätzlich die Verwendung eines Stoff- oder Lederbeutels. Das Metall sollte hierbei möglichst nahe am Körper getragen werden. Direkter Hautkontakt ist jedoch nicht erforderlich.*

Die Indikationsstellung ergibt sich aus der maximal gestörten Bach-Blütenschiene**. Das geeignete Metall läßt sich aber auch durch einen einfachen sensitiven Test ermitteln. Hierbei nimmt man nacheinander die in Frage kommenden Metalle (im Zweifelsfall alle zwölf) in die Hand und achtet auf sämtliche Empfindungen, die dabei auftreten. Das passende Metall ruft meist ein Gefühl größerer Wachheit oder Klarheit hervor. Bei Zuständen von Übererregtheit

---

* Wegen Allergiegefahr sollte Nickel grundsätzlich nicht auf der bloßen Haut getragen werden.

** Vgl. Tabelle «Bach-Blüten und Metalle» im Anhang

stellt sich dazu oft ein sofortiges Nachlassen der nervösen Anspannung ein. In der Hand selbst wird in der Regel nichts gespürt. Anwesende sensitive Personen registrieren eine mehr oder weniger intensive Energieabstrahlung der Aura, die sofort wieder nachläßt, wenn das Metall weggelegt wird.

Die Wirksamkeit dieser Anwendungsform ist im Vergleich zur Bach-Blüten-, Aroma- und Edelsteintherapie verhältnismäßig bescheiden, weshalb sie nur als Zusatztherapie bei akuten Schwierigkeiten empfohlen werden kann. Wesentlich intensivere Wirkungen zeigt dagegen die im dritten Teil dieses Buches beschriebene Chakratherapie mit Metallen.

b) Metallwasser

Eine weitere mögliche Behandlungsform mit Metallen ist die Anwendung von Metallwasser. Die Herstellung ist dabei dieselbe wie beim Edelsteinwasser.* Empfehlenswert ist die Methode jedoch nicht, da die innerliche Einnahme von Metallen – selbst in Spuren – wegen möglicher Allergien (besonders bei Nickel) nicht unproblematisch ist. Außerdem können einige der Metalle toxisch wirken. Dies gilt insbesondere dann, wenn im Körper bereits ein Überschuß besteht.

Metalle, aus denen auch Eßgeschirr gefertigt wird, sind in dieser Hinsicht zwar unbedenklich; es besteht aber die Gefahr, daß es sich bei den zur Verfügung stehenden Stücken um Legierungen handelt, die u. U. auch giftige Schwermetalle wie z.B. Cadmium und Blei enthalten. Ich halte es daher für sinnvoll, von dieser Anwendungsmöglichkeit prinzipiell abzusehen. Anstelle von Einreibungen mit Metallwasser sind äußerliche Anwendungen mit Bach-Blüten, ätherischen Ölen und Edelsteinen über die Bach-Blüten-Hautzonen zu empfehlen, die zudem wesentlich wirkungsvoller sind.

---

* Vgl. Neue Therapien mit ätherischen Ölen und Edelsteinen, S. 172

c) Stimulierung von Akupunkturmeridianen

Metalle lassen sich auch zur Stimulierung von Akupunkturmeridianen* einsetzen. Hierbei streicht man mit dem Metallstück (bei scharfkantigen Brocken ist dabei Vorsicht geboten) ca. drei Minuten langsam den Meridianverlauf entlang. Dabei ist die Flußrichtung zu beachten, die aus der Numerierung der einzelnen Punkte zu ersehen ist.

Bei akuten Schmerzzuständen, die *eindeutig* mit einem bestimmten Meridian in Verbindung stehen, kann diese Vorgehensweise hilfreich sein. Ansonsten ist eine Behandlung der betroffenen Hautzonen mit Bach-Blüten, ätherischen Ölen oder Edelsteinen anzuraten, wie sie im ersten Band beschrieben ist.

Prinzipiell ist mit Metallen auch eine Stimulation einzelner Akupunkturpunkte möglich. Dazu sind jedoch einige Grundkenntnisse in der Akupunktur erforderlich, insbesondere im Hinblick auf die Auswahl der zu therapierenden Punkte. Außerdem ist diese Methode etwas umständlich, da das Metall auf jedem der Akupunkturpunkte etwa 1–2 Minuten lang liegen muß. Für Mondlinienpunkte ist dieses Verfahren völlig ungeeignet, da es hier auf die Druckstimulation ankommt.

Eine interessante Möglichkeit wäre eine Kombination von Akupressur und Metalltherapie. Zu diesem Zweck müßte man aber Akupressurstifte mit Köpfen aus verschiedenen Metallen herstellen. Diese wären dann sowohl für Mondlinienbehandlungen als auch für Akupunktmassagen geeignet. Da derzeit noch keine solchen Stifte zur Verfügung stehen, läßt sich momentan auch keine Aussage darüber machen, ob diese Kombination tatsächlich mehr bewirkt als die reine Druckstimulation.

Die intensivsten Wirkungen zeigen Metalle bei der Behandlung von Chakren, wie sie im dritten Teil des Buches dargestellt ist. Diese

---

* Vgl. Tabelle «Akupunkturmeridiane und Metalle» im Anhang

Anwendungsform ist verhältnismäßig einfach und kann von jedem Laien durchgeführt werden. Die in diesem Kapitel beschriebenen Methoden in bezug auf die Akupunktur sollen das Spektrum der Möglichkeiten aufzeigen und dienen eigentlich nur der Vollständigkeit. Sie erfordern im Vergleich zur Chakratherapie wesentlichen größere Fachkenntnisse, obwohl sie sich in der Praxis als weit weniger wirksam erweisen.

5.
Metalle von Aluminium bis Zirkonium

Aluminium

Bach-Blütenbezug: Chicory-Schiene
Akupunkturbezug: Lungen-Meridian

Aluminium ist ein silberglänzendes, weiches und stark dehnbares Leichtmetall. Es ist das häufigste Metall der Erdkruste, kommt aber nie elementar vor, sondern ausschließlich in Form von Verbindungen. Diese sind Hauptbestandteile der meisten Gesteine, aus denen sich dann durch Verwitterung die verschiedenen Tonerden bilden. Technisch wird das Metall heute in einem äußerst aufwendigen und kostspieligen Verfahren aus Bauxit gewonnen, einem Verwitterungsprodukt aus Kalken bzw. Basalt. Dieses erdige, meist rötliche Sedimentgestein enthält Aluminiumhydroxidgemische zusammen mit Verunreinigungen aus Eisen und Silicium.

Obwohl Aluminium wegen seines unedlen Charakters leicht korrodiert und daher in der Natur nur in Form von Verbindungen anzutreffen ist, ist es als reines Metall an der Luft sehr beständig, da es mit dem darin enthaltenen Sauerstoff reagiert und an seiner Oberfläche eine dünne, sehr fest haftende, wasserunlösliche Oxidschicht bildet. Diese verleiht ihm auch das bekannte bläulichweiße, matte

Aussehen. In der Industrie wird diese Schutzschicht häufig auf elektrochemischem Wege künstlich verstärkt (Eloxierung), um die Beständigkeit gegen äußere Einflüsse noch zu erhöhen. Ein weiterer Vorzug besteht darin, daß diese Schicht Farbe aufnehmen kann, wodurch sich raffinierte Farbeffekte erzielen lassen. Aluminium ist außerdem extrem leicht (im Vergleich zu Eisen wiegt es nur 1/3). Es läßt sich leicht dehnen und biegen, zu hauchdünnen Platten walzen oder zu feinen Drähten ausziehen. Ferner reflektiert es sehr gut Wärme und Licht und ist nach Silber und Kupfer der drittbeste Leiter für elektrischen Strom.

Entdeckt wurde das Metall 1809. Seine Herstellung gelang erstmals 1827, die Isolierung von verhältnismäßig reinem Aluminium mittels elektrolytischer Zersetzung 27 Jahre später. Die extrem hohen Kosten für die Stromerzeugung verhinderten damals jedoch die wirtschaftliche Ausnutzung dieses Verfahrens. Mit der Erfindung des Generators (1880) wurde u.a. auch die Aluminiumproduktion im großtechnischen Stil und zu marktfähigen Preisen möglich.[88] Bei dem heutigen Herstellungsprozeß spielt noch immer die Schmelzelektrolyse unter Zugabe des Minerals Kryolith (Na_3AlF_6) eine zentrale Rolle. Dabei werden große Mengen hochgiftigen Fluors frei, das inzwischen als Zusatz für Trinkwasser und Zahncremes zur «Kariesprophylaxe» verwertet wird.[89]

Aluminium ist heute das nach Eisen wichtigste und auch am vielseitigsten genutzte Metall. Es wird entweder rein oder in Form sehr widerstandsfähiger Legierungen (meist mit Magnesium) verwendet. Beim Kfz-, Eisenbahn-, Schiffs-, Flugzeug- und Raketenbau wird für hochbeanspruchte Teile (z.B. Motoren und Kolben) Duraluminium (Dural) eingesetzt, eine Aluminiumlegierung mit geringen Anteilen an Kupfer, Magnesium und Mangan, die an Zugfestigkeit dem Baustahl gleichkommt. Diese findet auch im Bauwesen für Träger- und Stützkonstruktionen, Verstrebungen, Hallendächer und Fassadenverkleidungen Verwendung. Aus Aluminium werden außerdem Tür- und Fensterbeschläge sowie Fensterrahmen gefertigt. Dämmaterial zur Wärmeisolierung von Dächern, z.B. Glas- oder Steinwolle, ist häufig mit einer Aluminiumfolie versehen.

In der Elektroindustrie wird das Metall für zugfeste Hochspannungsleitungen, Chassis, Gehäuse, Regler, Knöpfe und Lautsprecherabdeckungen benutzt. Bei elektrischen Leitungen dient es vermehrt als Ersatz für Kupfer, dessen Vorräte auf unserem Planeten langsam knapper werden. Ein weiteres Einsatzgebiet sind astronomische Spiegelteleskope, bei denen hochglanzpoliertes Aluminium als Reflektorschicht nicht so leicht beschlägt wie Silber.

Die wohl bekannteste Verwendungsart ist die Alufolie, die in der Lebens- und Genußmittelindustrie und im Haushalt als Verpackungsmaterial für wärmeempfindliche Lebensmittel dient. Aus Aluminium werden außerdem eine ganze Reihe von Haushalts- und Küchengeräten gefertigt, leider auch teilweise Kochgeschirr.

Die wichtigsten Aluminiumverbindungen sind natürlicher Art wie z.B. Ton, der in reiner Form als Grundstoff für die Porzellanherstellung dient. Kristallisiertes Aluminiumoxid, das in der Natur als Korund vorkommt, ist nach Diamant der zweithärteste Stein. Er wird als Schleifmittel benutzt und heute teilweise künstlich durch Schmelzen von Tonerde in der Knallgasflamme hergestellt. Mit derselben Methode werden inzwischen auch edle Korundarten wie Rubin und Saphir synthetisch erzeugt, die in feinmechanischen Geräten wie Uhren und Meßinstrumenten als Lagersteine dienen. Der bereits erwähnte Kryolith, auch Eisstein genannt, wird als Trübmittel für Glas (Milchglas) und Emaille benutzt.

Aluminiumsulfat (schwefelsaure Tonerde) wird zum Leimen von Papier und in der Gerberei als Beize zum Färben verwendet. Aluminiumazetat (essigsaure Tonerde) wird in der Medizin aufgrund seiner keimtötenden Wirkung bei Gewebsschwellungen eingesetzt. In der Textilindustrie gebraucht man es zum Imprägnieren von Kleidungsstücken. Aluminiumchlorid dient bei der Herstellung von Benzinen und Mineralölen als Katalysator.[90]

Für den menschlichen Organismus ist Aluminium kein lebensnotwendiges Spurenelement. In höheren Dosen und bei längerer Einwirkung ist es sogar giftig. Geringe Mengen finden sich normalerweise immer im Körper. Die höchste Konzentration zeigt sich dabei in der Lunge. Überbelastungen entstehen einerseits durch vermehrte Aufnahme über den Atmungs- und Verdauungstrakt, andererseits als Folge mangelnder Ausscheidung über die Nieren. Hauptquellen sind Schmelzkäse, Backpulver, Deodorants, Antazida (Medikamente gegen Magenübersäuerung), Aluminium-Kochgeschirr, Aluminiumfolien, Konserven und Getränke aus Aluminiumdosen (z.B. Cola-Getränke, Limonaden und Bier) sowie umweltverschmutzte Luft.[91] Lebensmittel, die in Aluminiumtöpfen gekocht werden, gehen mit dem Metall giftige Verbindungen ein, insbesondere dann, wenn sie sauer sind. Dasselbe gilt für Fertiggerichte, die in der Fabrik in einer Aluminiumverpackung gekocht, in derselben Schachtel transportiert und in dieser vor dem Verzehr erhitzt werden.[92]

Aluminium wirkt sich vor allem auf das Gehirn und den Calciumstoffwechsel aus. Eine Beteiligung an neurologischen Erkrankungen wie Morbus Alzheimer und Morbus Parkinson wird vermutet, da bei den davon betroffenen Personen im Gehirn eine erhöhte Konzentration dieses Metalls gefunden wurde. Die nachfolgenden Symptome werden mit einer Aluminiumüberbelastung in Verbindung gebracht: nachlassendes Gedächtnis, Nervosität, depressive Verstimmungen, Lernschwierigkeiten und Überaktivität bei Kindern[93], Appetitverlust, Übelkeit, Verstopfung, Reizungen im Bereich des Magen-Darmtrakts, übermäßige Körperausdünstung, Energieverlust, Ataxie (Störung im geordneten Ablauf von Bewegungen durch Muskelinkoordination) und Sprachstörungen.[94]

Gold

Bach-Blütenbezug: Cerato-Schiene
Akupunkturbezug: Milz/Pankreas-Meridian

Gold ist ein gelbes, stark glänzendes und verhältnismäßig weiches Edelmetall. Es kommt in der Natur fast ausschließlich gediegen vor. In seinen ursprünglichen Lagerstätten findet es sich als «Berggold» skelettartig, blech- oder drahtförmig, seltener in Form von gut ausgebildeten Kristallen, Würfeln oder Oktaedern in Quarzgängen innerhalb größerer Granitmassen. Durch Verwitterungsprozesse gelangt es als «Waschgold» teilweise in Flüsse, wo es als Staub, Plättchen oder Körner (Nuggets) im Flußbett selbst oder in Sand- bzw. Geröllablagerungen gefunden wird. Aus diesen sog. Goldseifen wird es durch Auswaschen mit Wasser in Pfannen, Kästen oder langen Gerinnen gewonnen. Der größte Teil des geförderten Goldes stammt aus dem Abbau von Golderzen, die jedoch nur einen Gehalt von maximal 100 Gramm pro Tonne aufweisen.[95]

Gold zählt zur Gruppe der Edelmetalle, da es gegenüber äußeren Einflüssen außerordentlich beständig ist und von den meisten Chemikalien nicht angegriffen wird. Es rostet nicht und bildet auch keine Oxidschicht, weshalb jahrtausendealter Schmuck, der bei archäologischen Ausgrabungen gefunden wird, heute noch in demselben Glanz erstrahlt wie einst. Da es relativ weich und dehnbar ist, läßt es sich sehr leicht bearbeiten. Als Blattgold kann man es bis zu einer Dicke von 0,0001 mm ausschlagen. Um seine Härte zu erhöhen, wird Gold oft mit anderen Metallen (vorwiegend Silber und Kupfer) legiert, wobei es teilweise zu einer Farbveränderung kommt. Kupferanteile führen zu mehr gelbroten Farbtönen («Rotgold»), während Legierungen mit Nickel oder Palladium eine Aufhellung bewirken (Weißgold). Der tatsächliche Goldgehalt solcher Legierungen wurde früher in Karat ausgedrückt. 24 Karat entsprechen dabei einem Goldanteil von 100%, zwölf Karat einem solchen von 50% und acht Karat einem Anteil von 33%. Heute ist die Angabe in $^{1000}/_{1000}$ üblich. Das für Schmuckzwecke meistverwendete 333er Gold ist demnach 8-karätig.

Gold galt schon immer als Symbol des Reichtums und der Macht. Dementsprechend wurden kostbare Schmuckstücke und erlesene Kunstgegenstände, wie sie sich nur Wohlhabende leisten konnten, Königskronen, Zepter und andere Insignien weltlicher Herrschaft, aber auch sakrale Gegenstände daraus gefertigt.

Die Geschichte des Goldes ist teilweise eine grausame, voller Blut und Schmerz. Um in den Besitz dieses Edelmetalls zu gelangen, wurde geraubt und gemordet, intrigiert und hintergangen, bar jeder Moral und Menschlichkeit. Zuweilen war die Gier nach Gold Auslöser oder zumindest einer der Beweggründe für Kriege. – Man denke dabei nur an die «Eroberung» Südamerikas und die damit verbundene Erbeutung des Inkagoldes. Mitte des letzten Jahrhunderts erreichte die Goldgier mit dem amerikanischen Goldrausch einen neuen Höhepunkt. Zehntausende waren diesem verfallen und verließen auf der Suche nach dem schnellen Reichtum ihre Familien.

Jahrtausendelang war Gold das wichtigste Zahlungsmittel und hat bis heute nichts an seiner Bedeutung für die Finanzwelt verloren. Statt im Umlauf befindlicher Münzen lagert es inzwischen in Form von Barren in unterirdischen Tresoren zur Währungsdeckung, das meiste davon im Fort Knox in den USA.

Gold wird heute vorwiegend in der Goldschmiedekunst für Schmuckzwecke und Kunstgegenstände verwendet. Daneben wird es in der Zahnmedizin zur Herstellung von Kronen und Zahnfüllungen gebraucht. In der Industrie dient es vor allem zum Färben von Porzellan und Glas (Rubinglas) und zum Vergolden von elektrischen Leitungen als Korrosionsschutz.

In der modernen Medizin wird Gold in Form von Spritzen bei Rheuma eingesetzt. Bei der Behandlung treten jedoch aufgrund der in naturheilkundlichem Sinne hohen Dosen sehr starke Nebenwirkungen auf. In der Medizin des Altertums und des Mittelalters galt Gold als Metall der Sonne, von der dessen Eigenschaften und mögliche Einsatzgebiete abgeleitet wurden. Die Sonne wurde hierbei mit unserem Ich-Bewußtsein und damit unserem Ego in Verbindung gebracht. Demnach schenkt Gold Selbstbewußtsein, Kraft und Selbstvertrauen und macht uns mutig, stark und großzügig.[96] Ebenfalls astrologisch abgeleitet ist die Zuordnung von Gold zum Herzen. Diese steht allerdings im Widerspruch zu der von mir entdeckten Beziehung zum Milz/Pankreas-Meridian.

Kupfer

Bach-Blütenbezug: Vervain-Schiene
Akupunkturbezug: Herz-Meridian

Kupfer ist ein hellrotes, glänzendes, relativ hartes und ausgesprochen zähes Metall. Es wird vorwiegend als sulfidisches und oxidisches Erz, wesentlich seltener in Form von Kupfermineralien (z.B. Azurit und Malachit) gefunden. Das Metall kommt aber auch gediegen als kubische Kristalle, Platten und Klumpen vor. Für die industrielle Gewinnung sind hauptsächlich Kupferkies ($CuFeS_2$) und in geringerem Maße Kupferglanz (Cu_2S) von Bedeutung.

Das Metall läßt sich ausgezeichnet zu sehr dünnen, aber dennoch festen Drähten ausziehen oder auch zu dünnen Platten auswalzen bzw. hämmern. Bei längerer trockener Lagerung bildet es allmählich eine dunkle, stumpfe Oxidschicht. An feuchter Luft reagiert es dagegen mit Kohlensäure und überzieht sich mit einer grünen Schicht aus basischem Kupferkarbonat (Patina), das früher als «Edelrost» galt und bei der Gestaltung von Dächern besonderer Gebäude (z.B. Kirchen) gezielt eingeplant wurde. Durch Einwirkung von Essigsäure entsteht das giftige basische Kupferazetat (Grünspan).

Kupfer ist das älteste Gebrauchsmetall. Seine Verwendung für die Herstellung von Waffen und Werkzeugen läßt sich bis ins 4. Jahrtausend v. Chr. zurückverfolgen. Später wurde es von der härteren Bronze, einer Kupfer-Zinn-Legierung, abgelöst. Der Gebrauch von Kupfer für Küchengeräte wie Koch- und Wasserkessel, Pfannen und Kasserollen hat sich teilweise jedoch bis in unsere Tage erhalten.

Heute wird das Metall sehr vielseitig genutzt: Aufgrund seiner hervorragenden Strom- und Wärmeleitfähigkeit wird es besonders für alle Arten von elektrischen Leitungen, empfindliche elektronische Meßinstrumente, Braukessel u.a. eingesetzt. Kupferrohre finden Verwendung bei Wasserleitungen, Heizungs- und Kühlanlagen und Kupferbleche zunehmend für Dachrinnen und die Verkleidung von Fassaden und Kaminen. Auch im Maschinenbau und in der

Schwerindustrie spielt Kupfer eine bedeutende Rolle, insbesondere in Form verschiedenartiger Legierungen. Am bekanntesten davon ist neben der bereits erwähnten Bronze das aus Kupfer und Zink bestehende Messing. Einige Kupferverbindungen dienen als Farbstoffe, so z.B. das Kupferoxid (als grüne Glas- und Porzellanfarbe) und das Kupferhydroxid (als blaue Malerfarbe). Kupfersulfat nutzt man für galvanische Elemente und als Pflanzenschutzmittel.

Kupfer, Bronze und Messing werden auch in der bildenden Kunst (z.B. für Stiche, Radierungen oder Skulpturen) und für die Herstellung von Musikinstrumenten wie Posaunen, Trompeten, Schlagzeugbecken, Gongs, Zimbeln und Glöckchen eingesetzt. Kirchenglocken werden heute noch aus Bronze gegossen.

Für den menschlichen Organismus ist Kupfer ein lebenswichtiges Spurenelement. Es ist notwendig für das Immunsystem, das Herz-Kreislauf-System und die Blutbildung.[97] Für die Resorption von Eisen und dessen Einbau in den roten Blutfarbstoff Hämoglobin ist Kupfer erforderlich.[98] Mangelerscheinungen führen zu Müdigkeit und Schwäche infolge Blutarmut, die sich durch die übliche Eisentherapie nicht bessert, und zu einem Defizit an weißen Blutkörperchen. Kupfer unterstützt die Resorption von Vitamin C und ist wichtig für die Produktion von Ribonukleinsäure und TSH, einem Hormon der Hypophyse, das die Ausschüttung von Hormonen in der Schilddrüse bewirkt.[99]

Obwohl Kupfer in sehr geringen Mengen lebensnotwenig und damit ungiftig ist, führt eine zu hohe Zufuhr zu Vergiftungen. Neben akuten Vergiftungserscheinungen (Kuprismus), die meist auf die Aufnahme toxischer Kupfersalze zurückzuführen sind und sich in Form von Übelkeit, Erbrechen und Durchfall sowie Magen- und Kopfschmerzen äußern, gibt es eine Reihe von Symptomen, die sich bei Patienten mit chronischem Kupferüberschuß beobachten lassen. Hierbei handelt es sich um Depressionen, Reizbarkeit, Schlaflosigkeit, Verhaltensstörungen, Wahnvorstellungen, Hyperaktivität und Lernschwierigkeiten bei Kindern, Nierenentzündungen, Lebererkrankungen, Hautausschläge sowie Muskel- und Gelenkschmerzen.[100]

In der medizinisch-alchemistischen Tradition gilt Kupfer als Metall der *Venus*. Es wird daher ebenfalls mit Begriffen wie Liebe, Harmonie, Schönheit, Kreativität und Kunst in Verbindung gebracht und soll bei Schwierigkeiten, die mit diesen Themenbereichen in Zusammenhang stehen, hilfreich sein. Körperlich soll Kupfer auf die «Venus-Organe» Einfluß nehmen, wozu vor allem die Venen gehören.[101] Die ebenfalls astrologisch abgeleitete Zuordnung zu den Nieren widerspricht der von mir gefundenen Beziehung zum Herz-Meridian der Akupunktur und ist auch anhand der in der Medizin bekannten Funktionen des Kupfers nicht nachvollziehbar.

Mangan

Bach-Blütenbezug: Agrimony-Schiene
Akupunkturbezug: Dünndarm-Meridian

Das stahlgraue, harte und sehr spröde Metall kommt in der Natur ausschließlich in Form von Verbindungen vor, da es wegen seines unedelen Charakters leicht korrodiert. Die wichtigsten davon, Braunstein (MnO_2), Hausmannit (Mn_3O_4), Manganit ($Mn_2O_3 \cdot H_2O$) und Manganspat ($MnCO_3$) sind meist mit Eisenerzen vergesellschaftet. Daneben gibt es gewaltige oxidische Erzablagerungen in der Tiefsee in Form von riesigen Manganknollenfeldern, die wegen ihrer Kupfer- und Nickelanteile für einen zukünftigen Abbau in Betracht gezogen werden.

Als reines Metall ist Mangan technisch ohne Bedeutung. Legierungen mit Eisen spielen dagegen bei der Stahlherstellung eine große Rolle. Sie dienen zur Desoxidation von im Stahl gelösten Eisenoxidteilchen, die das Material brüchig machen würden. Die meisten Stahlsorten enthalten geringe Anteile von Mangan, da dadurch die Zähigkeit und Festigkeit erhöht und die Korrosionsbeständigkeit verbessert wird. Mangandioxid wird für Glasuren, Trockenbatterien, Zündhözer und Feuerwerkskörper verwendet. Kaliumpermanganat dient in chemischen Laboratorien und im

Schulunterricht als eines der gebräuchlichsten Oxidationsmittel und ist in der Medizin als keimtötendes Mittel in Gebrauch.

Für den menschlichen Körper stellt Mangan ein lebensnotwendiges Spurenelement dar. Es ist ein wichtiger Katalysator und Bestandteil zahlreicher wesentlicher Enzyme, die an der Knochen- und Knorpelbildung, der Energiegewinnung und am Eiweiß- und Fettstoffwechsel beteiligt sind.[102] Mangelerscheinungen äußern sich u. a. als verzögerte Knochenheilung, gestörte Glucosetoleranz und Unfruchtbarkeit. In Extremfällen kann es zu Ataxie (Störung im geordneten Ablauf und in der Koordination von Muskelbewegungen), Schwindelgefühl, Gehörverlust sowie Sehnen- und Bänderschwäche kommen.[103]

Molybdän

Bach-Blütenbezug: Mimulus-Schiene
Akupunkturbezug: Nieren-Meridian

Molybdän ist ein silberweißes, hartes, dehn- und polierbares Metall. Es kommt in der Natur relativ selten vor und wird hauptsächlich als Molybdänglanz (MoS_2) gefunden. Letzterer ist weich wie Graphit und dient in der Industrie als Schmiermittel.

Molybdän selbst ist an der Luft und gegenüber verdünnten Säuren beständig und besitzt einen sehr hohen Schmelzpunkt (2620 °C). Es wird vorwiegend zur Stahlveredelung verwendet, da bereits geringfügige Molybdänzusätze Metallegierungen eine höhere Korrossionsbeständigkeit, eine bessere Festigkeit bei hohen Temperaturen und eine größere Härte verleihen. Dieser Molybdänstahl wird für schnelldrehende Maschinenteile in Motoren, Pumpen u. a. sowie für Behälter, Rohre und Bohrer benutzt. Daneben dient das Metall auch als Katalysator in Gerb- und Farbstoffen und in Form spezieller Verbindungen zum feuerfesten Imprägnieren von Geweben.

Molybdän ist ein wichtiges Spurenelement. Es ist in einer Reihe von Enzymen enthalten und scheint, ähnlich wie Fluor, Karies verhüten zu können.[104] Außerdem unterstützt es den Fett- und Harnsäurestoffwechsel. Bei Mangelerscheinungen werden u.a. Müdigkeit, Impotenz, Zahnzerfall und Gicht beobachtet.[105] Übergewicht läßt sich bei einem Molybdän- und Chrommangel nur schwer reduzieren.[106]

Nickel

Bach-Blütenbezug: Scleranthus-Schiene
Akupunkturbezug: Gallenblasen-Meridian

Das silberweiße, glänzende, sehr zähe, magnetische Metall findet sich gediegen nur in Eisenmeteoriten, die einen Nickelgehalt bis zu 20% aufweisen. In der Erdrinde kommt es ausschließlich in Form von Verbindungen vor. Industriell wird Nickel vorwiegend aus sulfidischen Magnetkiesen gewonnen, die hauptsächlich aus Eisen und Kupfer bestehen und nur geringe Mengen an Nickel enthalten. In einem technisch komplizierten Prozeß wird das Metall hierbei zunächst angereichert und anschließend durch Rösten und elektrolytische Reinigung isoliert.

Nickel ist korrosionsfest gegen Wasser, Alkalien, Salze und viele anorganische Stoffe, wird aber leicht durch Säuren angegriffen. Es läßt sich außerordentlich gut schmieden, walzen, ziehen, schweißen und polieren und ist daher als Werkstoff für sehr harte, witterungsbeständige Gegenstände ideal geeignet.

Bereits im alten China wurde es in einer Legierung mit Zink und Kupfer für Haushaltsgegenstände, Waffen und Münzen verwendet.[107] In Europa wurde Nickel in Form von Rotnickelkies erst Mitte des 18. Jahrhunderts entdeckt. Man hielt das Mineral zunächst für ein Kupfererz. Da der Versuch, daraus Kupfer zu gewinnen, fehlschlug, gab man ihm einen eigenen Namen (Kupfernickel).

Etwa 50 Jahre später gelang es erstmals, daraus das reine Metall zu isolieren. Fast ein weiteres Jahrhundert verging, bis das Metall industriell genutzt werden konnte. Da es nicht rostet und seine Silberfarbe behält, begann man zuerst in der Schweiz, später in einer Reihe weiterer Länder, Nickelgeld zu münzen.[108]

Heute wird Nickel hauptsächlich zur Stahlveredelung eingesetzt und dient vorwiegend zur Herstellung nichtrostender Bau- und Werkzeugstähle. Als Korrosionschutz werden oft auch andere Metalle galvanisch vernickelt oder mit Nickelblech verschweißt («plattiert»). Teilweise wird auf die Nickelschicht noch eine dünne Chromschicht aufgebracht, wie z.B. bei Stoßstangen, Türgriffen und Rahmen. In der Elektrotechnik dient das Metall als Ausgangsmaterial für Widerstände, da es den elektrischen Widerstand des Eisens erhöht. Daneben wird es zur Herstellung von Akkumulatoren benötigt. Ferner ist Nickel Bestandteil vieler Legierungen (z.B. Neusilber, Nickelbronzen, Nickelmessinge und Weißgold), die für Kunst-, Schmuck-* und Gebrauchsgegenstände Verwendung finden. Als Münzmetall ist es noch immer von Bedeutung.

Nickel gilt als unentbehrliches Spurenelement, obwohl weitgehend unbekannt ist, in welcher Weise es den menschlichen Organismus beeinflußt. Da es in hohen Konzentrationen in der DNA und RNA vorkommt, nimmt man an, daß es zur Stabilisierung der Nucleinsäuren benötigt wird. Nachgewiesen ist inzwischen seine aktivierende Wirkung auf verschiedene Enzymsysteme und seine hemmende Wirkung auf Adrenalin. Ein negativer Einfluß auf den Hormon-, Fett- und Membranstoffwechsel wird vermutet. Der größte Teil des im menschlichen Körper nachweisbaren Nickels befindet sich im Serum sowie in Schweiß und Speichel.[109]

Mangelerscheinungen sind keine bekannt, da wir heute infolge schädlicher Umwelteinflüsse (Luftverschmutzung, Autoabgase, Tabakrauch, Zahnfüllungen, Stahlgeschirr usw.) eher zuviel von diesem Schwermetall aufnehmen, das bei übermäßiger Zufuhr

---

* Aufgrund gehäuft auftretender Allergien ist Nickel in der Schmuckbranche in den letzten Jahren zunehmend in Verruf geraten. Vgl. S. 124

toxisch wirkt. Davon sind insbesondere Raucher und Personen, die in Industriegebieten leben, betroffen, wobei die Verbindung mit Kohlenmonoxid besonders gefährlich ist. Als Symptome einer Nickelvergiftung sind bislang Stirnkopfschmerzen, Schwindel, Brechreiz, Asthma und entzündliche Hautausschläge bekannt. Langfristig kann eine permanente Nickelüberbelastung auch zu Nasenhöhlen- und Lungenkrebs führen.[110]

Silber

Bach-Blütenbezug: Gentian-Schiene
Akupunkturbezug: Magen-Meridian

Silber ist ein weißglänzendes, verhältnismäßig weiches und stark polierbares Edelmetall. Es findet sich in der Natur häufig gediegen in Form kleiner, regulärer, meist würfel- oder oktaederförmiger Kristalle, aber auch als skelettförmige, farnkrautähnliche, blech- und drahtförmige Aggregate und derbe Brocken. In Silbererzen ist das Edelmetall größtenteils an Schwefel gebunden. Die wichtigsten hiervon sind Silberglanz (Ag_2S) und Antimonsilberblende (Ag_3SbS_3). Für die industrielle Gewinnung sind vorwiegend silberhaltige Erze anderer Metalle von Bedeutung, die zwar einen geringeren Silbergehalt (meist unter 1%) aufweisen, dafür aber eine rentablere Aufarbeitung ermöglichen. Hierzu gehören vor allem Bleierze, aber auch Kupfer- und Zinkerze. Das meiste Silber unseres Planeten kommt in gelöstem Zustand in äußerst hoher Verdünnung im Meerwasser vor.

Das Edelmetall ist gegenüber Sauerstoff und nicht oxidierenden Säuren beständig. Befinden sich jedoch Spuren von Schwefelwasserstoff in der Luft, so oxidiert es zu Silbersulfid und läuft schwarz an. Des weiteren ist Silber sehr dehn- und formbar und wird an Geschmeidigkeit nur noch von Gold übertroffen. Es läßt sich ebenfalls zu extrem dünnen Platten aushämmern bzw. zu hauchdünnen Drähten ausziehen, wobei 1 g bis zu 2 km «Filigrandraht» ergibt. Daneben besitzt das Metall die höchste Leitfähigkeit für elektrischen Strom und Wärme.

Verwendet wird Silber zur Herstellung von Schmuck, Münzen, edlem Eßgeschirr, Bestecken, Kelchen und besonderen Musikinstrumenten (z.B. sehr hell klingenden Silberflöten und Silberglöckchen). Um seine Härte zu erhöhen, wird es dazu meist mit anderen Metallen, vorwiegend Kupfer, Nickel, Zinn und Cadmium, legiert. Weitere Verwendung findet das Edelmetall für elektrische Kontakte, chirurgische und wissenschaftliche Instrumente und Apparate für die chemische Industrie. Bei der Fertigung von Spiegeln wird Glas mit einer hauchdünnen Silberschicht belegt.

Einige Silbersalze sind lichtempfindlich, indem sie unter Lichteinwirkung zerfallen und das Metall freisetzen. Dieser Prozeß bildet die Grundlage der Photographie. Annähernd 30% der Silberproduktion werden heute für Filme und photographische Platten verarbeitet.

Silber wird seit alters dem *Mond* zugeordnet, der mit unserer Gefühlswelt, unseren Sehnsüchten und Leidenschaften in Verbindung gebracht wird. Demnach soll das Metall alle Prozesse beeinflussen, die – astrologisch gesehen – dem Mond unterstehen und mit der Reaktion auf mehr oder minder neue Eindrücke zu tun haben.[111] Hierzu gehören vor allem Verdauung, Umsetzung der Nährstoffe und Wachstum durch Zellenaufbau.[112] Körperlich wird dem Silber eine Wirkung auf Magen, Augen und Geschlechtsorgane zugeschrieben.

Titan

Bach-Blütenbezug: Water-Violet-Schiene
Akupunkturbezug: Kreislauf-Sexus-Meridian

Titan ist in reiner Form ein relativ leichtes, silberweißes Metall, das infolge Oxidation an der Oberfläche ein mattes, silbergraues Aussehen besitzt, das dem von poliertem Stahl ähnelt. Es gehört mit zu den häufigsten Elementen der Erdkruste. Da es aber in der Natur sehr weit verteilt und stets chemisch gebunden ist und außerdem selten in abbauwürdigen Lagerstätten vorkommt, ist seine Anreicherung ziemlich aufwendig und entsprechend teuer. Gewonnen wird das Metall hauptsächlich aus titanhaltigen Eisenerzen, insbesondere Titaneisen (Ilmenit = $FeTiO_3$) und Titandioxid (TiO_2), das in drei verschiedenen Kristallformen als Rutil, Anatas und Brookit vorkommt.

Reines Titan ist verhältnismäßig weich und gut schmiedbar. Bereits geringe Beimengungen anderer Elemente machen es hingegen äußerst hart und spröde. In der Industrie wird das Metall daher vorwiegend zur Veredelung von Stahl verwendet, der dadurch an Härte und Korrosionsbeständigkeit gewinnt. Titanstahl, aber auch titanhaltige Hartlegierungen werden im Flugzeug-, Raketen- und Düsentriebwerkbau eingesetzt. Auch Eisenbahnräder, spezielle Motorenteile und korrosionsfeste Behälter für die chemische Industrie werden daraus gefertigt. Titandioxid findet in der Porzellanmalerei, bei der Herstellung künstlicher Zähne und mit Zusätzen von Bariumsulfat als Titanweiß, einer weißen Mal- und Anstrichfarbe mit hoher Deck-und Leuchtkraft, Verwendung.

Für den menschlichen Organismus hat Titan nach heutigem Wissen keine Bedeutung als Spurenelement. Es wird bislang weder in der Medizin noch in der Naturheilkunde in irgendeiner Form verwendet. Indikationen für seine Anwendung im Rahmen der «Esoterischen Therapien» ergeben sich jedoch aus der Water-Violet-Schiene.

Vanadium

Bach-Blütenbezug: Clematis-Schiene
Akupunkturbezug: Dickdarm-Meridian

Vanadium, auch Vanadin genannt, ist ein stahlgraues, verhältnismäßig hartes und in reinster Form dehnbares und geschmeidiges

Metall. Bereits geringe Verunreinigungen machen es so spröde, daß es nicht mehr kalt bearbeitet werden kann. Das Metall ist zwar relativ weit verbreitet, es gibt jedoch nur wenige Mineralien, aus denen die Gewinnung wirtschaftlich rentabel ist. Das wichtigste davon ist Vanadinit.

Technisch wird Vanadium heute hauptsächlich aus Eisenerzen gewonnen, bei denen es als Begleiter auftritt. Da die Herstellung des reinen Metalls sehr aufwendig und teuer ist, wird in der Regel Ferrovanadin aus einem Gemisch von Vanadium- und Eisenoxid erzeugt, das in der Industrie direkt weiterverarbeitet werden kann. Es dient zur Produktion von Vanadinstählen, die sich durch besondere Härte, Zähigkeit, Hitzebeständigkeit und Erschütterungsfestigkeit auszeichnen. Diese werden zur Herstellung von Werkzeugen und Panzerschränken verwendet.

Vanadium ist ein lebensnotwendiges Spurenelement, das für das Größenwachstum und den Fettstoffwechsel verantwortlich ist. Mangelerscheinungen sind bisher noch nicht bekannt. Es wird jedoch vermutet, daß ein Defizit dieses Elements unter Umständen erhöhte Cholesterin- und Neutralfettwerte im Blut verursachen kann.[113]

Wismut

Bach-Blütenbezug: Centaury-Schiene
Akupunkturbezug: Blasen-Meridian

Wismut ist ein schwach rotstichiges, silberglänzendes und relativ sprödes Metall. Es kommt in der Natur sowohl gediegen als auch in Form von Erzen, überwiegend als Wismutocker (Bi_2O_3) und Wismutglanz (Bi_2S_3) vor, die sich meist in Blei-, Kupfer- und Zinkerzen finden. Bei deren Aufarbeitung fällt Wismut als Nebenprodukt ab. Das Metall schmilzt bereits bei 271 °C und verliert dabei an Volumen, während es sich beim Erstarren wieder ausdehnt. Dennoch besitzt es einen relativ hohen Siedepunkt (1560 °C) und ist an trockener Luft beständig. An feuchter Luft oxidiert es oberflächlich.

In der Industrie dient Wismut zur Herstellung von Lötmetallen und anderen leicht schmelzenden Legierungen, die u.a. für Schmelzsicherungen und Thermostate gebraucht werden. Außerdem wird es als Kühlmittel und Abschirmungsmaterial in der Reaktortechnik eingesetzt, da es Gammastrahlen absorbiert, während es thermische Neutronen durchläßt. Wismut-Trioxid findet bei der Herstellung von stark lichtbrechendem Glas und in der Glas- und Porzellanmalerei Verwendung.

Wismutsalze (insbesondere Bismutum subgallicum und Bismutum subnitricum) besitzen eine zusammenziehende und keimtötende Wirkung. Sie werden in der Medizin äußerlich bei Entzündungen der Haut, Geschwüren und Verbrennungen eingesetzt. Innerlich gibt man sie aufgrund ihrer schleimhautschützenden Wirkung bei Übersäuerung des Magens, Entzündungen der Magen-Darm-Schleimhaut und bei Geschwüren im Bereich des Magens und des Zwölffingerdarms.

Zinn

Bach-Blütenbezug: Impatiens-Schiene
Akupunkturbezug: Leber-Meridian

Das silberweiße, stark glänzende und äußerst weiche Zinn kommt sehr selten in gediegenem Zustand vor und findet sich im wesentlichen in Form von Zinnerzen. Das wichtigste davon ist Kassiterit (SnO_2), auch Zinnstein genannt. Dieser enthält starke Verunreinigungen durch andere Elemente wie z.B. Schwefel, Arsen und Eisen, die bei der technisch aufwendigen Aufbereitung entfernt werden müssen.

Zinn schmilzt bereits bei 232 °C, siedet aber erst bei 2270 °C. Es weist damit die größte Differenz zwischen Schmelz- und Siedepunkt unter den Metallen auf. Bei Abkühlung unter 13,2 °C bilden sich pustelartige Stellen, die wie Pestbeulen aussehen und sich immer weiter ausbreiten, bis das Metall allmählich ganz in ein graues, amorphes Pulver zerfällt. Man nannte diese Erscheinung früher «Zinnpest» oder auch «Museumskrankheit», da ihr oft wertvolle Zinngegenstände zum Opfer fielen. Auch Orgelpfeifen in ungeheizten Kirchen wurden häufig davon betroffen.

Eine weitere Eigenart des Zinns ist das seltsame knirschende Geräusch, das beim Biegen einer Stange reinen Zinns entsteht und im Volksmund «Zinngeschrei» genannt wird.[114]

Früher wurde Zinn zur Herstellung von Alltagsgegenständen wie Schüsseln, Tellern, Bechern, Krügen, Vasen, Kerzenhaltern und Leuchtern verwendet. Beliebt waren auch Zinnfiguren, die wegen des niedrigen Schmelzpunktes relativ leicht angefertigt werden konnten, was vielfach auch als Hobby genutzt wurde. Die entsprechenden Gußformen waren im Handel erhältlich. Aus einer Blei-Antimon-Zinn-Legierung wurden die Lettern für den Buchdruck gegossen. Zur Herstellung von Orgelpfeifen und Metallflöten (Flageoletten) diente eine Zinn-Blei-Legierung. Kirchenglocken werden noch immer aus Bronze, einer Legierung aus Zinn und Kupfer, gegossen.

Heute verwendet man Zinn hauptsächlich zur Veredelung von Eisenblechen (Weißblech). Der größte Teil davon wird zu Dosen und Tuben verarbeitet. Daneben wird Zinn auch zu papierdünnen Folien (Stanniol) ausgewalzt bzw. gehämmert. In einer Legierung mit Blei dient es als Weichlot zum Löten.

Zinn gilt als unentbehrliches Spurenelement und ist wichtig für normales Wachstum. Allerdings ist bislang ungeklärt, in welcher Art und Weise es auf den menschlichen Körper einwirkt.[115] Übermäßige Zufuhr erzeugt Vergiftungserscheinungen wie Erbrechen, Durchfall, Bauchkrämpfe, Appetitverlust, Druckgefühl in der Brust, metallischen Geschmack im Mund und trockenen Hals. Überbelastungen sind jedoch relativ selten und treten meist als Folge industrieller Umweltverschmutzung oder nach Genuß von Nahrungsmitteln, die lange Zeit in Zinndosen aufbewahrt wurden, auf.[116]

Seit alters wird Zinn mit dem Planeten *Jupiter* in Verbindung gebracht. Die meisten der überlieferten Heilwirkungen wurden hieraus abgeleitet. Zinn hat demnach einen starken Einfluß auf die *Leber* und auf die Regenerationsfähigkeit des gesamten Organismus. Das Metall steht außerdem in Beziehung zum Geschmackssinn und zur Zunge, die im menschlichen Körper die höchste Zinnkonzentration aufweist.[117]

Zirkonium

Bach-Blütenbezug: Rock-Rose-Schiene
Akupunkturbezug: Dreifacher-Erwärmer-Meridian

Reines Zirkonium ist ein verhältnismäßig weiches, silberglänzendes Metall. Bereits geringfügige Verunreinigungen lassen es hart und spröde werden. Das Metall kommt in der Natur nur in Form seiner Verbindungen vor, hauptsächlich als Zirkon ($ZrSiO_4$) und dessen Verwitterungsprodukt Zirkonerde (ZrO_2). Größere Vorkommen sind relativ selten. Bei der recht aufwendigen Gewinnung wird meist ein unreines Metallpulver hergestellt, das als solches in Legierungen eingebracht wird.

Zirkonium besitzt eine sehr hohe chemische, thermische und mechanische Widerstandsfähigkeit und findet daher Verwendung für Verbrennungsräume von Raketentriebwerken, Düsenantriebe aller Art, Spinndüsen, Elektronenröhren und Fotozellen. Außerdem ist es Bestandteil von Höchstleistungslegierungen. Wegen seines besonders niedrigen Einfangquerschnitts für Neutronen wird das Metall als Legierungsbestandteil für das Umhüllungsmaterial der Brennelemente in Kernreaktoren benutzt. Zirkondioxid dient aufgrund seines hohen Schmelzpunkts (2700 °C) zur Herstellung von feuer- und chemikalienfesten Tigeln und Geräten, zur Erhöhung der Härte als Zusatz zu Quarzglas sowie als Trübungsmittel für Emaille.

Nach heutigem Wissen hat Zirkonium keine Bedeutung als Spurenelement für den menschlichen Körper. Auch Heilwirkungen sind bislang noch nicht bekannt. Indikationen für seine Verwendung im Rahmen der «Esoterischen Therapien» ergeben sich jedoch aus der Rock-Rose-Schiene.

Teil 3

Diagnose und Behandlung der Chakren

Farbtafeln

Chakra-Abbildungen

Tafel 1:	Inhalt		
Tafel 2:	Die sieben Chakren des Menschen		
Tafel 3:	Chakra	I,	leicht unausgeglichen
Tafel 4:	Chakra	II,	ausgeglichen
Tafel 5:	Chakra	III,	ausgeglichen
Tafel 6:	Chakra	IV,	leicht unausgeglichen
Tafel 7:	Chakra	V,	ausgeglichen
Tafel 8:	Chakra	VI,	leicht unausgeglichen
Tafel 9:	Chakra	VII,	ausgeglichen
Tafel 10:	Chakra	IV,	ausgeglichen
Tafel 11:	Chakra	IV,	Kind, ausgeglichen
Tafel 12:	Chakra	IV,	leicht unausgeglichen
Tafel 13:	Chakra	IV,	gestört
Tafel 14:	Chakra	I,	extrem blockiert, vor der Behandlung
Tafel 15:	Chakra	I,	nach der Behandlung
Tafel 16:	Chakra	III,	blockiert

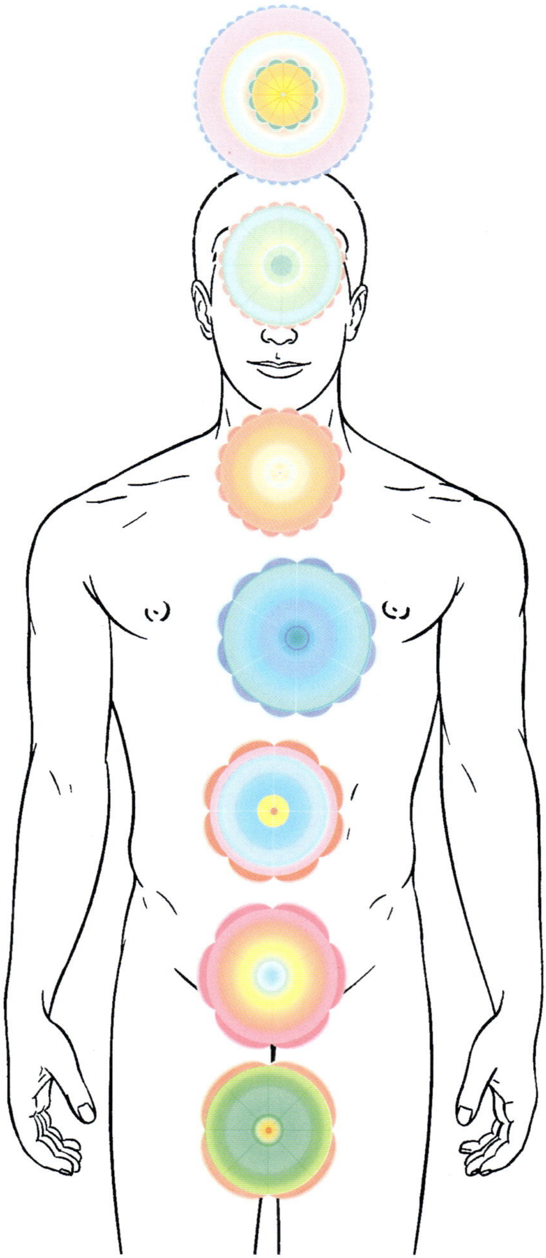

2
Die sieben Chakren des Menschen

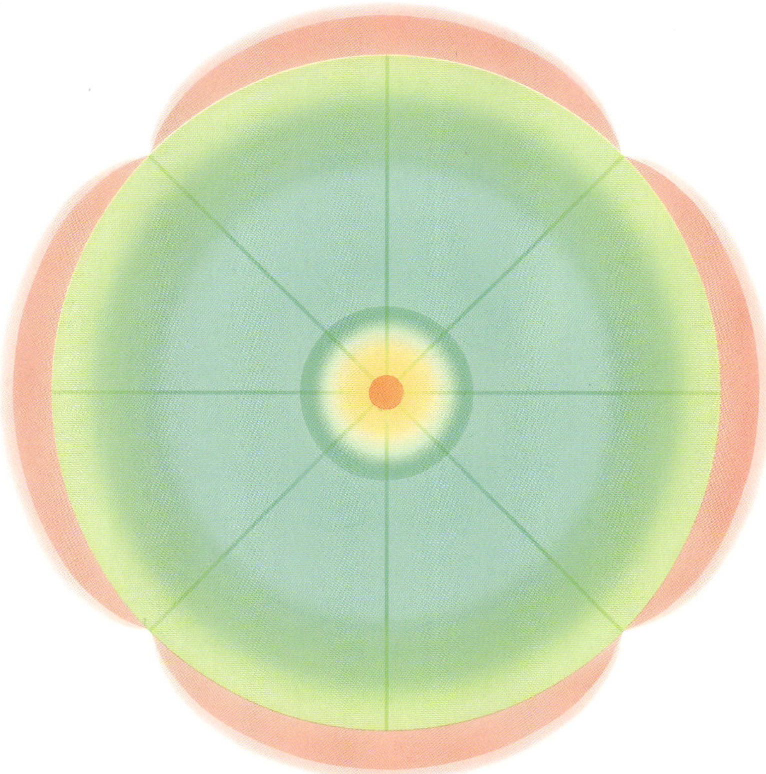

3

Chakra I, leicht unausgeglichen

4
Chakra II, ausgeglichen

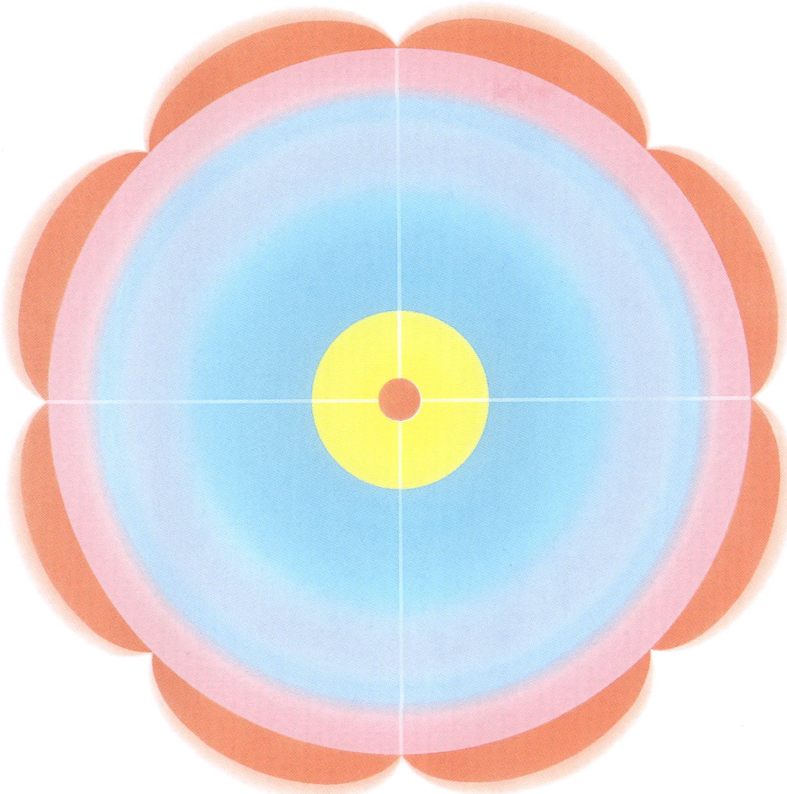

5
Chakra III, ausgeglichen

6
Chakra IV, leicht unausgeglichen

7

Chakra V, ausgeglichen

8

Chakra VI, leicht unausgeglichen

9

Chakra VII, ausgeglichen

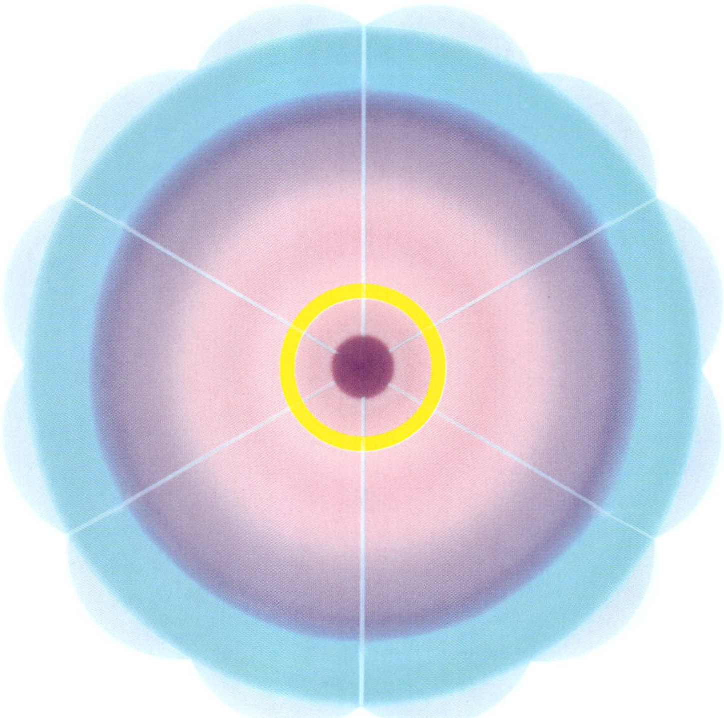

10
Chakra IV, ausgeglichen

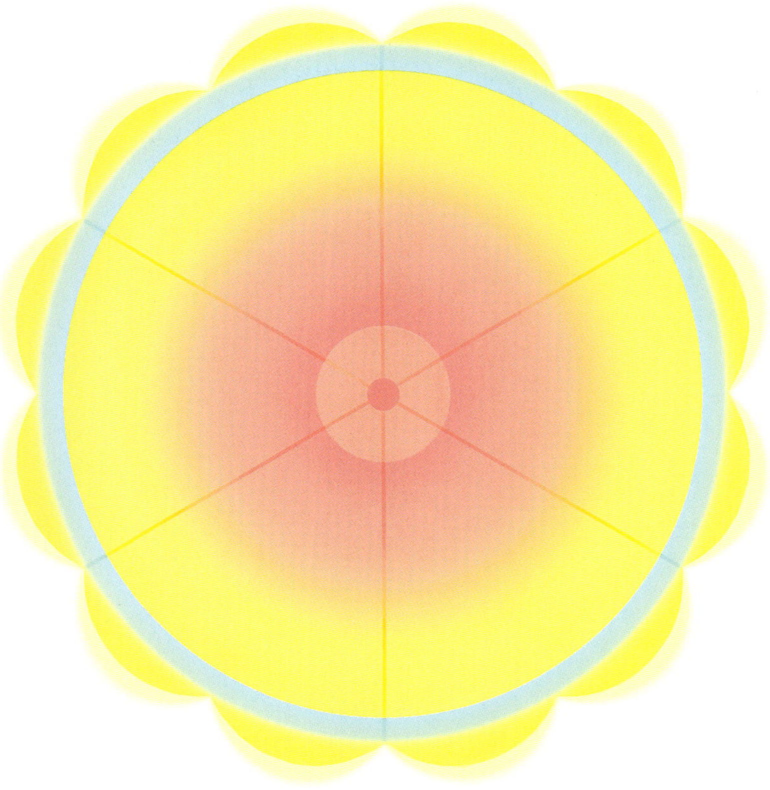

11
Chakra IV, Kind, ausgeglichen

12
Chakra IV, leicht unausgeglichen

13
Chakra IV, gestört

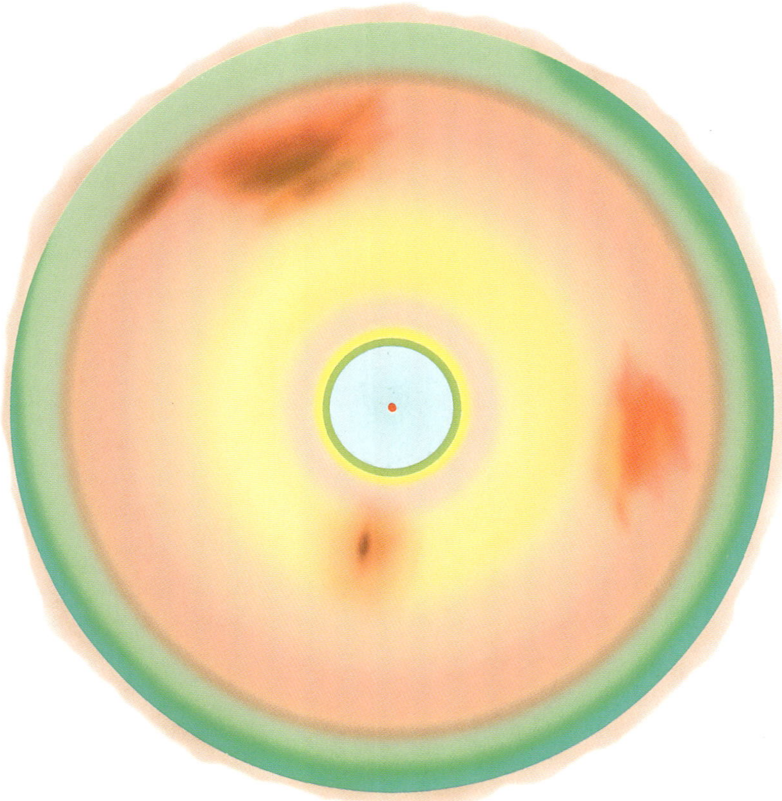

14
Chakra I, extrem blockiert, vor der Behandlung

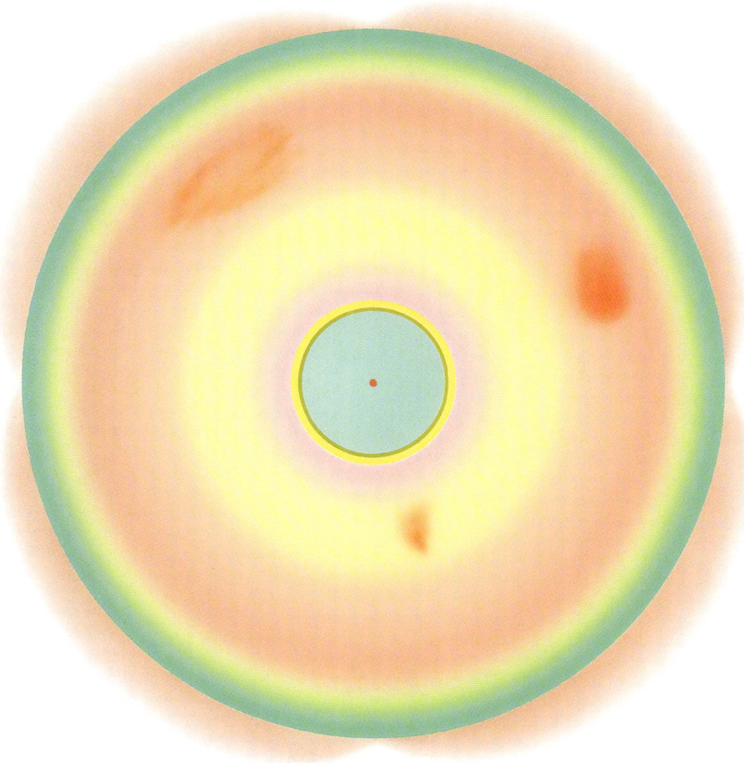

15
Chakra I, nach der Behandlung

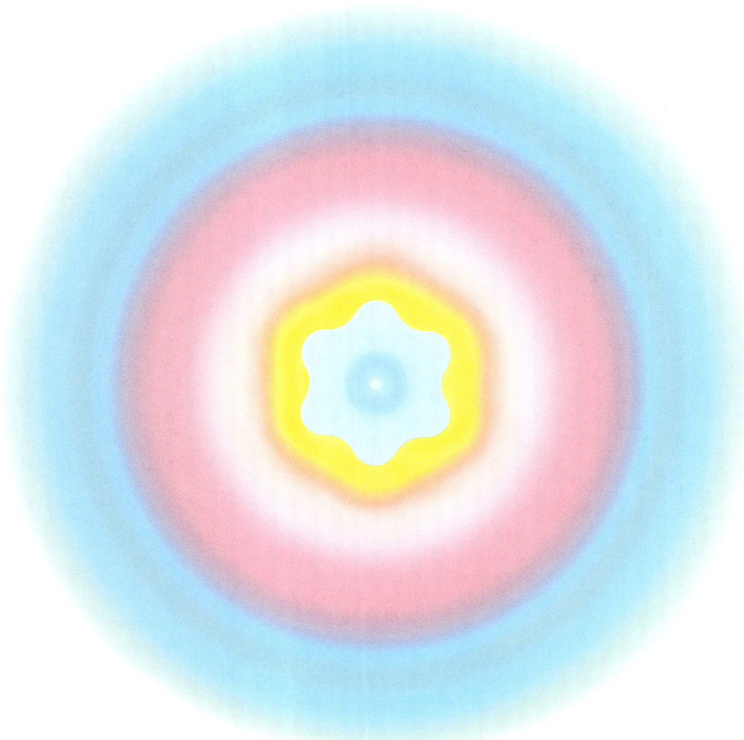

16
Chakra III, blockiert

Kapitel I

Grundlagen

1. *Historisches*

Der Begriff «Chakra» kommt aus dem Sanskrit und bedeutet soviel wie Kreis, Bewegung und auch Rad.[118] Als Bezeichnung für die feinstofflichen Energiezentren des Menschen, die nur von einigen wenigen Sensitiven wahrgenommen werden können und von diesen als sich drehende Räder aus Licht beschrieben werden, wird er erstmals in den altindischen Upanishaden verwendet. Aufgrund ihrer Ähnlichkeit mit einer Blüte wurden die Chakren in Indien später auch «Lotusblüten» genannt.

In den *Upanishaden* finden sich lediglich Beschreibungen der Symbolik der einzelnen Chakren und Informationen über ihre Lokalisation. Detaillierte Angaben über die in ihnen schlummernden Kräfte und die sich daraus ergebende Bedeutung dieser Energiezentren für die Meditationspraxis tauchen erst in einer Schrift aus dem 10. Jahrhunderts n. Chr. auf, verfaßt von Pandit Goraknath, dem Begründer einer speziellen Yoga-Disziplin.[119] Die umfangreichste Abhandlung über die Chakren stellt das Kapitel *Sat-Cakra-Nirupa* aus einem Werk Purananda Swamis aus dem 16. Jahrhundert dar, das u. a. auch Praktiken zur Erweckung der Chakren beinhaltet.[120]

Heute ist das Wissen um die feinstofflichen Energiezentren fester Bestandteil der indischen Spiritualität. Eine ganze Reihe von Meditationstechniken basieren auf der Manipulation der Chakren, so z. B.

deren Visualisierung mit geschlossenen Augen, die Konzentration auf sie in tiefer Entspannung, ihre Vitalisierung durch spezielle Atemübungen oder ihre Stimulierung mittels spezifischer Mantren.

Die Chakren sind auch im tibetischen Buddhismus bekannt. Sie heißen dort «Schwungräder» und spielen bei bestimmten spirituellen Praktiken ebenfalls eine zentrale Rolle, insbesondere bei wichtigen Visualisierungsübungen.[121]

Ein jahrtausendealtes Wissen über die feinstofflichen Energiezentren besaßen auch die Ureinwohner Amerikas. In einer prähistorischen Ruine fand man eine Figurine aus Holz mit eingelassenen Edelsteinen, deren Lage genau den Chakren entspricht.[122]

Die heutigen Indianer verfügen noch immer über eine Tradition von Übungen, Ritualen und Zeremonien, um die Energiezentren zu beeinflussen.[123]

Nicht nur die Kulturen Asiens und Amerikas beschäftigten sich mit den feinstofflichen Energiezentren des Menschen, auch bei den alten Griechen und Ägyptern waren diese bekannt. Mit Hilfe von speziellen Zeremonien, die Körper und Geist ruhigstellen sollten, versuchten sie, in einem Zustand tiefer Stille die Chakren innerlich wahrzunehmen und deren Kräfte zu spüren.[124]

Im Gegensatz zum asiatischen Kulturkreis, wo die diesbezüglichen Kenntnisse und Erfahrungen im Rahmen religiöser Traditionen an andere weitergegeben wurden, gerieten diese im europäischen Raum im Mittelalter in Vergessenheit. Erst die Alchemisten des 17. und 18. Jahrhunderts begannen wieder, sich mit den Chakren auseinanderzusetzen. In einem sehr komplexen System der Entsprechungen, das die Grundlage des Ansatzes ihrer Suche nach spiritueller Transformation bildete, ordneten sie diesen Planeten und Metalle zu.[125] Mit der Ausbreitung des naturwissenschaftlichen Denkens verlor sich die Beschäftigung mit diesem Themenkreis erneut.

Anfang dieses Jahrhunderts erwachte das Interesse an den Chakren durch die Veröffentlichungen der damals neu gegründeten theosophischen Bewegung noch einmal. Insbesondere die Schriften von Annie Besant und Charles Leadbeater, die letztendlich auf Material aus indischen und tibetischen Quellen basierten, verhalfen dieser Thematik zu einer gewissen Popularität. Das 1927 erschienene Buch «Die Chakras» von Leadbeater ist heute noch erhältlich und gilt noch immer als *das* Standardwerk.

Im Rahmen der gegenwärtigen New-Age-Welle erleben die Chakren seit einigen Jahren einen regelrechten Boom, begleitet von einer Flut neuer Bücher auf dem Markt. Die meisten Autoren greifen dabei auf das oben erwähnte Werk von Leadbeater zurück.

Neu ist die Zuordnung der sieben Regenbogenfarben zu den Chakren, aus der verschiedene «Behandlungsmethoden» für gestörte Energiezentren abgeleitet werden. Zwar erweisen sich Farb-Visualisierungsübungen mit den Chakren nach diesem Schema als wirkungsvoll; die daraus abgeleitete Schlußfolgerung, daß die innerlich vorgestellten Farben sowohl mit den tatsächlichen Farben der Chakren auf der feinstofflichen Ebene als auch den physikalischen Farben auf der materiellen Ebene identisch seien, ist jedoch falsch. Es ist außerdem völlig unsinnig zu glauben, daß alle roten Steine auf das erste Chakra, alle orangefarbenen auf das zweite usw. Einfluß nehmen. Zum einen beruht die Wirkung der Edelsteine auf deren feinstofflicher Schwingung und nicht auf ihrer Farbe, was die Heilerfolge beim Tragen in der «dunklen» Hosentasche beweisen*, zum anderen ist das erste Chakra eben nicht rot und das zweite auch nicht orange.

Es gibt wohl physikalische Farben, auf die die Chakren und spezielle Chakra-Steuerungspunkte bei gezielter Anwendung mit der Farblampe ansprechen.** Diese sind aber nicht identisch mit den Eigenfarben der Chakren und schon gar nicht mit den nach dem Regenbogen zugeordneten Farben.

Bedauerlicherweise wurden auf diese Weise aus der Summation von falschen Annahmen «Therapiemethoden» kreiert, die nur ein

---

* Vgl. Neue Therapien mit ätherischen Ölen und Edelsteinen, S. 158ff.
** Vgl. S. 230

bloßes theoretisches Konzept darstellen und bei ihrer Anwendung nicht *mehr* bringen als ein subjektives Gefühl von Entspannung. Da sie in sich schlüssig zu sein scheinen, erfreuen sie sich aber allgemeiner Beliebtheit.

2.
Aussehen der Chakren

a) Vorbemerkung

Energiezentren gibt es auf verschiedenen Ebenen. Unter dem Begriff «Chakren» werden meist die ätherischen Zentren verstanden, die auf der Oberfläche des Ätherkörpers* liegen. Sie sind die wichtigsten, da sie sowohl feinstoffliche Schwingungen von außen aufnehmen als auch die Umsetzung und Verteilung der über andere Mechanismen** aufgenommenen ätherischen Energien im Ätherkörper kontrollieren. Weitere Zentren liegen als feinstofflichere Entsprechungen dieser ätherischen Chakren jeweils auf der Oberfläche des Astral-*** und Mentalkörpers****. Diese sind jedoch für die therapeutische Arbeit am Patienten ohne große Bedeutung. Ich werde deshalb nicht näher auf sie eingehen.

Von den ätherischen Zentren sind die sieben Hauptchakren auf der Körpervorderseite die bekanntesten. Außer diesen gibt es noch eine ganze Reihe von Nebenchakren. Die wichtigsten davon sind

---

* Vgl. Neue Therapien mit ätherischen Ölen und Edelsteinen, S. 17

** Vgl. S. 171

*** Vgl. Neue Therapien mit ätherischen Ölen und Edelsteinen, S. 19

**** Vgl. Neue Therapien mit ätherischen Ölen und Edelsteinen, S. 21

die Hand- und Fußchakren. Sie dienen ausschließlich der Aufnahme bzw. Abgabe von Energie und spielen bei energetischen Behandlungsmethoden wie z.B. Heilmagnetismus und Reiki eine große Rolle. An der Umsetzung und Verteilung der Energie im Ätherkörper sowie der von mir entdeckten Kontrollfunktion über die Meridiane der Akupunktur sind sie hingegen nicht beteiligt. Diese Aufgabe erfüllen einzig und allein die ätherischen Hauptchakren, die körperlich jeweils mit einer endokrinen Drüse verbunden sind und deren Funktion mit beeinflussen. Die nachfolgenden Ausführungen beziehen sich daher ausschließlich auf die Hauptchakren, die ich, wie in der einschlägigen Literatur üblich, nur noch als Chakren bezeichnen werde.

b) Größe der Chakren

Wie bereits erwähnt, liegen diese Chakren auf der Oberfläche des Ätherkörpers, der den physischen Körper in der Regel um ein bis zwei Zentimeter überragt. Ihre Dicke beträgt ungefähr zwei Millimeter, wobei ein wulstförmiger Rand das eigentliche Energiezentrum überragt. Die Größe der einzelnen Chakren ist unterschiedlich und schwankt von Person zu Person. In der einschlägigen Literatur wird sie bei Durchschnittsmenschen in der Regel mit fünf Zentimetern angegeben. Lediglich spirituell hochentwickelte Persönlichkeiten sollen angeblich größere Chakren mit bis zu zehn Zentimetern Durchmesser aufweisen. Messungen, die ich zusammen mit meinem Sohn an einer Reihe von Personen durchführte, ergaben vollkommen andere Werte. Die nachfolgende Tabelle zeigt die von uns ermittelten Resultate.

Durchschnittliche Größe der Chakren bei Erwachsenen:

Chakra VII	20–22 cm
Chakra VI	14–15 cm
Chakra V	14–16 cm

Chakra IV	19–20 cm
Chakra III	16–18 cm
Chakra II	17–19 cm
Chakra I	16–18 cm

c) Form der Chakren

Von oben sehen die Chakren aus wie sich drehende Blüten oder auch Räder. Ihre Drehrichtung ist unterschiedlich und nicht grundsätzlich festgelegt, wie manchmal irrtümlich behauptet wird. Weit verbreitet ist vor allem die merkwürdige Auffassung, die Chakren würden sich beim Mann genau anders herum drehen als bei der Frau, wobei sich außerdem die Drehrichtung von Chakra zu Chakra umkehren soll.

Auch wenn die Chakren ihrem Aussehen nach Blüten ähneln*, sind sie entgegen den üblichen Angaben nach unten hin völlig flach. Dies ist aufgrund ihrer Größe und ihres Abstands zum physischen Körper auch nicht anders möglich, da sich sonst der «Blütenkelch» innerhalb des physischen Körpers befinden müßte. Es durchdringt jedoch nur der innere Kanal den Ätherkörper; die Chakren selbst liegen auf dessen Oberfläche.

Die Abbildung auf der nächsten Seite zeigt den Längsschnitt eines Chakras: Außen befindet sich ein im Durchschnitt eineinhalb Zentimeter breiter, erhabener, wulstförmiger Rand, der an sich nicht mehr zum eigentlichen Chakra gehört. Er umschließt dieses nicht homogen, sondern in Form von symmetrischen Bögen, die von oben aussehen wie Blütenblätter. An diesen Rand schließt sich der Außenbereich an, der in der Draufsicht** vom etwas tieferliegenden Innenbereich, der in Analogie zum Rad oft als «Nabe» bezeichnet wird, deutlich abgegrenzt ist. In der Mitte des Chakras befin-

* Vgl. Tafel 2
** Vgl. Tafel 3–16

det sich eine ca. fünf Millimeter große, trichterförmige Öffnung, über die das Chakra durch den bereits angedeuteten inneren Kanal mit dem physischen Körper verbunden ist.

Die zweite Abbildung (unten auf dieser Seite) stellt den Energieverlauf bei der Farbresonanztestung dar: In der Chakramitte zeigt sich eine sehr starke Energieabstrahlung, die schlagartig abfällt, sobald der Bereich der Öffnung verlassen wird. Beim Übergang zu den «Blütenblättern» fällt die Energie noch einmal abrupt ab und verflacht sich dann allmählich. – Außen- und Innenbereich lassen sich mit dieser Methode nicht abgrenzen. Die Nuancen sind zu gering, um deutlich wahrgenommen zu werden.

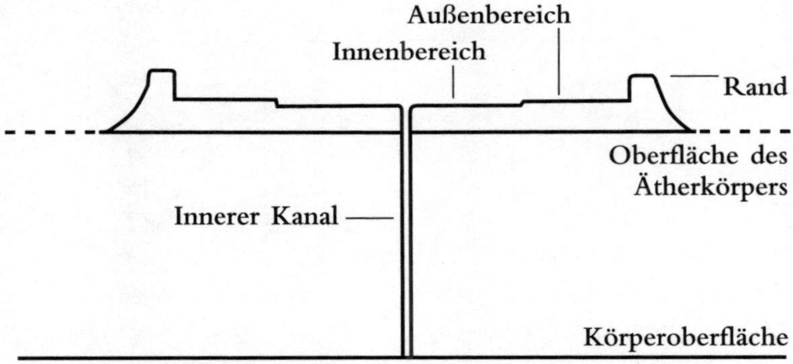

Längsschnitt eines Chakras

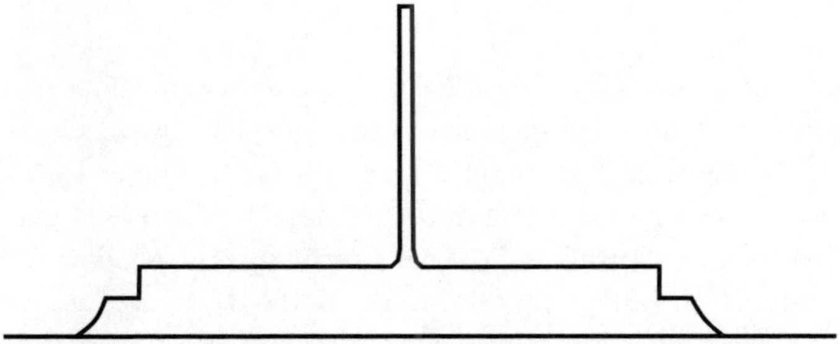

Energieverlauf bei der Farbresonanztestung

Jedes Chakra weist eine Aufteilung in gleichgroße Sektoren auf, deren Anzahl nicht identisch mit der Zahl der «Blütenblätter» ist. Entgegen den üblichen Darstellungen kommen auf einen Sektor zwei bis drei «Blütenblätter». Das erste Chakra weicht mit jeweils nur einem halben «Blütenblatt» je Sektor davon ab, ebenso das siebte, das nur im Innenbereich in Sektoren eingeteilt ist, die zum Außenbereich hin mit einer ähnlichen Struktur verbunden sind wie die «Blütenblätter» am Chakrarand.

Die nachfolgende Tabelle zeigt die Anzahl der Sektoren und «Blütenblätter» der einzelnen Energiezentren. Auch hier gibt es Abweichungen zu den klassischen Angaben.

Chakra	Anzahl der Sektoren	Anzahl der «Blütenblätter»
VII Außenbereich	–	48
Innenbereich	12	12
VI	8	24
V	6	18
IV	6	12
III	4	8
II	3	6
I	8	4

d) Farbe der Chakren

Die Farben der einzelnen Chakren sind unterschiedlich und von Person zu Person gänzlich anders. Sie spiegeln unsere Gedanken- und Gefühlswelt wider und zeigen den Grad unserer spirituellen Entwicklung. Im Gegensatz zur Aura verändern sich die Farben der Chakren nur allmählich. So zeigt sich beispielsweise akut aufflammender Zorn in der Aura sofort als dunkles Rot; im entsprechenden Chakra wird dieser erst sichtbar, wenn er sehr lange anhält oder gar zu einem Charakterzug der betreffenden Person wird.

Im allgemeinen ändern sich die Farben der Chakren von Tag zu Tag nur geringfügig. Mal ist eines der Chakren etwas dunkler, mal etwas heller, mal kommt die eine Farbe mehr zum Tragen, mal die andere. Die Grundfarben bleiben jedoch – wie der Grundcharakter eines Menschen – relativ konstant. Sie werden höchstens ab und zu von anderen Farben überlagert. Ihre Deutung ist im Vergleich zu den Aurafarben äußerst schwierig, da jedes Chakra für einen anderen Lebensaspekt steht und die Farben daher in jedem Chakra völlig anders zu interpretieren sind.

Die Abbildungen auf den Tafeln 3–16 zeigen Chakren von Personen in unserem Bekanntenkreis, wie sie von meinem Sohn gesehen werden. In einigen wenigen Fällen gelang es auch mir, das Chakra in einem meditativen Zustand in groben Umrissen als inneres Bild wahrzunehmen. Die dominierenden Farben konnte ich dabei teilweise «sehen», teils auch nur erahnen. Die von Manuel jeweils anschließend angefertigte Farbzeichnung deckte sich stets in der Grundstruktur damit, wies aber wesentlich mehr Details auf. Für die in diesem Buch abgebildeten Chakradarstellungen, die von Robert Wicki künstlerisch gestaltet wurden, dienten diese Zeichnungen als Vorlage.

Tafel 2 zeigt die Position der Hauptchakren des Menschen, wobei deren Größe etwa in Relation zur Körpergröße gehalten wurde. Mit Ausnahme des Herzchakras, das einen Finger breit nach links verschoben ist, liegen sie alle genau in der Mittelsenkrechten des Körpers. Wie auf der Abbildung und den detaillierten Darstellungen dieser Chakren auf den Tafeln 3–9 zu sehen ist, entsprechen deren Farben nicht der heute gängigen Vorstellung von der Projektion der sieben Regenbogenfarben auf die Chakren. Um zu veranschaulichen, wie individuell die Farben der einzelnen Chakren sind, wurde bei verschiedenen Personen jeweils das Herzchakra porträtiert.*

* Vgl. Tafel 6 und 10–13

e) Gestörte Chakren

Eine geringfügige Störung eines Chakras zeigt sich in Form eines zu kleinen* oder auch zu großen** Innenbereichs, ähnlich der Eng- bzw. Weitpupille beim Auge. Im Laufe der Zeit führt diese u.U. zu einer mehr oder weniger stark ausgeprägten Deformierung des Innenbereichrandes***, in seltenen Fällen auch des äußeren Chakrarandes. Letzterer verformt sich jedoch nur minimal. Schreitet die Störung weiter fort, lösen sich die «Blütenblätter» auf, und die einzelnen Sektoren lassen sich nicht mehr voneinander unterscheiden.****

In diesem Stadium kommt es zu einer Funktionseinschränkung – die mit diesem Chakra korrespondierenden Akupunkturmeridiane werden mit betroffen und sind energetisch als gestört diagnostizierbar. Häufig treten jetzt auch körperliche Beschwerden auf. Mit den heute gängigen medizinischen Untersuchungsmethoden sind zu diesem Zeitpunkt jedoch noch keinerlei Schäden auf der körperlichen Ebene nachweisbar. Die geklagten Symptome lassen sich aber mit Hilfe energetischer Verfahren wie z.B. der Akupunktur beseitigen. Tritt schließlich eine extreme Blockierung dieses Chakras ein, entstehen zusätzlich Verklebungen.***** Hin und wieder nimmt es auch eine unsymmetrische Form an, was aber meist nur schwach ausgeprägt ist. Das Chakra ist nun außerstande, seine Aufgaben zu erfüllen. Gängige Behandlungsmethoden erweisen sich in diesem Stadium vielfach als erfolglos, d.h., die geklagten Beschwerden sind therapierestistent.

---

* Vgl. Tafel 3 und 6

** Vgl. Tafel 8 und 12

*** Vgl. Tafel 13 und 16

**** Vgl. Tafel 14 und 16

***** Vgl. Tafel 14 und 15

3.
Aufgaben der Chakren

a) Die Chakren als Aufnahmeorgane für feinstoffliche Schwingungen

Chakren dienen in erster Linie dazu, dem menschlichen Körper feinstoffliche Schwingungen von außen zuzuführen. Sie erreichen dies durch Drehung um eine stabile Achse, die einen Sog erzeugt. Diese Achse, oft auch als Chakrastiel bezeichnet, birgt in sich auch den Kanal, durch den die aufgenommenen Schwingungen nach innen gelangen.

Chakren nehmen jeweils *die* Schwingungen auf, die sie aus der Ebene, in der sie sich befinden, empfangen können. Die sogenannten ätherischen Chakren, die auf der Oberfläche des Ätherkörpers liegen und in den Astralkörper hineinreichen, absorbieren Schwingungen aus der Astralebene. Sie leiten diese – zusammen mit den Schwingungen, die sie von ihren feinstofflicheren Pendants erhalten – ins Körperinnere weiter. Die auf der Oberfläche des Astralkörpers liegenden Chakren absorbieren Schwingungen aus der Mentalsphäre, die auf dem Mentalkörper befindlichen aus einer noch feinstofflicheren Ebene, die in der esoterischen Literatur als Kausalsphäre bezeichnet wird.

Die von den Chakren aufgenommenen Schwingungen werden

zum Aufbau von Gefühlen, Gedanken und inneren Prozessen benötigt, die mit unserer spirituellen Entwicklung zusammenhängen. Was sich dabei jedoch letztlich abspielt, entzieht sich unserem Verständnisvermögen. Zusammenfassend läßt sich sagen, daß die Aufgabe der Chakren im wesentlichen darin besteht, das Baumaterial für die seelischen Vorgänge zu liefern.

Energien aus der Ätherebene, die wir zur Erhaltung unseres *physischen Körpers* benötigen, werden über die Meridiane der Akupunktur aufgenommen, nicht über die Chakren, wie vielfach behauptet wird. Diese Form der Energie – in der indisch orientierten Literatur als Prana bezeichnet – ist noch stark an die Materie gebunden und kann nur schwerlich Wände, Kleidung und Haut durchdringen. Wir beziehen sie entweder in Verbindung mit Sauerstoff über die Lungen oder zusammen mit unserer Nahrung über den Verdauungstrakt.

Im Körper ist diese Form der Energie offensichtlich an Elektrizität gebunden, da sich ihre Intensität mit Hilfe von Hautwiderstandsmessungen an Akupunkturpunkten indirekt bestimmen oder durch Fotografieren des Hautpotentials (Kirlianfotografie) indirekt sichtbar machen läßt. Ihr direkter Nachweis mit Hilfe technischer Apparaturen ist bislang noch nicht gelungen.

Es ist zwar möglich, Chakren mit Hilfe spezieller Atemtechniken mit Pranaenergie aufzuladen, um sie dadurch in ihrer Funktion anzuregen. Daraus läßt sich jedoch nicht die Schlußfolgerung ziehen, bei der über die Chakren aufgenommenen Energie handle es sich um Prana. Würde dies zutreffen, könnten wir getrost auf den Aufenthalt in frischer Luft verzichten. Ebenso wäre Frischkost vollkommen überflüssig, da denaturierte Nahrung mit Vitaminzusätzen den gleichen Zweck erfüllen müßte. Sämtliches Prana, das wir benötigen, käme in diesem Fall durch die Mauern unserer Häuser und unsere Kleidung hindurch direkt in unsere Chakren.

Verschiedentlich wird behauptet, wir würden ständig über die Chakren die Schwingungen anderer aufnehmen. Dabei sei es auch möglich, Negatives von anderen Menschen zu übernehmen, was man durch momentanes Unwohlsein wahrnehmen könne. Es wird empfohlen, in solchen Situationen innerlich zu erspüren, welches Chakra jeweils betroffen sei, und dieses mittels gedanklicher Vorstellung zu «schließen», um sich vor dem schädlichen Einfluß zu «schützen». Bei erneutem Zusammentreffen mit einer solchen Person soll man bereits vorher das entsprechende Chakra prophylaktisch «schließen».

Wie schon erwähnt, nehmen wir über die Chakren das Baumaterial für unsere Gefühle und Gedanken aus unserer feinstofflichen Umgebung auf. Dieses können wir zwar infolge Schwingungsähnlichkeit mit anderen Personen teilen oder gar mit diesen austauschen, indem wir die Schwingungen aufnehmen, die diese nicht verarbeiten können und über die Austrittspunkte wieder an die Umgebung abgeben.* Die Übernahme negativer Energien anderer erfolgt gelegentlich über undichte Stellen in der Aura**, meist jedoch aufgrund einer gestörten Schutzfunktion der Aura. Ebenso ist es möglich, daß uns auf diese Weise Energie abgezogen wird. Wie ich bereits mehrfach in meinen früheren Veröffentlichungen dargelegt habe, liegen die Gründe hierfür in genau definierten negativen Gemütszuständen der Betroffenen selbst.[126] Da mir die Kenntnis der entsprechenden Blütenkonzepte sehr wichtig erscheint, insbesondere für Therapeuten, die aufgrund ihrer Tätigkeit am häufigsten von einem unangenehmen Energieaustausch mit ihren Patienten betroffen sind, möchte ich diese im folgenden kurz wiederholen:

Personen im Centaury-Zustand *geben* sehr leicht Energie an andere *ab* und fühlen sich in deren Gegenwart ohne jeden ersichtlichen Grund erschöpft. Umgekehrt *nehmen* Walnut-Typen negative Schwingungen anderer *auf* und *übernehmen* dadurch teilweise

---

* Vgl. S. 169

** Vielfach kommt es dabei zu körperlichen Beschwerden an der betroffenen Stelle. Anhand der Topographie der Bach-Blüten-Hautzonen läßt sich von dieser Zone ablesen, welches spezielle Problem das Loch in der Aura verursacht hat und welche Bach-Blüte für eine Behandlung dieser Störung in Frage kommt.

deren Krankheitssymptome. Menschen im Aspen-Zustand sind extrem empfänglich für *astrale Einflüsse*, die im Prinzip nur auf sensitive Weise diagnostizierbar sind. An den Begleiterscheinungen wie plötzlich auftretender innerlicher Unruhe, grundloser Angst, Gänsehaut, Schüttelfrost, Benommenheit, Übelkeit und Schwindel sind sie jedoch häufig zu erkennen. Meist fühlen sich die Betroffenen nur in ganz bestimmten Situationen oder an speziellen Orten ohne jeden äußeren Anlaß bedroht. Abzugrenzen sind diese Symptome von permanenten Aspen-Ängsten, die auch ohne die Übernahme astraler Einflüsse bestehen können. Übertragungen des Cherry-Plum-Typs äußern sich durch einen *hypnotischen Einfluß*, der von einer anderen Person auszugehen scheint und die Betroffenen auf seltsame Weise schläfrig werden oder auch in eine Art Trance-Zustand geraten läßt. Sie sind relativ selten und treten nur dann auf, wenn sich auch das Gegenüber in einem Cherry-Plum-Zustand befindet.

Aus dem oben Gesagten dürfte hinreichend ersichtlich sein, daß das Verschließen einzelner Chakren vor anderen letztendlich vollkommen sinnlos ist. Außerdem geht diese Vorgehensweise an den eigentlichen Ursachen der geschilderten Arten negativer Energieübertragungen vorbei, die stets bei den Betroffenen selbst zu suchen sind. Die Einstellung, die sich hinter dieser Empfehlung verbirgt, basiert auf der uralten Vorstellung des unschuldigen Opfers, das sich hilflos bösen Einflüssen ausgeliefert fühlt und nun versuchen muß, sich zu schützen.

Aus esoterischer Sicht ist der andere stets ein Spiegel unserer selbst, in dem wir unsere eigenen Schwächen erkennen können. Deshalb müßten wir im Grunde denen, die uns auslaugen oder mit unangenehmen Energien überschütten, dankbar sein, weil sie uns auf unsere Unzulänglichkeiten aufmerksam machen.

Von einigen Praktikern wird empfohlen, die einzelnen Chakren durch gedankliche Vorstellung zu «öffnen», mit Hilfe bestimmter Atemtechniken energetisch aufzuladen und anschließend wieder zu «schließen». Dies bewirke eine körperliche und psychische Reinigung und habe u.a. eine stärkere innere Ausgeglichenheit, größere Zufriedenheit und Gelassenheit, vermehrte Vitalität und ein beschleunigtes spirituelles Wachstum zur Folge.

Unseren Messungen zufolge läßt sich der Innenbereich eines Chakras von Geübten um maximal 15 Prozent vergrößern; Anfänger schaffen höchstens die Hälfte. Der Durchmesser des gesamten Chakras ändert sich dabei nur um 2–4 Prozent. Beim nachfolgenden Schließen ändern sich Innenbereich und Gesamtgröße im Vergleich zur Ausgangsposition um dieselben Werte.

Die Wirksamkeit der beschriebenen Übung sei damit nicht in Frage gestellt, zumindest was die körperlichen und psychischen Effekte betrifft. Daß die Chakren dabei aber in entscheidendem Maße ihre Form verändern und sich tatsächlich «öffnen», wird auch von anderen Autoren angezweifelt.

Über die Chakren gelangen auch feinstoffliche Schwingungen in den Körper, die dieser nicht verarbeiten kann. Diese werden über spezielle Austrittspunkte auf der Körperrückseite wieder ausgeschieden. Sie befinden sich wie die Chakren auf der Oberfläche des Ätherkörpers und haben einen Durchmesser von 4–5 Millimetern. Nach den Angaben meines Sohnes ist die Schwingungsabgabe an diesen Stellen von ihm als eine Art hauchfeine Nebelsäule wahrzunehmen. Eine Verbindung zwischen den einzelnen Chakren und deren Austrittspunkten in Form eines Meridians existiert nicht. Die auf der Körpervorderseite von den Chakren aufgenommenen Schwingungen treten jeweils über den Chakrastiel ein und strömen frei durch den Körper. Nicht benötigtes Schwingungsmaterial driftet zur Körperrückseite und sammelt sich an den entsprechenden Austrittspunkten, wo es anschließend ausgeschieden wird. Dieser Mechanismus ist bei allen Chakren derselbe. Spezielle Aufnahme- und Abgabechakren, wie gelegentlich behauptet wird, gibt es nicht.

Die Austrittspunkte und deren Funktion waren bislang unbekannt. Eine Autorin beschreibt jedoch Chakren auf der Körperrückseite.[127] Ihrer Meinung nach sind die Chakren II–VI polar und besitzen je ein Gegenstück. Die von ihr angegebene Lokalisation dieser «hinteren Chakren» stimmt in etwa mit den von mir

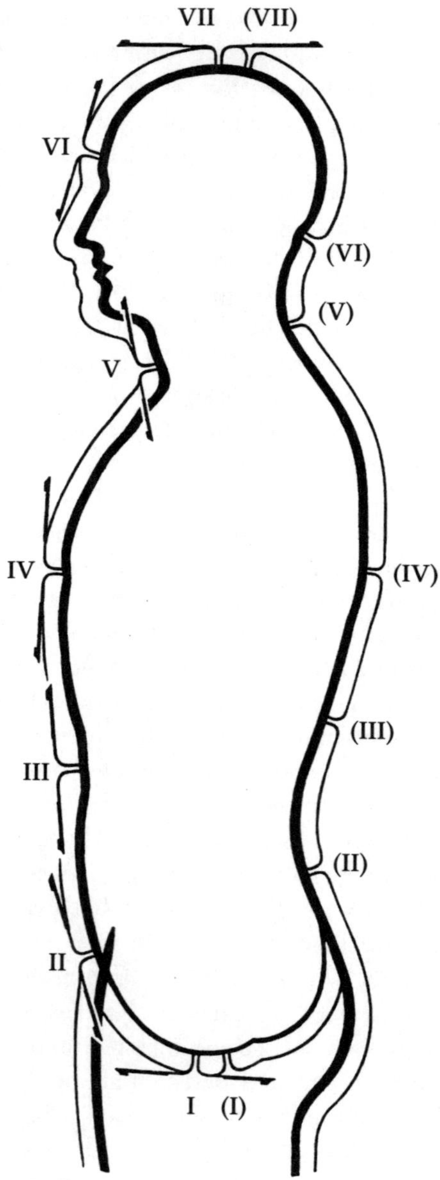

Lage der Chakren und ihrer Austrittspunkte

gefundenen Austrittspunkten überein. Das nach unten geöffnete erste Chakra und das nach oben gerichtete siebte betrachtet sie als Paar, da diese beiden Chakren, wie sie glaubt, keine Entsprechungen auf der Rückseite besitzen. Mit der Farbresonanzmethode lassen sich jedoch auch bei diesen Energiezentren Austrittspunkte orten. Sie liegen jeweils eineinhalb bzw. einen Finger breit hinter dem Chakrastiel und werden durch das Chakra verdeckt.

b) Die Chakren als übergeordnete Steuerungszentren, die den Kontrollzyklus der Akupunktur kontrollieren

Die ätherischen Chakren dienen nicht nur zur Aufnahme feinstofflicher Schwingungen von außen; sie üben, wie eingangs erwähnt, noch eine weitere Funktion aus, die bisher noch nicht bekannt war: Als übergeordnete Steuerungsorgane kontrollieren sie den Kontrollmechanismus für die in den Meridianen der Akupunktur zirkulierenden Energien.*

Die Abbildung auf der nächsten Seite zeigt diesen Kontrollmechanismus, der in der Akupunktur als Zyklus der Wandlungen bekannt ist, in leicht abgewandelter Form. Dreifacher Erwärmer- und Kreislauf-Sexus-Meridian wurden aus den genannten Gründen** vertauscht. In Richtung Feuer bzw. vom Feuer weg sind jeweils zwei Pfeile eingezeichnet, da zum Feuerelement zwei Meridianpaare gehören. Die sich aus den Beziehungen der Bach-Blütenschienen zueinander ergebende Yin-Yang-Kopplung***, die in Bezug zu der hier zu beschreibenden speziellen Funktion der Chakren steht, ist anhand der einzelnen Pfeile des Kontrollzyklus ersichtlich. Um die Verbindung zwischen den Yin-Meridianen in

* Vgl. Neue Therapien mit ätherischen Ölen und Edelsteinen, S. 17ff.

** Vgl. S. 25/26, sowie Neue Therapien mit Bach-Blüten 3, S. 185

*** Vgl. Neue Therapien mit Bach-Blüten 3, S. 175ff.

der inneren Hälfte der Elementkreise mit den jeweiligen Yang-Meridianen außen zu veranschaulichen, wurden die Pfeilanfänge in gestrichelter Form verlängert.

Jedem der sieben Pfeile ist ein Chakra zugeordnet, das die beiden sich gegenseitig kontrollierenden Meridiane beeinflußt. Das Chakra selbst auf der Vorderseite des Körpers steht jeweils in Beziehung zum Yin-Meridian, sein Austrittspunkt auf der Körperrückseite korrespondiert mit dem entsprechenden Yang-Meridian*, wie

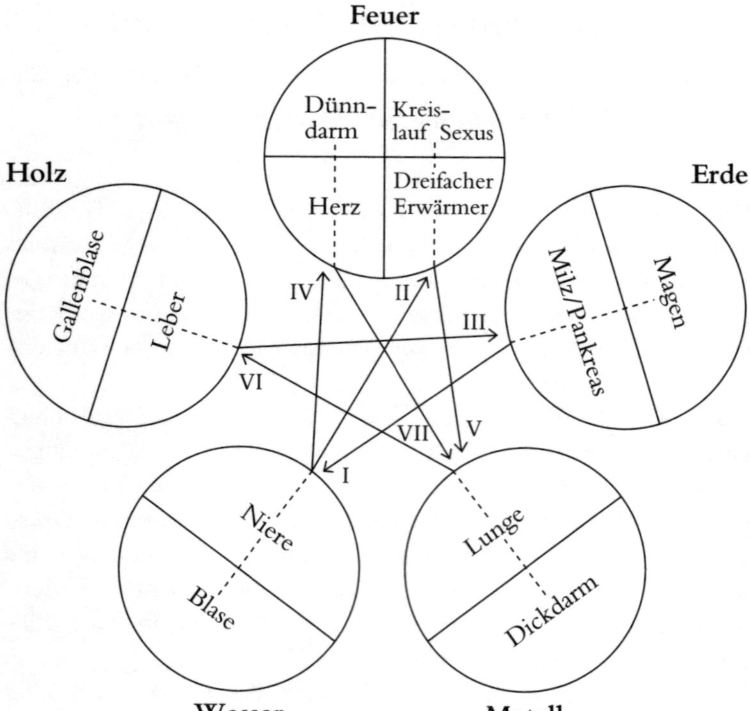

Die Chakren als übergeordnete Steuerungszentren, die den Kontrollzyklus der Akupunktur kontrollieren

* Vgl. Tabelle «Chakren und Akupunkturmeridiane» im Anhang.

sich u.a. mit der Farbresonanzmethode nachweisen läßt. Das heißt, jedes Chakra besitzt einen Yin- und einen Yang-Pol. Reine Yin- bzw. Yang-Chakren, wie oft behauptet wird, gibt es nicht.

Aufgrund dieser Verbindung zwischen Akupunkturmeridianen und Chakren läßt sich das Chakrasystem relativ einfach in die Akupunkturpraxis integrieren. Da die feinstofflichen Energiezentren den Meridianen übergeordnet sind, bedeuten gestörte Chakren Therapieblockaden für die Akupunktur. In therapieresistenten Fällen ist es daher sinnvoll, statt der Meridiane die Chakren zu behandeln. Deren Diagnose entfällt sogar, da die in Frage kommenden Energiezentren direkt aus dem klassischen Akupunkturbefund folgen.

Aus den Beziehungen der Chakren zu den Akupunkturmeridianen und den dazugehörigen Bach-Blütenschienen* lassen sich außerdem Zuordnungen zu Farben, Klängen und Metallen ableiten**, die ein breites Spektrum therapeutischer Möglichkeiten eröffnen. Zusätzlich ergibt sich aus der Einbeziehung der Chakren in diagnostische Überlegungen eine wesentliche Erleichterung für die Praxis der Neuen Therapien mit Bach-Blüten.

c) Chakren und spirituelle Entwicklung

Wie bereits angedeutet, haben Chakren auch Bezug zu unserer spirituellen Entwicklung. Hierbei kommen vor allem die Entsprechungen der einzelnen Energiezentren auf der Oberfläche des Astral- und Mentalkörpers zum Tragen.

Aus der Tatsache, daß die Chakren Sensitiven durch ihr Farbspiel den Charakter und Grad der Verwirklichung ihres Trägers offen-

* Die Äußeren Blüten gehören analog der Regeln der Akupunktur zu den Yin-Meridianen und korrespondieren daher mit den Chakren auf der Körpervorderseite.

** Vgl. die entsprechenden Tabellen im Anhang.

baren, wird leider oft gefolgert, man könne durch Manipulationen an den Chakren Einfluß darauf nehmen. Vielfach wird daher versucht, mit Hilfe okkulter Praktiken auf diese Weise die spirituelle Entwicklung zu beschleunigen. Dies ist sehr gefährlich, und man kann nicht deutlich genug davor warnen. Nicht immer werden die dadurch hervorgerufenen Bewußtseinsveränderungen auch psychisch verkraftet. In Einzelfällen kann es Veränderungen im Ablauf einiger Körperfunktionen oder auch im Stoffwechselsystem zur Folge haben, die von intensiven Reinigungsprozessen bis hin zu massiven Schilddrüsenentgleisungen gehen können. Die übliche Medizin steht dieserart herbeigeführten Gesundheitsstörungen vollkommen hilflos gegenüber, da sie weder deren Ursache kennt noch deren Folgen in irgendeiner Weise beeinflussen kann.

In einigen wenigen, dafür aber äußerst dramatischen Fällen erwacht auch die Kundalini, eine unbändige Kraft, die an der Basis der Wirbelsäule ruht und sich nur außerordentlich selten von alleine regt. In der Regel geschieht dies nach heftigen körperlichen oder emotionalen Erschütterungen, vereinzelt auch durch Drogen.

Yogis erwecken diese Kraft z. T. gezielt nach jahrzehntelanger Vorbereitung und oft erst am Ende ihres Lebens. Manche westlichen Erleuchtungsaspiranten glauben dagegen, dasselbe im Schnellverfahren innerhalb weniger Wochen bewerkstelligen zu können. Die Folgen sind fast immer verheerend. Ich persönlich kenne mehrere derartige Fälle. *Alle* Betroffenen mußten psychiatrische Hilfe in Anspruch nehmen; teilweise wurden sie sogar aufgrund ihres psychisch auffälligen Verhaltens in eine geschlossene psychiatrische Anstalt eingeliefert. Drei verstarben, vermutlich an den Folgen der vorzeitigen Kundalinierweckung. Sie wurden, ohne jede Vorerkrankung, tot in ihrer Wohnung aufgefunden.

Da die spirituellen Aspekte der Chakren bei der therapeutischen Arbeit am Patienten praktisch keine Rolle spielen, werde ich im folgenden auch nicht näher auf sie eingehen. Die in diesem Band vorgestellten Behandlungsmethoden beziehen sich ausschließlich auf die Aufgabe der Chakren als übergeordnete Steuerungszentren, die den Kontrollzyklus der Akupunktur kontrollieren. Ziel dieser

Verfahren ist es, Chakrablockaden aufzulösen, die die genannte Funktion beeinträchtigen. Mit ihrer Hilfe lassen sich oft auch in therapieresistenten Fällen Erfolge verbuchen, bei denen die bisherigen Methoden versagen. Da die Chakren den Akupunkturmeridianen übergeordnet sind und somit die gesamte energetische Regulation im Körper kontrollieren, ist dies verständlich.

4.
Beziehungen zwischen Chakren und Bach-Blüten-Hautzonen

Zu den Grundstrukturen unseres Körpers gehören u.a. spezielle Reflexzonen, die jeweils mit bestimmten Schwingungsebenen in Verbindung stehen. Ihre Blockierung kann Beschwerden verschiedenster Art hervorrufen. Obwohl sie weder in energetische Regulationsmechanismen noch in den Energiefluß in den Akupunkturmeridianen eingebunden sind, können sie diese jedoch empfindlich stören.

Die grobstofflichste Form sind körperliche Reflexzonen, die vorwiegend Projektionen von Organen auf die Haut darstellen. Am bekanntesten hiervon sind die Fußreflexzonen und die Headschen Zonen. Treten Schmerzen an einer bestimmten Körperstelle auf, so ist zunächst diagnostisch abzuklären, ob diese aus einer solchen Zone hervorgehen oder ob der in diesem Bereich verlaufende Akupunkturmeridian betroffen ist. Je nach Befund ist entweder eine lokale Therapie (z.B. mit Schröpfköpfen) oder eine Akupunkturbehandlung indiziert.

Wesentlich subtiler sind die Bach-Blüten-Hautzonen als Projektion negativer archetypischer Gemütssymptome auf den Körper. Doch auch hier besteht die Möglichkeit, daß die Ursache der Beschwerden an einer bestimmten Körperstelle nicht in der betroffenen Zone zu suchen ist, sondern in dem dort verlaufenden Akupunkturmeridian. In diesem Fall ist statt der lokalen Anwendung mit der in Frage kommenden Blüte die innerliche Einahme der ganzen Schiene* angezeigt, die zu dem jeweiligen Akupunkturmeridian gehört.

Eine andere Möglichkeit besteht darin, durch sensitive Testung der Aura** diejenige stumme Zone aufzusuchen, die mit dem gestörten Meridian korrespondiert.*** So kommen beispielsweise bei Schmerzen im Oberbauch im Bereich der Pine-Zone, die sich durch Umschläge oder Einreibungen mit Pine nicht bessern, stumme Zonen der Blüten Gentian, Willow oder Wild Rose in Frage, da diese mit dem im Schmerzgebiet verlaufenden Magen-Meridian zusammenhängen. Durch Anwendungen an der betreffenden Stelle lassen sich die geklagten Symptome in der Regel beseitigen.

In ähnlicher Weise besteht auch ein Zusammenhang zwischen Chakren und Bach-Blüten-Hautzonen. Ist eine Zone gestört, in der sich der innere Kanal eines Chakras (im Chakrastiel) oder ein Chakra-Austrittspunkt befindet, so ist auch die Funktion des betroffenen Energiezentrums beeinträchtigt. Ein Cherry-Plum-Zustand kann sich daher z.B. auch auf das erste Chakra auswirken, obwohl er eigentlich zum zweiten Chakra gehört. Letzteres ist hier zwar ebenfalls gestört; die dadurch verursachten körperliche Symptome werden jedoch über das erste Chakra ausgelöst. Dieses Phänomen führt leider häufig zu Fehldiagnosen, da allgemein angenommen wird, Beschwerden im Einflußbereich eines bestimmten Chakras hingen ausschließlich mit diesem zusammen. Das ist jedoch keineswegs der Fall, zumal sich die Chakren auch gegenseitig beeinflussen.****

---

* Diese Vorgehensweise ist nur in akuten Fällen ratsam. Außerdem sind hierbei die Regeln der Beziehungen der Schienen zueinander zu beachten. Vgl. S. 226ff. und Neue Therapien mit Bach-Blüten 3, S. 196/197

** Vgl. Neue Therapien mit Bach-Blüten 2, S. 45ff.

*** Vgl. Neue Therapien mit Bach-Blüten 3, S. 205ff.

**** Vgl. S. 211

Bei einer gezielten Chakratherapie mit Farben, Klängen oder Metallen ist stets das *ursächlich* gestörte Chakra – in dem angeführten Beispiel das zweite – zu behandeln. Außerdem sind zusätzliche lokale Anwendungen auf der blockierten Zone mit der entsprechenden Bach-Blüte (oder dem dazugehörigen ätherischen Öl bzw. Edelstein) notwendig, um die Fehlinformationen aus dem «Gedächtnis» der Zellen an dieser Stelle zu löschen.

5.
Die sieben Hauptchakren

a) Chakra I

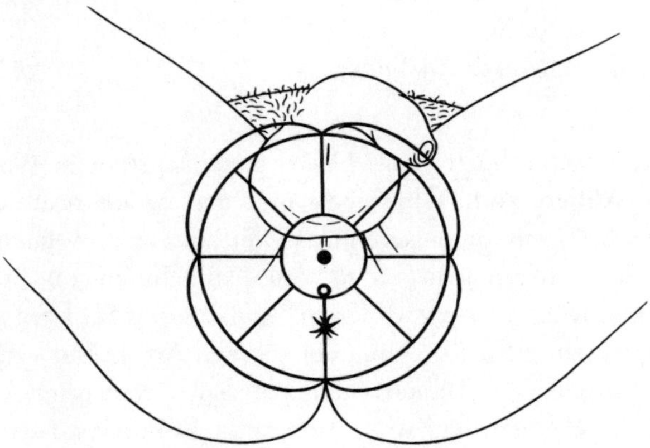

Position des Chakras und seines Austrittspunktes

Lokalisation des Chakrastiels (●):
- Mann: 1 1/2 Finger breit hinter dem Hodenansatz
- Frau: unterhalb der Harnröhrenöffnung

Hautzonen im Bereich des Chakrastiels:
- Mann: Cherry Plum
- Frau: Cherry Plum

Lokalisation des Austrittspunktes (○):
- Mann: 3 Finger breit hinter dem Hodenansatz
- Frau: Unterrand der Vagina

Hautzonen im Bereich des Austrittspunktes:
- Mann: Wild Rose
- Frau: Vine

Beziehungen:

Akupunktur:	Nieren- und Magen-Meridian
Bach-Blüten:	Mimulus-/Gentian-Schiene + Elm
Farben:	Orange/Türkis
Töne:	h/cis'
Metalle:	Molybdän/Silber

Das erste Chakra, auch *Wurzelchakra* genannt, steht in Beziehung zu dem **Willen zum Überleben** und den daraus resultierenden Grundbedürfnissen, die unsere physische Existenz ermöglichen und sicherstellen. Hierzu gehören sowohl Maßnahmen zur Erhaltung des eigenen Körpers wie z.B. Essen, Trinken und Schlafen als auch die Fortpflanzung zur Erhaltung der eigenen Art. Damit verbunden ist außerdem das Verlangen nach materieller Sicherheit und der Wunsch nach einem Zuhause, nach einer Familie und nach Kindern.

Energetisch kontrolliert das erste Chakra die Meridiane Magen und Nieren. Der *Magen*-Meridian gehört zum Element Erde und ist verantwortlich für die Verarbeitung und Aufschließung all dessen, was der Körper von außen in sich aufnimmt. Neben der Nahrungsaufnahme und Verdauung beinhaltet dies auch die Verarbeitung von Sinneseindrücken und deren intellektuelles Erfassen.

Der *Nieren*-Meridian ist als Yin-Meridian der Repräsentant des Wasser-Elements, weswegen das erste Chakra sehr stark von diesem Element* geprägt ist. Es beinhaltet all das, was mit Begriffen

* Dies bezieht sich auf das Wasser-Element der chinesischen Akupunkturlehre und ist nicht übertragbar auf die gängigen Elemente Feuer, Wasser, Luft und Erde, die auch in der Astrologie verwendet werden und ein vollkommen anderes Bezugssystem darstellen.

wie Stabilität, Sicherheit und Halt zu tun hat, und zwar sowohl im körperlichen als auch im seelischen und sogar im sozialen Bereich. Körperliche Ausdrucksform ist alles Feste und Harte, z.B. Zähne und Knochen. Letztere bilden Wirbelsäule und Skelett und vermitteln damit unseren Organen und Geweben Halt und Stabilität. In Form von Rippen und Schädel bieten sie ferner lebenswichtigen Organen wie z.B. Herz, Lunge und Gehirn Schutz. Seelische Entsprechungen sind Eigenschaften wie Festigkeit, Beständigkeit und Vertrauen.

Nach der Akupunkturlehre ist die Niere Sitz der Erbenergie, einer Urenergie, die beim Zeugungsakt durch Verschmelzung der Samenzelle mit der Eizelle entsteht und die Voraussetzung für die Aufnahme anderer Energien wie Nahrungsenergie und Atmungsenergie bildet. Sie kann später nicht mehr zugeführt werden; ihr Versiegen bedeutet unweigerlich den Tod.

Ein weiterer Aspekt des Wasser-Elements sind unbewußte, quasi instinkthafte Mechanismen, die die Leiblichkeit mit ihren Trieben und Empfindungen zur Verwirklichung drängen.[128] Dieses Triebhafte und Drängende äußert sich im ersten Chakra über die Nieren als Fortpflanzungstrieb. Neben der Zeugung selbst schließt dieser auch den rein körperlichen Aspekt der Sexualität ein. Deren emotionale Seite ist Ausdruck des zweiten Chakras. Das erste steht dagegen eher in Verbindung mit unseren ursprünglichsten Instinkten. Neben dem animalischen Geschlechtstrieb zählen hierzu auch Wut, Habgier, extreme Selbstsucht und die Angst, nicht genug zu bekommen bzw. etwas zu verlieren. Ausdrucksform dieses Energiezentrums sind neben der rein körperlichen Lust auch alle anderen Arten körperlicher Empfindung, so z.B. der Schmerz.

Auf der körperlichen Ebene ist das erste Chakra mit den **Nebennieren** verbunden. Diese bestehen jeweils aus zwei Teilen (Rinde und Mark). Das Nebennierenmark produziert die Hormone Adrenalin und Noradrenalin, die nur in besonderen Situationen in den Blutstrom abgegeben werden. Sie bewirken eine Freigabe von

Zucker, eine Erhöhung der Herzfrequenz und des Blutdrucks sowie eine Erweiterung der Atemwege, der Herzkranzgefäße und der Blutgefäße in der Muskulatur. Dies ermöglicht kurzfristig höchste körperliche Leistungsfähigkeit. Der Mechanismus ist ein Relikt aus der Frühgeschichte der Menschheit und diente in extremen Notsituationen durch Bereitstellung der Energie für eine blitzschnelle, kraftvolle Reaktion in Form von Kampf oder Flucht zur Sicherung des Überlebens. In Streßsituationen läuft diese Reaktion biochemisch heute noch bei uns ab wie bei unseren urzeitlichen Vorfahren. Allerdings wird der erhöhte Adrenalinspiegel in der Regel nicht mehr durch eine nachfolgende körperliche Anstrengung abgebaut, was mit einer der Auslöser der sog. Streßfolgen ist.

Die Nebennierenrinde bildet eine ganze Reihe von Hormonen. Die wichtigsten davon zählen zur Gruppe der Corticoide*, die den Wasser- und Mineralhaushalt sowie den Kohlenhydrat- und Fettstoffwechsel regulieren, aber auch Einfluß auf Blutdruck, Blutzucker, körpereigene Abwehr und zentrales Nervensystem (im Sinne von Erregbarkeitssteigerung) nehmen. Neben anderem dienen sie der Anpassung des Körpers an Belastungen unterschiedlicher Art. Genau diese Eigenschaft schreiben die alten Chinesen seit Jahrtausenden dem Funktionskreis Niere zu, zu dem auch die Nebennieren gehören.

Seelisch steht das erste Chakra in Beziehung zur Mimulus- und Gentian-Schiene und zur Äußeren Blüte Elm. Diese Blüten verkörpern folgende negative Gemütszustände:

a) **Mimulus-Schiene:** Überempfindlichkeit gegenüber äußeren Einflüssen und diverse konkret benennbare Ängste (Mimulus), emotionale Anklammerung an andere mit der Unfähigkeit, allein zu sein (Heather), und Traurigkeit ohne äußeren Anlaß (Mustard).

---

* Das bekannte Cortison, das in der Medizin vielfach eingesetzt und in naturheilkundlichem Sinne oft mißbraucht wird, ist eines dieser Corticoide. Es lähmt u.a. die Abwehrreaktion des Körpers und unterdrückt dadurch Entzündungen.

b) **Gentian-Schiene:** Fortwährendes Grübeln und Zweifeln, verbunden mit einer pessimistischen Grundeinstellung (Gentian), Verbitterung (Willow) und Resignation (Wild Rose).
c) **Äußere Blüte Elm:** Das Gefühl, den äußeren Anforderungen nicht mehr gewachsen zu sein.

Wie bereits im dritten Band der Neuen Therapien mit Bach-Blüten ausführlich dargestellt, manifestieren sich seelische Probleme meist nicht über den zur betroffenen Schiene gehörenden Akupunkturmeridian, sondern über den, der mit der gekoppelten Schiene korrespondiert.* Geschluckter Ärger und schwelender Haß (Willow) machen sich so oft über den Nieren-Meridian bemerkbar, der in Bezug zum Knochensystem steht. Aggressionen, die nach innen schlagen und damit gegen sich selbst gerichtet sind, führen dabei auch zu einer Autoaggression des Körpers, der sich auf diese Weise selbst zerstört. Die daraus resultierende Krankheit heißt Rheuma. Ängstliche Menschen (Mimulus), die dazu noch überbesorgt um die eigene Gesundheit sind (Heather), leiden häufig unter einem überempfindlichen Magen und können daher eine ganze Reihe von Speisen nicht mehr vertragen.

Im Bereich des ersten Chakras befindet sich der Pubococcygeus-Muskel, der Anus, Harnröhre und die im Körperinnern liegenden Teile der Geschlechtsorgane umschließt. Funktionelle Störungen dieses Muskels, die sich in Form von Ausscheidungsstörungen, Harninkontinenz oder sexuellen Schwierigkeiten äußern[129], stehen meist nicht mit dem ersten Chakra in Verbindung, sondern – über die dort befindliche Cherry-Plum-Zone – mit dem zweiten. Ursache der geklagten Beschwerden ist gewöhnlich die Unfähigkeit loszulassen. Daneben können auch Machtgelüste bei der Frau (Vine) und Resignation beim Mann (Wild Rose) über die jeweilige Hautzone im Bereich des Austrittspunktes zu Störungen des ersten Chakras führen.

---

* Vgl. Neue Therapien mit Bach-Blüten 3, S. 183ff.

Das erste Chakra steht auch in Beziehung zu Süchten. In Phasen extremer Verbitterung (Willow) und gleichzeitiger Resignation (Wild Rose) entsteht bei den Betroffenen vielfach ein beinahe übermächtiges Verlangen, alles Belastende zu vergessen. Daraus entwickelt sich bei manchen der unwiderstehliche Drang nach einem alles betäubenden Dämmerzustand: Die einen versuchen, ihren Kummer im Alkohol zu ertränken, andere schlucken stark dämpfende Tabletten. Diese Art der Sucht zeigt einen überaus destruktiven Charakter.

Ein anderes Suchtverhalten ist in der Persönlichkeitsstrukur des Heather-Typus begründet. Aus einer permanenten emotionalen Bedürftigkeit heraus bricht des öfteren ein *plötzliches* Verlangen hervor, das sofortige Befriedigung sucht, ohne Rücksicht auf etwaige Folgen. Die jeweiligen Objekte der Begierde können dabei völlig banal sein. Bei Kindern läßt sich das in diesen Momenten extrem ichbezogene Verhalten deutlich beobachten: Mal sind sie versessen auf ein bestimmtes Spielzeug, ein andermal auf ein Stück Schokolade, ein Eis, eine Portion Pommes frites, zuweilen auch nur auf eine heftige Umarmung durch die Mutter. Wird dem Begehren nicht umgehend nachgegeben, führt das zu einem gewaltigen Aufstand.

Bei Erwachsenen äußert sich das Verlangen nach sofortiger Lustbefriedigung oftmals oral: Analog zum Schnuller in der Kindheit wird jetzt an der Zigarette gesaugt.* Allerdings ist an dieser Stelle anzumerken, daß es sich hierbei nicht immer um einen Heather-Zustand handeln muß – es gibt auch eine ganze Reihe anderer Beweggründe fürs Rauchen. Typisch für Heather ist jedoch, wenn es der Betroffene *plötzlich* nicht mehr ohne Zigarette aushält und aus einer Rauchverbotszone geradezu flüchtet oder gar notgedrungen auf der Toilette raucht. Aus dem Drang heraus, alles an sich zu reißen, leben diese Menschen oft auch energetisch auf Kosten anderer. In der Regel ist ihnen dies nicht bewußt, während andere sich durch ihre Gegenwart ausgelaugt fühlen.

---

* Vgl. die Indikationen von Malachit, der Entsprechung der Bach-Blüte Heather, Neue Therapien mit ätherischen Ölen und Edelsteinen, S. 231

b) Chakra II

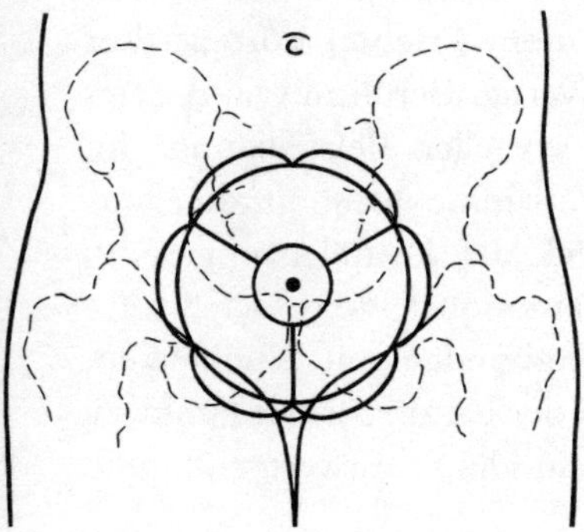

Position des Chakras

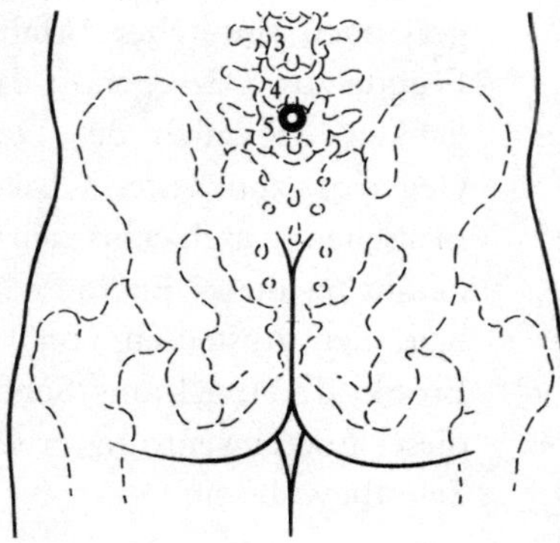

Position des Austrittspunktes

Lokalisation des Chakrastiels:	**Hautzone:**
$1/2$ Finger breit über dem oberen Schambeinrand	Rock Water*
Lokalisation des Austrittspunktes:	**Hautzone:**
In der Mitte zwischen 4. und 5. Lendenwirbel	Wild Oat

Beziehungen:

Akupunktur:	Dreifacher-Erwärmer- und Blasen-Meridian
Bach-Blüten:	Rock-Rose-/Centaury-Schiene + Star of Bethlehem und Larch
Farben:	Hellrosa/Tiefrot
Töne:	g/e
Metalle:	Zirkonium/Wismut

---

* Abweichend von den Angaben im zweiten Band der Neuen Therapien mit Bach-Blüten ist die Grenze zwischen den Zonen Vervain und Rock Water im Bereich des zweiten Chakras $1/2$ Finger breit nach rechts verschoben.

Das auch als *Sakral-* oder *Sexualchakra* bekannte zweite Chakra ist das «Zentrum ursprünglicher, ungefilterter Emotionen, sexueller Energien und schöpferischer Kräfte»[130]. Von ihm geht das **Verlangen nach sinnlicher Erfahrung und dem Erleben körperlicher Freude** aus. Dazu gehört das Bedürfnis nach Berührung und Zärtlichkeit wie auch der Drang nach sexueller Befriedigung. Im Gegensatz zum ersten Chakra, das in Zusammenhang mit dem animalischen Geschlechtstrieb zum Zweck der Fortpflanzung steht, beinhaltet dieses Energiezentrum die emotionale Seite der Sexualität, den Austausch von Gefühlen, verbunden mit Sinnlichkeit, Erotik, Kreativität und Schönheit. Aus der harmonischen Funktion dieses Energiezentrums erwächst ein gesundes Selbstwertgefühl und Selbstbewußtsein.

Das zweite Chakra ist vom Wasser* (Blasen-Meridian), vor allem aber vom Feuer* (Dreifacher-Erwärmer-Meridian) geprägt. Zum Einflußbereich des *Blasen*-Meridians gehört auf der körperlichen Ebene das gesamte Uro-Genitale, d.h. Blase und Geschlechtsorgane. Die Funktion der Blase spiegelt sehr deutlich den seelisch-geistigen Aspekt wider, der mit diesem Organ und dem damit verbundenen Meridian verknüpft ist und auch in der Sexualität eine wesentliche Rolle spielt: die Fähigkeit, loszulassen.

Der *Dreifache Erwärmer* ist ein rein feinstoffliches Organ, das in unserer westlichen Medizin unbekannt ist. Dieses ist energetisch im Magen lokalisiert, besitzt aber keine anatomische Entsprechung auf der körperlich-materiellen Ebene.** Sein Aufgabengebiet erstreckt sich auf den Säfteumlauf im gesamten Körper und – zusammen mit anderen Funktionskreisen – auf dessen Regulation. Wie der Name andeutet, besteht der Dreifache Erwärmer aus drei Teilen, die jeweils unterschiedliche Funktionsbereiche umfassen, nämlich Atmung, Verdauung und Urogenitalfunktion. Unter dem Einfluß des Mittleren Erwärmers wird die in den Magen gelangte Nahrung

---

* Gemeint ist hier das Wasser- bzw. Feuer-Element der chinesischen Akupunkturlehre.

** Vgl. Neue Therapien mit Bach-Blüten 3, S.122ff.

teilweise in Energie umgewandelt, wobei zwei verschiedenartige Produkte entstehen: Die reine Energie steigt nach oben und fließt vom Oberen Erwärmer aus weiter zu den Lungen, wo sie sich mit der Energie der Atemluft verbindet; die unreine Energie strömt nach unten und gelangt vom Unteren Erwärmer über Dick- und Dünndarm bereits teilweise gereinigt zu den Nieren, in denen sie noch weiter gereinigt wird. Von hier aus fließt sie zur Leber und bildet dort die Abwehrenergie. Nach neueren Forschungen im Bereich der Bioenergetischen Medizin steht der Dreifache Erwärmer in Beziehung zum gesamten Hormonsystem und spielt daher beim energetischen Regulationsmechanismus des Körpers eine zentrale Rolle.

Auf der körperlichen Ebene ist das zweite Chakra mit den **Keimdrüsen** gekoppelt. Auch die Prostata, deren Funktion eng mit der der Hoden verknüpft ist, gehört zu diesem Energiezentrum, obwohl sie genau im Bereich des ersten Chakras liegt und dessen Chakrastiel direkt über ihr ansetzt. Neben der Produktion von Eizellen bzw. Spermien bilden die Keimdrüsen auch geschlechtsspezifische Hormone, die die Entwicklung und Erhaltung der Geschlechtsorgane und der sekundären Geschlechtsmerkmale bewirken und die sexuelle Aktivität beeinflussen. Bei der Frau regeln sie außerdem den Menstruationszyklus und lenken hormonell die Schwangerschaft. Gesteuert wird die Bildung und Ausschüttung der Geschlechtshormone durch die Hypophyse.

Die seelischen Aspekte das zweiten Chakras lassen sich beschreiben durch die Rock-Rose- und Centaury-Schiene, die Äußere Blüte Star of Bethlehem sowie die Basisblüte Larch. Im einzelnen sind dies:

a) **Rock-Rose-Schiene:** Panik, Entsetzen, eventuell sogar Todesangst, ausgelöst durch ein schreckliches Erlebnis (Rock Rose), Verdrängung (Agrimony) und Furcht vor dem Verdrängten, die sich als Angst, die Kontrolle über sich selbst zu verlieren und durchzudrehen und auszuflippen, wie auch der Unfähigkeit, loszulassen, bemerkbar macht (Cherry Plum).

b) **Centaury-Schiene:** Starkes Verlangen nach Anerkennung und dadurch bedingtes überaus rücksichtsvolles, hilfsbereites Verhalten mit der Unfähigkeit, nein zu sagen (Centaury), aggressive Abgrenzung, verbunden mit äußerst negativen Emotionen wie Zorn, Neid, Eifersucht (Holly) und quälende Schuldgefühle (Pine).
c) **Äußere Blüte Star of Bethlehem:** Emotionale Verletzungen und seelische Schocks. Diese können sich sowohl auf das zweite als auch auf das vierte Chakra auswirken. Dies hängt von der Art des auslösenden Ereignisses und der den akuten seelischen Schmerz begleitenden Gefühlsregungen (Vervain- oder Rock-Rose-Schiene) ab. Die Folgen von Enttäuschungen nach zu hoch gesteckten Erwartungen führen beispielsweise überwiegend zu einer Störung des vierten Chakras, während die Auswirkungen von Unfällen und Verletzungen in der Regel das zweite blockieren.
d) **Basisblüte Larch:** Mangelndes Selbstvertrauen. Dieses kann sich sowohl auf das zweite als auch das vierte Chakra auswirken. Wie im dritten Band der Neuen Therapien mit Bach-Blüten aufgezeigt, steht die Basisblüte Larch in besonderer Beziehung zum Feuer, indem sie als Blüte des Urvertrauens den innersten Wesenskern dieses Elements in dessen geistigem Aspekt verkörpert.* Dementsprechend gehört sie auch zu dessen Hauptrepräsentanten, dem Herz- und dem Dreifachen-Erwärmer-Meridian.**

Zu Störungen des zweiten Chakras können aufgrund der Hautzonen im Bereich des Chakrastiels und des Austrittspunktes auch starre Prinzipien und strenge Regeln, denen das Leben unterworfen wird (Rock Water), führen, ebenso Ziellosigkeit (Wild Oat).

---

* Vgl. Neue Therapien mit Bach-Blüten 3, S.139/140

** Durch die bereits erwähnte Vertauschung von Kreislauf-Sexus- und Dreifacher-Erwärmer-Meridian wird letzterer zum zweiten Hauptrepräsentanten des Feuer-Elements. Vgl. S. 25/26 sowie Neue Therapien mit Bach-Blüten 3, S.185

Wie im ersten Chakra manifestieren sich auch hier seelische Probleme vorwiegend über den Akupunkturmeridian, der im Wandlungszyklus dem mit der betroffenen Schiene korrespondierenden Meridian gegenüberliegt. Die Weigerung, negative Gefühle zuzulassen (Agrimony), und die Unfähigkeit loszulassen (Cherry Plum), äußern sich hierbei körperlich überwiegend in Form von Entleerungsstörungen der Blase, Blasenentzündungen und Kopfschmerzen im Bereich des Blasenmeridians (meist dumpfe Schmerzen, die vom Nacken zur Stirn oder auch umgekehrt ziehen). Die Unfähigkeit, sich nach außen abzugrenzen (Centaury), zeigt sich dagegen oft über den Dreifachen-Erwärmer-Meridian als Erkältungsneigung, Überempfindlichkeit gegenüber feuchtkalten Witterungseinflüssen und rheumatische Beschwerden. Folgen von seelischen Verletzungen (Star of Bethlehem*) machen sich vielfach über den Blasen-Meridian bemerkbar. Die häufigsten Symptome sind hier Schmerzen im gesamten Rückenbereich, die von der Star-of-Bethlehem-Zone in der Mitte der Wirbelsäule** nach oben und unten ausstrahlen, Schmerzen im Hinterkopf und an der Schädelbasis und ein fehlendes sexuelles Verlangen.

Vom zweiten Chakra geht der überwiegende Teil der Süchte aus. Triebfeder ist hier die Verdrängung von Ängsten und Sorgen mittels Genußstoffen oder auch Suchtgiften (Agrimony). Um sich in Stimmung zu bringen und Probleme zu vergessen, wird – z.B. in Gesellschaft – Alkohol getrunken. Dabei wird kein Rausch angestrebt, sondern lediglich ein leicht angeheiterter Zustand, in dem man sich locker und unbeschwert fühlt und unkompliziert mit anderen plaudern kann. Die Neigung, sich emotional abhängig zu machen (Centaury), Willensschwäche (Centaury) und ein äußerst hoher innerlicher Druck, der schnell zu Zwangsverhalten führt (Cherry Plum), bewirken langfristig eine körperliche Abhängigkeit.

---

* Star of Bethlehem ist die Äußere Blüte des Feuer-Elements, zu dem der Meridian Dreifacher Erwärmer gehört.

** Vgl. Neue Therapien mit Bach-Blüten 2, S. 233

Zu dieser Art von Süchten gehört auch der Hang zu stimmungsaufhellenden Medikamenten oder Drogen sowie die Eß-*, Nasch- und Sexsucht. Sexuelle Abhängigkeit, ebenfalls Ausdruck eines gestörten zweiten Chakras, wird meist erst im Falle einer Trennung offensichtlich.

---

* Bulimie, eine krankhafte Form der Freßsucht, die sich in plötzlichen Freßanfällen äußert, bei denen in kürzester Zeit Unmengen in sich hineingestopft und anschließend absichtlich wieder erbrochen werden (Crab Apple), geht in der Regel vom dritten Chakra aus.

c) Chakra III

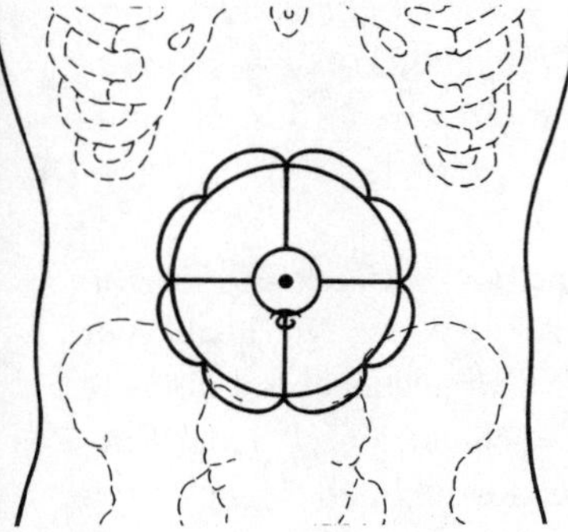

Position des Chakras

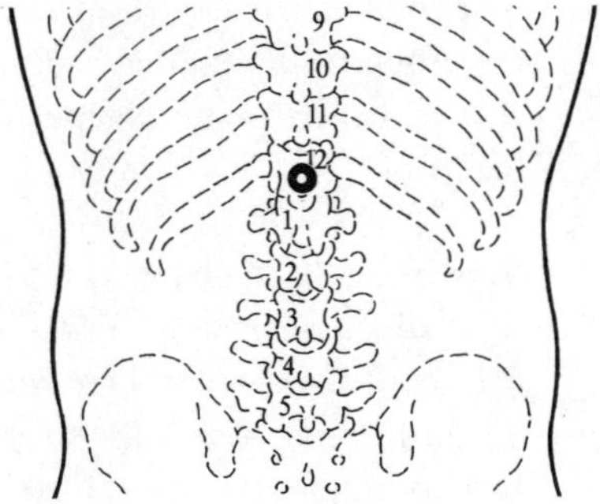

Position des Austrittspunktes

Lokalisation des Chakrastiels:
2 Finger breit oberhalb der Nabelmitte

Hautzone:
Larch

Lokalisation des Austrittspunktes:
Auf dem Dornfortsatz des 12. Brustwirbels

Hautzone:
Star of Bethlehem

Beziehungen:

Akupunktur:	Milz/Pankreas- und Gallenblasen-Meridian
Bach-Blüten:	Cerato/Scleranthus-Schiene + Gorse
Farben:	Dunkelrosa/Grün
Töne:	d/ais
Metalle:	Gold/Nickel

Das dritte Chakra, das auch als *Nabelchakra* bezeichnet wird, steht in Zusammenhang mit dem «Wunsch, die Situationen und andere zu beherrschen» und «die Welt den eigenen Wünschen gemäß zu manipulieren»[131]. Hier haben Leistungswille, Durchsetzungskraft und **Machtstreben** ebenso ihren Ursprung wie die Anpassung an gesellschaftliche Normen. Nach der Befriedigung der Grundbedürfnisse unter dem Einfluß des ersten und zweiten Chakras wendet sich das Bewußtsein beim dritten Chakra nach außen und sucht seinen Platz in der Welt, den es durch Kampf oder Angleichung zu erobern sucht. Gleichzeitig wird die Umgebung analysiert, woraus schließlich eine eigene Meinung und ein eigenes Urteil resultieren.

Das dritte Chakra ist vom Holz-Element (Gallenblasen-Meridian), vor allem aber vom Erd-Element (Milz/Pankreas-Meridian) der Akupunktur geprägt. Der Funktionskreis *Gallenblase* nimmt dort die Position eines «Ordnungsbeamten» ein, «der sich durch seine Entscheidungen und sein Urteilsvermögen auszeichnet»[132] und von dem die Entschlußfreudigkeit ausgeht.[133]

Der Funktionskreis *Milz/Pankreas* ist die wichtigste Instanz für die Verarbeitung von Fremdeinflüssen. Diese beinhaltet «Kontakt, Auseinandersetzung mit dem Gegenüber, Integration und Assimilation»[134]. Auf der rein körperlichen Ebene bezieht sich diese Funktion auf die Nahrungsaufnahme, die sich beschreiben läßt als Berühren, Betasten, Begreifen, Umfangen, Zerlegen und schließlich Erkennen, d.h. Schmecken. Im Psychischen entspricht dies dem Denken, Erkennen und Werten, d.h. der mentalen Fähigkeit.[135] Diese ermöglicht die Auseinandersetzung mit Welt und Umwelt, mit Mensch und Partner, mit jeder Art von Gegenüber und Objekt, also auch mit konkreten Fakten und abstrakten Problemen.

Interessanterweise ist der Milz/Pankreas-Meridian der einzige Meridian, dem auf der stofflichen Ebene zwei Organe zugeordnet sind. Von den Chakren her betrachtet ist dies logisch, da das dritte Chakra zwar mit der Bauchspeicheldrüse in Verbindung steht, gleichzeitig aber eng mit einem wichtigen Nebenchakra zusammenarbeitet, das mit der Milz verknüpft ist. Dieses sogenannte Milzchakra ist nur ca. fünf Zentimeter groß und hat, wie das Nabel-Chakra, acht Blütenblätter und vier Sektoren. Sein Chakrastiel befindet sich auf dem linken Oberbauch, sechs Finger breit seitlich der Mittellinie und einen Finger breit oberhalb der Grenze zwischen Pine- und Larch-Zone*. Der Austrittspunkt liegt genau in der Mitte zwischen dem zehnten und elften Brustwirbel.

In der einschlägigen Literatur wird dieses Nebenchakra oft als zweites Hauptchakra ausgegeben. Dieser Fehler geht auf ältere esoterische Schulen westlicher Prägung zurück, die es aufgrund der damaligen Verneinung der Sexualität offenbar für sinnvoll hielten, ein vorwiegend auf Sexualität ausgerichtetes Chakra wie das zweite zu verleugnen. Teilweise wurde aus Prüderie sogar das erste Chakra aus dem Genitalbereich weiter nach oben an die Position des zweiten verlegt. Leider wurde dieser Sachverhalt von einigen neueren Autoren mit dem indischen System vermischt, so daß heute die Sexualität mitunter fälschlicherweise auch dem ersten Chakra oder gar dem Milzchakra zugeordnet wird.

Die Milz, mit der dieses Nebenchakra auf der körperlichen Ebene gekoppelt ist, ist ein sehr wichtiges Abwehrorgan, das Antikörper und Lymphozyten produziert. Daneben baut sie überalterte rote Blutkörperchen ab und speichert Blut. Zu diesem Zweck kann sie sich bis auf das Doppelte vergrößern.

Die **Bauchspeicheldrüse**, körperliches Gegenstück des dritten Hauptchakras, ist eine exokrine** Drüse, die Enzyme für die Fett-, Eiweiß- und Kohlenhydratverdauung liefert. In sie eingestreut sind Gruppen endokriner Zellen (die sogenannten Pankreasinseln), in denen die Hormone Insulin und Glukagon produziert werden. Glukagon fördert die Aufspaltung von Glykogen (eines Speicherkohlenhydrats) zu Glucose («Blutzucker») und stimuliert deren Freisetzung. Insulin hemmt den Abbau von Glykogen, fördert dessen Speicherung in der Leber und verbessert die Aufnahme der Glu-

---

* Die Grenze zwischen beiden Zonen befindet sich in Höhe der Mitte der Strecke Nabel/unterer Brustbeinrand. Vgl. Neue Therapien mit Bach-Blüten 2, S. 183 bzw. 208.

** Exokrine Drüsen entleeren ihre Sekrete durch einen Ausführungsgang entweder an eine äußere Oberfläche (so z.B. die Schweißdrüsen) oder an eine innere (wie beispielsweise die Verdauungsdrüsen). Bei endokrinen Drüsen (Hormondrüsen) gelangt das von ihnen produzierte Sekret direkt in die Blutbahn.

kose in die Körperzellen. Dadurch senkt es nach einer kohlenhydratreichen Mahlzeit den Blutzuckerspiegel. Unterschreitet dieser einen bestimmten Wert, so bewirkt Glukagon, daß er wieder ansteigt. Insulinmangel führt zu der Krankheit Diabetes mellitus, im Volksmund auch Zuckerkrankheit genannt.

Seelisch steht das dritte Chakra in Beziehung zur Cerato- und Scleranthus-Schiene sowie der Äußeren Blüte Gorse. Die durch diese Blüten verkörperten negativen Gemütszustände sind:

a) **Cerato-Schiene:** mangelndes Vertrauen in die eigene Urteils- und Entscheidungskraft (Cerato), Herrschsucht, Dominanzstreben und Machthunger (Vine) und Sinn- und Ziellosigkeit (Wild Oat).
b) **Scleranthus-Schiene:** Unentschlossenheit mit der Unfähigkeit, sich zwischen zwei Alternativen zu entscheiden (Scleranthus), das Festhalten an starren Prinzipien und strengen Regeln, denen man das Leben unterwirft (Rock Water), und ein übertriebenes Reinheitsprinzip sowohl auf der körperlichen als auch der seelisch-geistigen Ebene (Crab Apple).
c) **Äußere Blüte Gorse:** Mutlosigkeit in scheinbar ausweglosen Situationen.

Aufgrund der Hautzonen im Bereich des Chakrastiels und des Austrittspunktes können auch mangelndes Selbstvertrauen (Larch) bzw. emotionale Verletzungen und seelische Schocks (Star of Bethlehem) zu Störungen dieses Chakras führen.

Die Unterdrückung des Lustprinzips (Rock Water) manifestiert sich körperlich meist nicht über den mit der Scleranthus-Schiene gekoppelten Gallenblasen-Meridian, sondern über den im Wandlungszyklus gegenüberliegenden Milz/Pankreas-Meridian. Dies läßt sich oftmals bei Diabetikern beobachten, die sehr häufig die für Rock Water typische starre Geisteshaltung zeigen.

d) Chakra IV

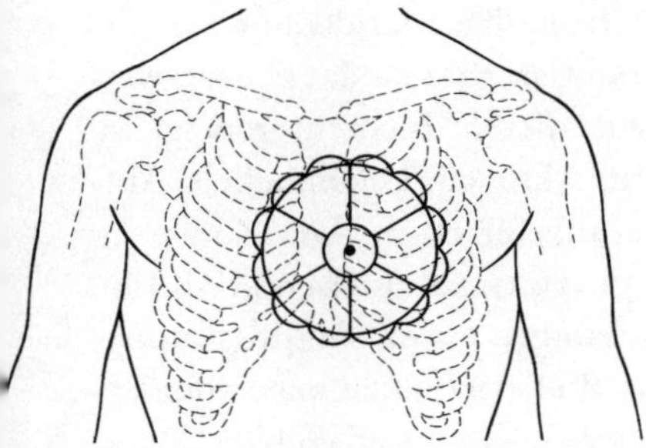

Position des Chakras

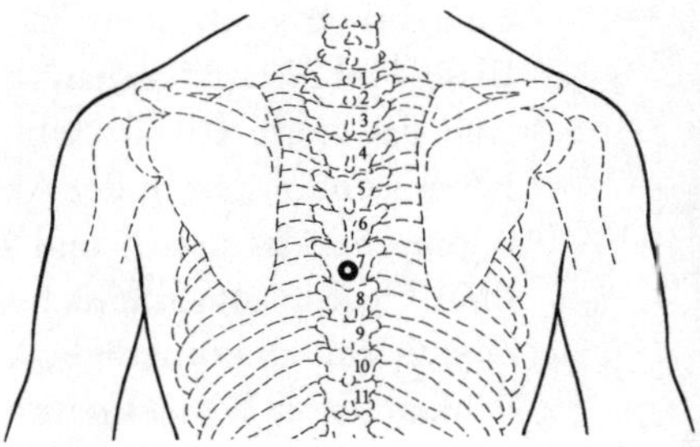

Position des Austrittspunktes

Lokalisation des Chakrastiels:
Im 4. Zwischenrippenraum, 1 Finger breit links der Mittelsenkrechten

Hautzone:
Centaury

Lokalisation des Austrittspunktes:
Auf dem Dornfortsatz des 7. Brustwirbels

Hautzone:
Mimulus

Beziehungen:

Akupunktur:	Herz- und Blasen-Meridian
Bach-Blüten:	Vervain-/Centaury-Schiene + Star of Bethlehem und Larch
Farben:	Orangerot/Tiefrot
Töne:	f/e
Metalle:	Kupfer/Wismut

Das auch als *Herzchakra* bekannte vierte Chakra steht in Beziehung zu bedingungsloser **Liebe**. Es beinhaltet die Qualitäten, die wir gewöhnlich mit dem Herzen in Verbindung bringen: Zuneigung, Wärme, Vertrauen, Offenheit, Mitgefühl, Hilfsbereitschaft und Verständnis. Aus ihm erwächst auch die Fähigkeit zu verzeihen.

Fröhlichkeit und eine tiefe Lebensfreude sind Ausdruck eines harmonischen, ausgeglichenen Herzzentrums.

Energetisch kontrolliert das vierte Chakra die Meridiane Herz und Blase. Der *Herz*-Meridian ist der Hauptrepräsentant des Feuers, weshalb das vierte Chakra sehr stark von diesem Element geprägt ist. Feuer symbolisiert in der Akupunktur Aktivität, Lebendigkeit, Aufregung für das Leben und Begeisterung für etwas. Die Zunge (in ihrer Eigenschaft als Sprechwerkzeug), das Gefäßsystem und das Blut dienen ihm als körperliche Voraussetzungen für die Ausdrucksmöglichkeit dieser Wesensmerkmale. Das Blut ermöglicht neben der Belebung durch den von ihm transportierten Sauerstoff auch die Kommunikation der einzelnen Körperzellen untereinander. Dies zeigt das in der Funktion der Sprache und des Blutkreislaufs gleichermaßen offenbar werdende Funktionsbild: Durchpulsen und Beleben, Kommunikation und Ausstrahlung, Verbundenheit und Einssein.[136]

In der chinesischen Allegorie gilt der Funktionskreis Herz als Fürst, «von dem der richtungsweisende Einfluß und die klare Einsicht ausgehen»[137]. Er bildet auch die Grundlage für alle aktiven Äußerungen der Persönlichkeit, so z. B. das selbstbewußte Auftreten, die Konzentration und Koordination des Bewußtseins und die Schlüssigkeit der Argumente.[138]

Der *Blasen*-Meridian gehört zum Element Wasser und beeinflußt, wie bereits beim zweiten Energiezentrum erwähnt, auf der körperlichen Ebene die Blase und die Geschlechtsorgane. Seelisch steht er in Zusammenhang mit der Fähigkeit loszulassen.

Auf der körperlichen Ebene ist das vierte Chakra mit dem **Herz** verbunden, das nach neuerer medizinischer Forschung ebenfalls ein endokrines Organ darstellt. Das von ihm gebildete Atriale Natriuretische Hormon, auch ANF (atrial natriuretic factor) oder Atriopeptin genannt, wurde 1984 auf dem Weltkongreß für Endokrinologie erstmals einer größeren Öffentlichkeit vorgestellt. Leider fand es in der Folgezeit weder größere Beachtung noch Eingang in die allgemeine medizinische Literatur, obwohl die Forschungsarbeit fieberhaft fortgesetzt wurde.

Seine Funktion ist bis heute noch nicht vollständig geklärt. Als gesichert gilt inzwischen aber die entwässernde, natriumausscheidende, gefäßerweiternde und blutdrucksenkende Wirkung.[139] Seine wesentliche Aufgabe scheint die Steuerung des Plasmavolumens zu sein. Steigt die Blutmenge infolge eines zu hohen Flüssigkeitsanteils an, so nimmt auch der Füllungsdruck des Herzens zu. Aufgrund der dadurch ausgelösten Dehnung des Vorhof- oder Kammergewebes wird das ANF freigesetzt. Dieses baut durch seine entwässernde Wirkung das erhöhte Plasmavolumen ab, wodurch das Herz entlastet wird.[140]

Die einschlägige Chakraliteratur nimmt bislang keinerlei Notiz von diesen neuen Forschungsergebnissen und postuliert nach wie vor die Thymusdrüse als hormonellen Bezugspunkt des Herzchakras. Es ist jedoch kaum denkbar, daß ein endokrines Organ, das ab der Pubertät schrumpft und dann nur noch die körpereigene Abwehr beeinflußt, mit einem der Hauptchakren verbunden ist. Außerdem befindet sich die Thymusdrüse anatomisch nicht im Bereich des vierten Chakras, sondern genau in der Mitte zwischen viertem und fünftem. Bei Erwachsenen reicht sie bis an den Rand beider Chakren – bei Kindern erstreckt sie sich weit in deren Bereich hinein und erreicht teilweise sogar die Chakramittelpunkte. Aufgrund der Beziehung der Chakren zu den Meridianen der Akupunktur ist eher ein Zusammenhang mit dem fünften Chakra als mit dem vierten zu vermuten. Das fünfte überwacht u. a. den Lungen-Meridian, der nach chinesischem Verständnis mit der Wehrenergie in Zusammenhang steht.

Die seelischen Aspekte des vierten Chakras werden verkörpert durch die Blüten der Vervain- und Centaury-Schiene, die Äußere Blüte Star of Bethlehem sowie die Basisblüte Larch. Diese stehen jeweils für:

a) **Vervain-Schiene:** Überbegeisterung mit der Neigung, andere durch glühende Reden von den eigenen Ideen und Vorstellungen zu überzeugen (Vervain), nervöse Erschöpfung infolge mentaler Überforderung (Hornbeam) und Denkzwang mit unaufhörlich kreisenden Gedanken (White Chestnut).

b) **Centaury-Schiene:** Starkes Verlangen nach Anerkennung und dadurch bedingtes überaus rücksichtsvolles, hilfsbereites Verhalten mit der Unfähigkeit, nein zu sagen (Centaury), aggressive Abgrenzung, verbunden mit äußerst negativen Emotionen wie Zorn, Neid, Eifersucht (Holly), und quälende Schuldgefühle (Pine).
c) **Äußere Blüte Star of Bethlehem:** emotionale Verletzungen und seelische Schocks
d) **Basisblüte Larch:** mangelndes Selbstvertrauen

Star of Bethlehem und Larch gehören, wie bereits erwähnt*, sowohl zum zweiten als auch zum vierten Chakra.

Zu Störungen dieses Energiezentrums können aufgrund der Mimulus-Zone im Bereich des Austrittspunktes auch konkrete Ängste sowie Überempfindlichkeit gegenüber äußeren Einflüssen führen.

Maßloser Übereifer, verbunden mit starker Verbissenheit und völlig überzogenen Selbstansprüchen (Vervain), manifestiert sich körperlich häufig über den Blasen-Meridian in Form von Blasenbeschwerden oder Stirnhöhlenentzündungen. Umgekehrt machen sich seelische Schwierigkeiten, die in ihrer Thematik mit der Centaury-Schiene zusammenhängen, vielfach über den Herz-Meridian bemerkbar, der im Wandlungszyklus dem mit der Centaury-Schiene gekoppelten Blasen-Meridian gegenüberliegt. So führt z.B. der Verlust von Anerkennung und Geliebtsein bei Centaury-Typen oftmals zu Herzproblemen.

---

* Vgl. S. 188

e) Chakra V

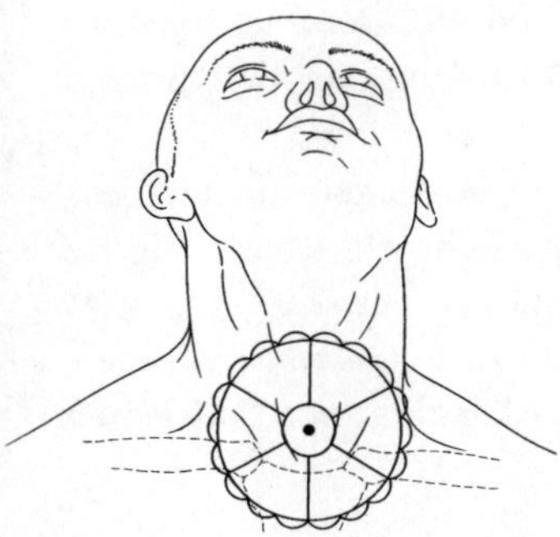

Position des Chakras

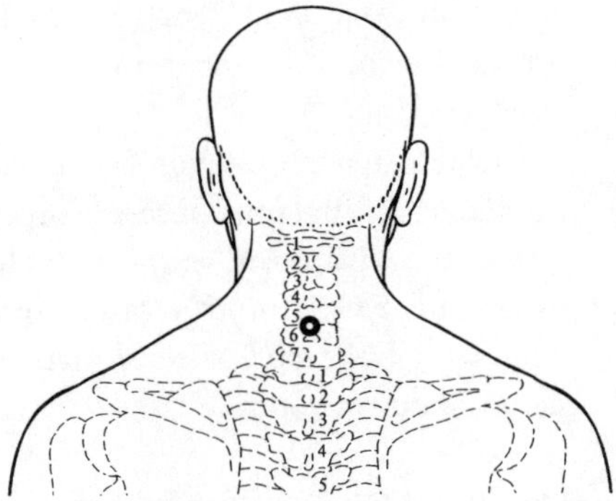

Position des Austrittspunktes

Lokalisation des Chakrastiels:
2 Finger breit oberhalb der Kehlgrube

Hautzone:
Water Violet

Lokalisation des Austrittspunktes:
In der Mitte zwischen 5. und 6. Halswirbel

Hautzone:
Water Violet

Beziehungen:

Akupunktur:	Lungen- und Kreislauf-Sexus-Meridian
Bach-Blüten:	Chicory-/Water-Violet-Schiene + Walnut
Farben:	Dunkelgelb/Gelbgrün
Töne:	fis/c'
Metalle:	Aluminium/Titan

Das fünfte Chakra, vielfach als *Halschakra* oder auch Kehlzentrum bezeichnet, ist das Zentrum der **Kommunikation** mit allen Ebenen der Existenz. Auf der sichtbaren Ebene kommunizieren wir mit der Außenwelt in Form von Sprache, Gestik und Mimik, aber auch über kreative Ausdrucksformen wie z.B. Musik, Malerei, Bildhauerei, Schauspielerei und Tanz.[141] «Über das Halschakra bringen wir alles zum Ausdruck, was in uns lebt, unser Lachen und unser Weinen, unsere Gefühle der Liebe und der Freude wie auch der Angst und der Wut, unsere Absichten und Wünsche und ebenso unsere Ideen, Einsichten und unsere Wahrnehmung der inneren Welten.»[142]

Auf der den physischen Sinnen nicht zugänglichen Ebene kommunizieren wir mit unserer Innenwelt, nehmen unsere eigene innere Stimme wahr, empfangen Inspirationen aus dem uns innewohnenden Geist und nehmen Informationen aus feineren Bereichen und höheren Dimensionen der Wirklichkeit auf und geben sie an andere weiter.[143]

Das fünfte Chakra ist vom Feuer- (Kreislauf-Sexus-Meridian), vor allem aber vom Metall-Element (Lungen-Meridian) der Akupunktur geprägt. Der Funktionskreis Lunge gilt dort als «Minister», der «für die rhythmische Ordnung des Lebens und aller Lebensäußerungen einer Persönlichkeit»[144] zuständig ist. Dies schließt auch jene physiologischen Rhythmen mit ein, «die von außerhalb auf die Persönlichkeit einwirken, zum Beispiel die tages- und jahreszeitlichen Rhythmen oder die Gewohnheiten der Lebensführung»[145].

Eine der wesentlichsten Aufgaben dieses «Ministers» ist die Weitergabe des für jedes Individuum typischen individuellen Rhythmus nach innen, d.h. an die übrigen Funktionskreise, vor allem aber auch nach außen. Dieser Rhythmus entsteht nach chinesischer Vorstellung aus der Verbindung von angeborener Anlage und sämtlichen Einflüssen und Reizen, die aus Kosmos und Gesellschaft permanent auf das Individuum einströmen.[146] Dem Funktionskreis Lunge kommt daher eine zentrale Bedeutung in der Kommunikation sowohl mit den verschiedenen Elementen des eigenen Körpers als auch mit der Umgebung zu.

Körperlich umfaßt er die Lungen (und damit Atmung und Atemrhythmus), die Nase sowie Körperbehaarung* und Haut. Deren Funktionsweise veranschaulicht die seelischen Eigenschaften, die

---

* Die Kopfhaare gehören zum Wasser-Element.

dieses Element charakterisieren: Durchlässigkeit, Austausch, Grenzüberschreitung und Umwandlung. Die Haut stellt die äußere Begrenzung unseres physischen Körpers dar und gilt als vorderste Verteidigungslinie gegenüber Fremdartigem, das die Eigenqualitäten bedrohen kann. Sie ist daher auch Sitz der Wehrenergie.[147] Die Atmung ist Ausdruck zweier gegensätzlicher Eigenschaften: Hereinlassen und Hergeben, Annehmen und Loslassen, Beeinflußtwerden und Beeinflussen.[148]

Der Funktionskreis *Kreislauf-Sexus*, auch Meister des Herzens genannt, übt in der Akupunktur die Funktion eines Ministers aus, welcher «die Anordnungen und die Freude des Herzens weiterleitet».[149] Er verkörpert das «ministerielle» Feuer, während der Funktionskreis Herz das «kaiserliche» Feuer repräsentiert. Vom Kreislauf-Sexus nehmen Freude und Lust ihren Ausgang, und zwar sowohl die Lust im allgemeinen als auch die sexuelle Lust im speziellen. Die Sexualität in ihrem körperlichen Ausdruck ist hingegen dem Wasser zugeordnet und gehört, wie bereits erwähnt, zum ersten und zweiten Chakra.

Nach den Vorstellungen der alten Chinesen steht der Kreislauf-Sexus auf der grobstofflichen Ebene mit dem Herzbeutel in Verbindung, den diese als aktiven Teil des Herzens ansahen, während sie dem Herz selbst lediglich eine Blutspeicherfunktion zuerkannten. Im Gegensatz dazu beinhaltet dieser Funktionskreis neben der Pumpenfunktion des Herzens, der Kontrolle der Blutverteilung im gesamten Körper und der Ernährung des Blutes auch gewisse hormonelle Funktionen, insbesondere im Bereich der Beckenorgane.

Auf der körperlichen Ebene ist das fünfte Chakra mit der **Schilddrüse** verbunden. Diese steuert über ihre Hormone Thyroxin und Trijodthyronin den Wärme- und Energiehaushalt des Menschen und damit auch das Tempo der Stoffwechselprozesse in den Körpergeweben und des Wachstums. Zur Bildung dieser Hormone wird Jod benötigt, das über die Nahrung aufgenommen wird.

Die Schilddrüse bestimmt unserer inneres Tempo. Überfunktion bewirkt Übererregtheit, Unruhe, Nervosität, beschleunigte Herzfrequenz und Gewichtsabnahme bis hin zur völligen Abmagerung. Unterfunktion bewirkt dagegen Trägheit, Müdigkeit, Antriebsarmut, Verlangsamung der Stoffwechselvorgänge, Verstopfung und Übergewicht.

Seelisch steht das fünfte Chakra in Zusammenhang mit der Chicory- und Water-Violet-Schiene und der Äußeren Blüte Walnut. Diese Blüten verkörpern die folgenden negativen Gemütszustände:

a) **Chicory-Schiene:** Übertriebene Fürsorglichkeit mit der Neigung, andere emotional zu erpressen (Chicory), Angst um andere (Red Chestnut) und Sehnsucht nach der Vergangenheit (Honeysuckle).
b) **Water-Violet-Schiene:** Überheblichkeit (Water Violet), Unfähigkeit, aus den eigenen Fehlern zu lernen (Chestnut Bud) und Intoleranz, häufig verbunden mit Kritiksucht (Beech).
c) **Äußere Blüte Walnut:** Verunsicherung und Beeinflußbarkeit in Neubeginn-Phasen und die Tendenz, negative Schwingungen anderer aufzunehmen und so deren Krankheitssymptome zu übernehmen.

Seelische Schwierigkeiten im Zusammenhang mit der Chicory-Schiene machen sich körperlich vielfach über den mit dieser Schiene gekoppelten Lungen-Meridian in Form von Atembeklemmungen bis hin zu asthmatischen Anfällen bemerkbar. Sie manifestieren sich häufig aber auch über den im Wandlungszyklus dem Lungen-Meridian gegenüberliegenden Kreislauf-Sexus-Meridian. Die Betroffenen leiden in diesem Fall meist unter massiven Herzbeschwerden.

Die intolerante Haltung vom Typus Beech zeigt sich dagegen oft über den Lungen-Meridian als Allergie (z.B. Heuschnupfen).

f) Chakra VI

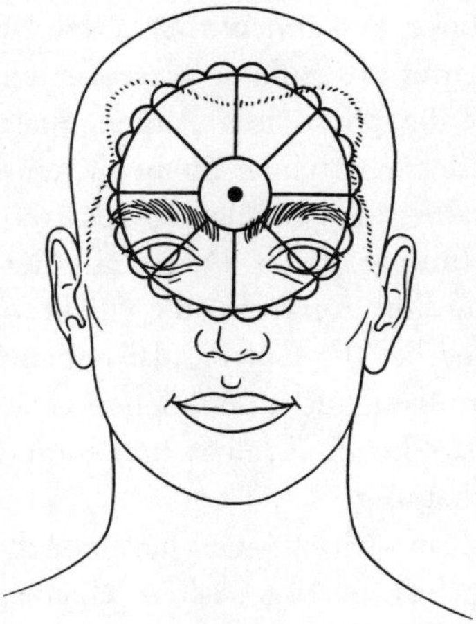

Position des Chakras

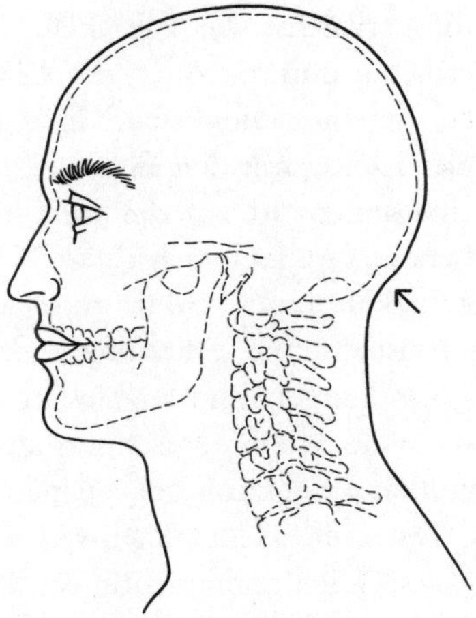

Position des Austrittspunktes

Lokalisation des Chakrastiels:
1 Finger breit oberhalb des Nasenwurzelansatzes

Hautzone:
Star of Bethlehem

Lokalisation des Austrittspunktes:
Oberhalb des Unterrandes der Hinterhauptschuppe in der Mitte der 1.Vertiefung

Hautzone:
Pine

Beziehungen:

Akupunktur:	Leber- und Dickdarm-Meridian
Bach-Blüten:	Impatiens-/Clematis-Schiene + Aspen
Farben:	Tiefblau/Helltürkis
Töne:	dis/gis
Metalle:	Zinn/Vanadium

Das sechste Chakra, das auch als *Stirnchakra* bezeichnet wird, ist das Zentrum der **Erfassung feinstofflicher Realitäten**, sei es über innere Bilder oder auch durch unmittelbare Wahrnehmung. Aus ihm erwächst die Fähigkeit, Eindrücke aus anderen Sphären zu erhalten und die Aura, die Chakren und unsichtbare Wesenheiten zu «sehen». Die Gabe, diese durch die physischen Augen quasi gleichzeitig mit den Eindrücken aus der materiellen Ebene «sehen» zu können, ist auf die früheste Kindheit beschränkt. In späteren Lebensjahren erwächst die Wahrnehmung dieser Dinge aus der Fähigkeit, innere Bilder zu schauen und die Aura oder die Chakren zu visualisieren. Allerdings besteht hierbei die Gefahr, daß eigene Vorstellungen und angelesene Meinungen mit hineinfließen. Das Resultat ist eine Mischung aus feinstofflicher Realität und unbewußter Projektion der eigenen Anschauung.

Das sechste Chakra wird häufig auch als «drittes Auge» bezeichnet, was sachlich nicht richtig ist. Das sog. «dritte Auge» ist ein eigenes Zentrum, das im Gegensatz zum sechsten Chakra innerhalb des Körpers liegt. Es befindet sich einen halben Finger breit unterhalb des Chakrastiels des sechsten Chakras in Höhe der Oberkante der Augenbrauen, direkt hinter dem Mittelpunkt der Mondlinien im Gesichtsbereich.* Meditation auf das «dritte Auge» entwickelt die Fähigkeit der inneren Wahrnehmung des eigenen Körpers und vermittelt so das Wissen um die eigenen inneren Zusammenhänge. Hierzu gehört auch die Kenntnis der emotionalen und mentalen Grundstrukturen, aus denen sich unsere Persönlichkeit zusammensetzt.

Das sechste Chakra ist überwiegend vom Holz- (Leber-Meridian), in geringerem Maße auch vom Metall-Element (Dickdarm-Meridian) geprägt. Der Funktionskreis *Leber* gilt in der chinesischen Medizin als «Heerführer» unter den Funktionskreisen, als Instanz, von der Pläne und Überlegungen ausgehen und in der Mut und Geistesgegenwart ihre Wurzeln haben. Er ist zugleich Sitz und Ursprung von Einbildungskraft, Phantasie, Initiative, Entscheidungsbereitschaft und Entscheidungsfreude.[150] Außerdem bildet er

---

* Vgl. Abbildung S. 84

den «Speicher für die dynamische Entfaltungsmöglichkeit einer Persönlichkeit, eine Art Akkumulator für Dynamik und Aktivität»[151], der jene Potenzen enthält und schafft, «die es einem Individuum gestatten, mit Enthusiasmus die eigenen Wünsche und Fähigkeiten nach außen zu projizieren, zu verwirklichen»[152]. Hierzu stehen ihm als körperliche Werkzeuge Muskeln und Sehnen zur Verfügung. Deren Funktionsweise veranschaulicht die typischen Eigenschaften dieses Funktionskreises, die in den Gegensatzpaaren: Anspannung – Entspannung, Aktivität – Ruhe, Initiative – Lustlosigkeit Ausdruck finden.

Der Funktionskreis *Dickdarm* hat die Rolle einer Fortleitungsinstanz inne, die die Verwandlung der Nahrung, die bereits in den Funktionskreisen Magen und Dünndarm eingeleitet worden ist, weiterführt.[153] Ferner obliegt ihm die Lagerung und Ausscheidung des Abfalls.

Auf der körperlichen Ebene ist das sechste Chakra mit der **Hypophyse** (Hirnanhangdrüse) verknüpft. Diese ist das zentrale Steuerungsorgan der hormonellen Regulation und beeinflußt sämtliche anderen endokrinen Organe, von denen sie wiederum Rückmeldungen über deren erfolgte Hormonausschüttung erhält. Die Hypophyse selbst untersteht dem Hypothalamus, durch dessen Releasing-Hormone die Freisetzung ihrer eigenen Hormone gesteuert wird.

Ihr Vorderlappen produziert STH, ein Wachstumshormon, TSH, das das Wachstum der Schilddrüse sowie die Bildung und Freisetzung deren Hormone steuert, ACTH, das auf die Nebennierenrinde wirkt und die Produktion deren Hormone anregt, Prolaktin, das die Brustentwicklung in der Pubertät fördert und die Milchbildung steuert, und die gonadotropen Hormone LH und FSH, die beide auf die Genitalorgane wirken. Der Hypophysen-Hinterlappen liefert Inkretin, das die Bildung von Insulin in der Bauchspeicheldrüse reguliert, ADH, das die Rückresorption von Wasser in der Niere fördert und so zur Konstanthaltung des osmotischen Drucks der Körperflüssigkeiten beiträgt, und Oxytocin, das die Kontraktion des Uterus bei den Geburtswehen steuert und das Herauspressen der durch die Einwirkung des Vorderlappenhormons Prolaktin gebildeten Milch fördert.

Die seelischen Aspekte des sechsten Chakras lassen sich beschreiben durch die Indikationen der Blüten der Impatiens- und Clematis-Schiene sowie der Äußeren Blüte Aspen. Dies sind im einzelnen:

a) **Impatiens-Schiene:** Ungeduld mit großer Rast- und Ruhelosigkeit (Impatiens), vollkommene physische und psychische Erschöpfung (Olive) und extreme Verkrampfung im körperlichen, emotionalen und mentalen Bereich (Oak).

b) **Clematis-Schiene:** Tagträumerei und geistige Abwesenheit (Clematis), kompensatorische Hektik, zusammen mit Ungeduld und großer Rast- und Ruhelosigkeit (Impatiens), und Melancholie und Traurigkeit ohne erkennbaren äußeren Anlaß (Mustard).

c) **Äußere Blüte Aspen:** übergroße Sensitivität, verbunden mit vagen, nicht benennbaren Ängsten.

Aufgrund der Hautzonen im Bereich des Chakrastiels und des Austrittspunktes können auch emotionale Verletzungen und seelische Schocks (Star of Bethlehem) wie auch Schuldgefühle und Selbstvorwürfe (Pine) zu Störungen des sechsten Chakras führen.

Probleme in Zusammenhang mit der Impatiens-Schiene machen sich körperlich meist über den Dickdarm-Meridian bemerkbar, der im Wandlungszyklus dem mit dieser Schiene gekoppelten Leber-Meridian gegenüberliegt. Die häufigsten Symptome sind Verkrampfungen im Darmbereich, Verstopfung, Durchfall sowie akute Infektionen der Nasenwege aufgrund von Abwehrschwäche.

Seelische Schwierigkeiten, die mit der Clematis-Schiene zusammenhängen, zeigen sich dagegen vorwiegend über den Leber-Meridian in Form von Schwächezuständen, die mit großer Kraftlosigkeit und einer mehr oder weniger stark ausgeprägten Erschlaffung der Muskulatur einhergehen. Am meisten betroffen hiervon ist in der Regel die Arm- und Beinmuskulatur.

g) Chakra VII

Position des Chakras und seines Austrittspunktes

Lokalisation des Chakrastiels:
Am höchsten Punkt des Schädels in der Verlängerung der Ohrspitzen

Hautzone:
Impatiens

Lokalisation des Austrittspunktes:
1 Finger breit hinter dem Chakrastiel

Hautzone:
Rock Water

Beziehungen:

Akupunktur:	Lungen- und Dünndarm-Meridian
Bach-Blüten:	Chicory-/Agrimony-Schiene + Walnut
Farben:	Dunkelgelb/Tiefviolett
Töne:	fis/a
Metalle:	Aluminium/Mangan

Das siebte Chakra, auch unter der Bezeichnung *Scheitelchakra* oder *Kronenchakra* bekannt, gilt als Sitz der **Erleuchtung** und Glückseligkeit. Es wird als der Ort angesehen, an dem das «individuelle Ich» zum «universellen Ich» wird, wo sich das menschliche Bewußtsein mit dem Göttlichen vereinigt und wir uns als eins mit unserem Selbst, mit Gott und mit dem gesamten Universum erleben. Aus dieser mystischen Erleuchtungserfahrung resultiert ein tiefer innerer Friede und das Empfinden einer tiefen Verbundenheit mit der ganzen Schöpfung.

Energetisch kontrolliert das siebte Chakra die Meridiane Lunge (Metall-Element) und Dünndarm (Feuer-Element). Der *Lungen-Meridian* wird sowohl vom fünften als auch vom siebten Chakra beeinflußt. Da dieser der Hauptrepräsentant des Metalls ist, finden sich auch Eigenschaften dieses Elements in den beiden Chakren verstärkt wieder. Wie bereits erwähnt, ist der Lungen-Meridian für die rhythmische Ordnung des Lebens zuständig. Hierin eingeschlossen sind u. a. tages- und jahreszeitliche Rhythmen und die Gewohnheiten der Lebensführung. Unregelmäßigkeiten dieser Rhythmen, wie sie z. B. durch Schichtarbeit oder überlanges Wachsein entstehen, aber auch durch zu ausgedehnten Schlaf über Wochen und Monate hinweg, führen zu einer Belastung dieses Meridians. Dasselbe gilt für eine unbewußte Fehlsteuerung der Atmung.[154]

Der Funktionskreis *Dünndarm* hat die Aufgabe, die aufgenommene Nahrung umzuwandeln und die groben Bestandteile von den feinen zu trennen, die klaren von den trüben und die festen von den flüssigen.[155] Seine Aufgabe als «Scheider des Reinen vom Unreinen» erstreckt sich auch auf den seelisch-geistigen Bereich, auf Gefühle, Ideen und Gedanken, die als entbehrlich angesehen werden.[156]

Auf der körperlichen Ebene ist das siebte Chakra mit der **Epiphyse** (Zirbeldrüse) verbunden. Die Funktion dieses hormonellen Organs ist noch nicht vollständig erforscht. Bislang ist *ein* Hormon bekannt, das eine bedeutende Rolle bei der Steuerung biologischer Rhythmen und Abläufe wie z. B. dem Tag- und Nachtrhythmus, den jahreszeitlichen Rhythmen, dem Einsetzen der Pubertät und sogar dem Alterungsprozeß[157] zu spielen scheint. Dieses Hormon, Melatonin, wird nur nachts gebildet; bei Lichteinwirkung stellt die Epiphyse die Produktion ein.[158] Man nimmt an, daß der auslösende Reiz nicht über die Haut, sondern über die Augen erfolgt.[159] Bei niederen Wirbeltieren ist die Zirbeldrüse selbst ein lichtempfindliches Organ, das aufgrund des durch die dünne Schädeldecke hindurchschimmernden Lichts oder über ein spezielles «drittes Auge» (Parietalauge) den Wechsel von hell und dunkel registriert.

Melatonin steuert das Schlaf-Wachverhalten und beeinflußt unsere Stimmung.[160] Mangel an Melatonin hat Schlaflosigkeit zur Folge, Überschuß dagegen extreme Müdigkeit, vielfach auch Depressionen. Menschen, die ständig im Halbdunkel leben und nicht genügend natürliches Licht bekommen, sind meist chronisch sediert wie nach Einnahme von Beruhigungsmitteln, da ihre Epiphyse ununterbrochen Melatonin produziert. Dasselbe gilt für solche, die morgens sehr früh zur Arbeit gehen, den ganzen Tag in einem fensterlosen Büro oder an einem entsprechenden Arbeitsplatz verbringen und abends erst spät nach Hause kommen.[161] Auch die sogenannte Winterdepression beruht nach neueren Erkenntnissen auf einer Überproduktion von Melatonin infolge relativen Mangels an Tageslicht während der Wintermonate.[162] Diese äußert sich häufig nicht nur in Form einer gedrückten Stimmung, sondern auch als Heißhunger nach Kohlenhydraten, weshalb die Betroffenen oft in dieser Zeitperiode stark zunehmen. Sie schlafen viel und fühlen sich trotzdem sehr müde. Ihr sexuelles Verlangen ist stark vermindert.* Außerdem werden sie gefühlsmäßig durch unbedeutende Dinge leicht überwältigt, meiden Familie und Freunde, haben teilweise Probleme mit dem Denken und der Konzentration und leiden u. U. unter Schmerzempfindlichkeit und häufigen Infektionen.[163] Amerikanischen Studien zufolge lassen sich diese Symptome in 90 Prozent der Fälle durch tägliche Lichtbestrahlungen von jeweils 30 Minuten Dauer mit einer Speziallampe, die das volle Sonnenspektrum abstrahlt, mildern.[164] Schwierigkeiten aufgrund der Verschiebung des biologischen

* Melatonin hemmt die Aktivität der Eierstöcke und Hoden.

Rhythmus bei Flügen in andere Zeitzonen (Jet Lag) bessern sich ebenfalls durch Lichtbestrahlungen. Oft hilft auch ein Spaziergang in der prallen Sonne direkt nach dem Verlassen des Flugzeugs.[165]

Niederfrequente elektromagnetische Felder, wie sie von elektrischen Geräten und Netzleitungen abgestrahlt werden, bewirken nachweislich eine signifikante Absenkung der nächtlichen Melatoninproduktion.[166] Diese Tatsache könnte möglicherweise die schlafbeeinträchtigende Wirkung von Elektrosmog im Schlafzimmer erklären, unter der manche Menschen leiden.

Seelisch steht das siebte Chakra in Zusammenhang mit der Chicory- und Agrimony-Schiene und der Äußeren Blüte Walnut. Diese Blüten verkörpern folgende negative Gemütszustände:

a) **Chicory-Schiene:** Übertriebene Fürsorglichkeit mit der Neigung, andere emotional zu erpressen (Chicory), Angst um andere (Red Chestnut) und Sehnsucht nach der Vergangenheit (Honeysuckle).

b) **Agrimony-Schiene:** Oberflächlichkeit mit der Tendenz, Unangenehmes zu verdrängen (Agrimony), Überbegeisterung mit der Neigung, andere durch glühende Reden von den eigenen Ideen und Vorstellungen zu überzeugen (Vervain), und tiefste Verzweiflung (Sweet Chestnut).

c) **Äußere Blüte Walnut:** Verunsicherung und Beeinflußbarkeit in Neubeginn-Phasen, Umgewöhnungsprobleme bei der Änderung des Tagesrhythmus (z.B. beim Wechsel von der Tagesschicht auf die Nachtschicht und umgekehrt), Umstellungsschwierigkeiten bei der Rückkehr aus einer anderen Zeit- oder Klimazone und generelle Probleme bei Klimaveränderungen, wie z.B. Wetterwechsel und Föhn.*

Ungeduld mit großer Rast- und Ruhelosigkeit (Impatiens) bzw. Festhalten an starren Prinzipien und strengen Regeln, denen man das Leben unterwirft (Rock Water), können über die jeweilige Hautzone im Bereich des Chakrastiels und des Austrittspunktes ebenfalls zu Störungen des siebten Chakras führen.

---

* Vgl. Neue Therapien mit Bach-Blüten 3, S. 103/104

6.
Beziehungen der Chakren zueinander

Ähnlich der Beziehungen der Bach-Blütenschienen zueinander, korrespondieren auch die Chakren untereinander und beeinflussen sich in ihrer Funktion gegenseitig. Im Falle einer Störung breitet sich diese auch auf das jeweils gekoppelte Chakra aus, was bei einer Therapie der Chakren mit zu berücksichtigen ist.* Für diese Beziehungen der Chakren zueinander gibt es in der einschlägigen Literatur zwei unterschiedliche Modelle:

Beim ersten stellt man sich die Verknüpfungen anhand eines siebenarmigen Leuchters vor, dessen Arme jeweils auf ein Chakra deuten. In dieser Vorstellung ist das Herz-Chakra die Mitte und mit allen anderen Energiezentren verbunden. Über die restlichen Leuchterarme sind jeweils die Chakren III + V, II + VI sowie I + VII miteinander verbunden.

Das zweite Modell verknüpft das erste der drei «niederen» Chakren** mit dem ersten der drei «höheren», das zweite mit dem zweiten usw. Das Scheitel-Chakra steht hier für sich allein, jenseits jeglicher Polarität.

---

* Vgl. S. 235

** Nach theosophischer Auffassung, die auch C.W. Leadbeater vertritt, gelten die drei unteren Chakren als «niedere, animalische Zentren», während die nächsten drei als «höhere Zentren» bezeichnet werden, da sie mit höherstehenden Eigenschaften verbunden sind, über die Tiere nicht verfügen.

Beide Modelle weisen eine interessante Parallele zur Akupunktur auf. Das Feuer-Element genießt dort eine Sonderstellung im Kreis der fünf Elemente, da es über alles Physische hinaus auch den geistigen Aspekt vertritt.* Darin ist das Feuer unwandelbar und vollkommen, während die anderen Elemente erst auf dem Wege der Erfüllung sind und daher in einem Wandlungsprozeß begriffen. Der Funktionskreis Herz als Hauptrepräsentant des Feuers gilt daher als geistige Mitte des Menschen. Der Herz-Meridian wird vom Herzchakra kontrolliert, während der mit ihm gekoppelte Dünndarm-Meridian mit dem Scheitelchakra in Verbindung steht.

Für eine therapeutische Arbeit an den Chakren steht jedoch deren *energetische* Aufgabe als übergeordnetes Steuerungsorgan im Vordergrund. Die obigen Ausführungen bezüglich des geistigen Aspekts des Feuer-Elements, der in Zusammenhang mit den spirituellen Gesichtspunkten der genannten Chakren steht, spielen hier keine Rolle und dürfen nicht für energetische Betrachtungen herangezogen werden, da es sich um zwei verschiedene Bezugsebenen handelt. Unter diesen Voraussetzungen erweist sich das zweite Modell der Beziehungen der Chakren zueinander als das zutreffendere. Allerdings muß hier das siebte Chakra mit einbezogen werden, da es – analog der Akupunkturmeridiane, die mit ihm in Verbindung stehen – ebenfalls der Wandlung unterliegt. Interessanterweise entsprechen dabei zusammengehörigen Chakren auch gekoppelte Akupunkturmeridiane. Die relevanten Meridianentsprechungen zeigt die nachfolgende Übersicht.

Beziehungen der Chakren zueinander	Gekoppelte Meridiane
Chakra IV/VII	Herz/Dünndarm
Chakra III/VI	Gallenblase/Leber
Chakra II/V	Dreifacher Erwärmer/Kreislauf-Sexus
Chakra I/IV	Niere/Blase

* Vgl. Neue Therapien mit Bach-Blüten 3, S. 107

Daß diese Beziehungen zutreffen, hat sich im Laufe der letzten Jahre in meiner Praxis bestätigt. Teilweise sind die daraus resultierenden Zusammenhänge zwischen der Lokalisation der Beschwerden und deren Ursache in der Naturheilkunde und z.T. auch in der Medizin seit langem bekannt. Hierzu gehören u.a. nierenbedingte Herzprobleme bzw. nierenbedingter Bluthochdruck (Beziehung Chakra I/IV), Unterleibsbeschwerden in Zusammenhang mit Schilddrüsenstörungen (Beziehung Chakra II/V)[167] sowie Unruhe, Konzentrationsstörungen und Verkrampfungen in der Stirn aufgrund von Verspannungen im Solarplexus (Beziehung Chakra III/VI). Verkrampfungen im Oberbauch haben meiner Erfahrung nach oft ihre Ursache im sechsten Chakra, insbesondere dann, wenn sie mit spastischer Verstopfung einhergehen (Beziehung Chakra III/VI). Sexuelle Unlust geht häufig vom fünften Chakra aus (Beziehung Chakra II/V) und nicht vom zweiten, wie meist angenommen wird. Benommenheit mit einem starken Dumpfheitsgefühl im Kopf wird in vielen Fällen über das vierte Chakra ausgelöst (Beziehung Chakra IV/VII).

Diese Beziehungen der Chakren zueinander sind vor allem dann hilfreich, wenn der Patient bereits unter körperlichen Beschwerden leidet. Sie erleichtern die Suche nach den seelischen Ursachen der geklagten Symptome. Zu therapieren ist – wie bereits in Zusammenhang mit den Bach-Blüten-Hautzonen erwähnt – stets das ursächlich gestörte Chakra.

Bei der Klangtherapie hat sich allerdings gezeigt, daß sich bei der Behandlung eines einzelnen Chakras die Symptome des mit diesem korrespondierenden verstärken. Es scheint, als ob das Problem von einem Chakra zum anderen verschoben würde. Ich bin deshalb dazu übergegangen, grundsätzlich beide Chakren in einer Sitzung zu behandeln.

Kapitel II

Diagnose der Chakren

1.
Vorbemerkung

Bei der Behandlung der Chakren mit den in diesem Band vorgestellten Methoden geht es im Gegensatz zu den üblichen Methoden, die lediglich eine energetische Aufladung dieser Energiezentren beabsichtigen, um die **gezielte Therapie von Chakrablockaden,** die für die Symptome des Patienten mitverantwortlich sind bzw. deren Therapieresistenz verursachen. Da bei körperlichen Schwierigkeiten außerdem nicht immer das Chakra für die geklagten Beschwerden verantwortlich ist, in dessen Einflußgebiet diese auftreten*, ist die Kenntnis des momentan am meisten blockierten Chakras unabdingbare Voraussetzung für jede Art von therapeutischer Einflußnahme. Um dieses zu finden, gibt es verschiedene Möglichkeiten mit völlig unterschiedlichen Ansätzen.

Mit Hilfe von sensitiven Diagnosemethoden lassen sich die feinstofflichen Energiezentren direkt beurteilen, während *objektive* Verfahren, wie z.B. die chinesische Pulsdiagnose, die Auswirkungen gestörter Chakren auf die entsprechenden Akupunkturmeridiane ermitteln und damit nur eine indirekte Beurteilung der Chakren ermöglichen. Die Resultate sind aber stets dieselben, weshalb es letztlich unerheblich ist, welches Verfahren angewandt wird.

---

* Vgl. Kap. Beziehungen der Chakren zueinander, S. 211 ff.

2.
Sensitive Diagnose

Eine relativ einfache und zuverlässige sensitive Diagnosemethode ist das mentale Erfühlen der Chakren. Hierbei wird eine mentale Energie auf das zu diagnostizierende Chakra projiziert und die anschließende Reaktion der Aura analysiert. Bei einem blockierten Chakra kommt es dabei zu demselben Resonanzeffekt, wie er sich beim Auflegen einer Bach-Blüten-Stockbottle, eines Fläschchens mit einem ätherischen Öl oder eines Edelsteins auf die richtige Hautzone zeigt.* Auch bei der Stimulation eines Akupunkturmeridians oder einer Mondlinie mit der passenden Farbe, dem richtigen Ton oder dem geeigneten Metall tritt dieser Effekt auf. An der Intensität der Energieabstrahlung der Aura läßt sich dann abschätzen, wie stark das jeweilige Chakra gestört ist.

Da es im Prinzip nur darum geht, das am meisten blockierte Energiezentrum herauszufinden, ist die praktische Durchführung wesentlich einfacher, als es im ersten Moment erscheint. Allerdings gehört einige Übung dazu, um die Abstrahlung der Aura klar und deutlich wahrzunehmen. Es empfiehlt sich daher, insbesondere für Therapeuten, die Methode auf entsprechenden Seminaren zu erlernen.**

---

* Vgl. Neue Therapien mit ätherischen Ölen und Edelsteinen, S. 23ff.

** Auskünfte über Seminare sind erhältlich bei: Internationales Zentrum für Neue Therapien, Postfach 1712, D-63407 Hanau.

Die Vorgehensweise ist verhältnismäßig leicht nachvollziehbar: Man tastet ein Chakra nach dem anderen in der Absicht ab zu spüren, ob es momentan gestört ist. Die *Absicht* ist wichtig, um sich mental auf das einzustimmen, was man überhaupt wahrnehmen möchte. Der genaue Vorgang ist vergleichbar mit dem Einstellen eines bestimmten Radiosenders. Praktisch gesehen denkt man nach einem kurzen Moment gedanklichen Innehaltens und Zur-Ruhe-Kommens intensiv an das erste Chakra und sagt sich dabei innerlich: «Ich möchte jetzt fühlen, ob dieses Chakra *im Augenblick* gestört ist.» Falls die Gedanken vom Energiezentrum leicht abschweifen, kann man noch den Namen des Patienten einfügen, um den Vorgang zusätzlich auf die gewünschte Person zu fixieren.

Die Formulierung «im Augenblick» ist wichtig, da es sonst passieren kann, daß man aus Versehen die tieferliegenden chronischen Blockaden des Patienten diagnostiziert, die für das momentane Problem nicht relevant sind und eigentlich nur durch einen erfahrenen Therapeuten behandelt werden sollten. Ich konnte auf Seminaren häufig beobachten, daß ein Großteil der Teilnehmer ohne diese Definierung automatisch chronische Schwierigkeiten der Chakren feststellte.

Die *Absicht* sollte grundsätzlich bei jedem einzelnen Chakra in Gedanken wiederholt werden. Nur sehr erfahrene Praktiker, denen es gelingt, beim gesamten Testvorgang voll konzentriert zu bleiben, können darauf verzichten. Bei der geringsten Ablenkung von außen oder geringfügigem gedanklichem Abschweifen müssen aber auch sie die Absicht neu formulieren.

Beim «Denken» an die einzelnen Chakren ist es nicht erforderlich, sich diese genau vorzustellen, möglichst noch detailgetreu mit der richtigen Anzahl der Blütenblätter. Es genügt, sich auf den Patienten einzustellen und konzentriert an das entsprechende Chakra zu denken. Allein dadurch stellen wir bereits eine energetische Verbindung her.

Daß dies funktioniert, beweist die Tatsache, daß viele intuitive und sensitive Menschen oft «spüren», wenn sich ein anderer intensiv in Gedanken mit ihnen beschäftigt. Dies liegt daran, daß wir alle ständig mit dem verbunden sind, womit wir uns gedanklich sehr stark befassen. Wir nehmen an dessen Schwingung teil und lassen uns z. T. auch davon beeinflussen, meist ohne daß uns das bewußt ist.

Dieses Phänomen können wir uns in der Chakradiagnose zunutze machen, indem wir unsere konzentrierte Aufmerksamkeit auf das zu überprüfende Energiezentrum lenken und dort eine Reaktion hervorrufen. Bei einem gestörten Chakra kommt es zu dem bereits erwähnten Resonanzeffekt. Dieser ist sehr deutlich als Energie wahrzunehmen, die vom Patienten ausgeht. Manche spüren auch schlagartig eine größere Wachheit, eine vermehrte geistige Klarheit oder haben das Gefühl, als ob alles plötzlich heller würde. Derartige Effekte treten in der Regel nur bei einem oder zwei Chakren auf.* Genau diese sind auch blockiert, wobei dasjenige, bei dem wir am meisten spüren, am stärksten gestört ist.

Fühlt man überhaupt nichts, so kann das u.a. an einer mentalen Blockade liegen, die darin besteht, daß man nicht wirklich an das glaubt, was man gerade tut, und so den Erfolg selbst vereitelt. Eine andere Ursache hierfür kann eine momentane schlechte geistige Verfassung sein mit der Unfähigkeit, sich voll zu konzentrieren. In beiden Fällen hilft oft ein einfacher Trick: Man stellt sich innerlich möglichst plastisch vor, wie man die Hand langsam ausstreckt und in das Chakra des anderen hineingreift, um es abzutasten. Durch diesen Vorgang wird meist genügend mentale Energie auf das Energiezentrum des Patienten projiziert, um dort den Resonanzeffekt auszulösen.

Die Energie zu spüren, die hierbei von der Aura abgestrahlt wird, ist reine Übungssache und läßt sich leider nicht näher mit Worten erläutern. Wer jedoch eine Farblampe besitzt, kann dies üben, indem er bei einer anderen Person Akupunkturpunkte mit den zugehörigen Farben bestrahlt und auf jede Wahrnehmung achtet, die sich bei ihm selbst dabei einstellt. Die Auswahl der Akupunk-

---

* Hochsensitive spüren z. T. noch bei weiteren Chakren minimale Reaktionen und können so auch geringfügige Fehlfunktionen diagnostizieren.

turpunkte ist dabei völlig unwichtig, da alle Punkte eines Meridians auf dieselbe Farbe reagieren. Aus praktischen Gründen empfehlen sich jedoch die Anfangs- und Endpunkte der Meridiane. Dabei ist aber zu beachten, daß zwei Meridianverläufe in der klassischen Akupunktur falsch angegeben sind.*

Manche Patienten merken genau, welches Chakra gerade bei ihnen abgetastet wird, und fühlen teilweise auch, welches reagiert. Andere spüren sogar die Energie, die der Therapeut auf sie projiziert. Sie haben dabei die Empfindung, wie eine Batterie aufgeladen zu werden. Einzelne nutzen allerdings die Gelegenheit – vielfach unbewußt –, um zusätzlich noch Energie abzuzapfen. Der Therapeut nimmt dies in der Regel in Form eines z. T. sehr heftigen Spannungs- oder Druckgefühls im Bereich der Schilddrüse wahr oder als äußerst unangenehmes Druckgefühl im gesamten Kopf, der wie bei einem Kopfstand bis fast zum Bersten gefüllt zu sein scheint. In solchen Fällen empfiehlt es sich, die Diagnose durchzuführen, während der Patient abgelenkt ist (z. B. wenn er sich gerade mit der Assistentin unterhält) und nicht auf feinstoffliche Empfindungen achtet.

Oft kommt es beim Patienten dabei auch zu körperlichen Reaktionen. So macht dieser beispielsweise häufig beim mentalen Kontaktieren des im Augenblick am meisten blockierten Chakras einen sehr tiefen, erleichterten Atemzug, als ob eine große Last von ihm abgefallen wäre. Diese Reaktion ist allerdings nur dann zu werten, wenn sie spontan und ohne Zutun des Betreffenden geschieht. Man sollte es daher tunlichst unterlassen, ihn zuvor über mögliche Reaktionen aufzuklären, um eine entsprechende Erwartungshaltung von vornherein zu vermeiden. Im übrigen zählt für die diagnostische Beurteilung ausschließlich das Resonanzverhalten der Aura. Für Anfänger, die sich mit der Methode noch unsicher fühlen, kann der erwähnte Atemreflex aber als wertvoller Hinweis dafür dienen, daß der erspürte Chakrabefund auch tatsächlich stimmt.

---

* Vgl. Anmerkung Nr. 87 im Anhang

Das hier beschriebene Verfahren kann in gleicher Weise auch zur Selbstdiagnose eingesetzt werden. Der Resonanzeffekt bei einem gestörten Chakra wird dabei selbst wahrgenommen. Da es aber relativ schwierig ist, objektiv zu sich selbst zu sein und eine unbewußte Beeinflussung der sensitiven Wahrnehmung zu vermeiden, ist es sinnvoll, damit zu warten, bis man genügend Erfahrung bei anderen gesammelt hat und die Methode sicher beherrscht.

3.
Objektive Diagnosemethoden

Wie bereits erwähnt, lassen sich gestörte Chakren mit Hilfe objektiver Diagnoseverfahren indirekt beurteilen, indem deren Auswirkungen ermittelt werden. Eine solche Möglichkeit bietet die chinesische Pulsdiagnostik, mit der sehr differenzierte energetische Diagnosen erstellt werden können. Da diese äußerst schwer zu erlernen ist und auch nur von sehr wenigen Akupunkteuren beherrscht wird – die meisten arbeiten daher nach fertigen Therapieschemata –, soll sie hier nur ganz kurz skizziert werden. Viel wichtiger als die Technik dieser Methode ist in diesem Zusammenhang die Tatsache, daß eine Chakradiagnose damit überhaupt möglich ist. Dies zeigt, daß der Zusammenhang zwischen Meridianen und Chakren kein rein theoretischer ist, sondern auch durch die Praxis Bestätigung findet.

Bei der Pulsdiagnostik werden an jedem Handgelenk drei Pulstaststellen untersucht (vgl. Abbildung). Durch unterschiedlichen Auflagedruck lassen sich dort jeweils zwei unterschiedliche Meridiane testen. Die oberflächlichen Pulse, die bei leichtem Drücken zu fühlen sind, ermöglichen eine Beurteilung der Yang-Meridiane. Bei intensivem Druck erhält man dagegen die Pulse in der Tiefe, durch die sich die Yin-Meridiane diagnostizieren lassen.

Bewertet werden die Intensität und die Qualität der einzelnen

Pulse. Ist einer der Pulse stärker als die übrigen, befindet sich der betreffende Meridian in einem Fülle-Zustand, erweist er sich als schwächer, zeigt dies einen Leere-Zustand an. Viel schwieriger ist die Beurteilung der Qualität der getesteten Pulse. Man unterscheidet dabei beispielsweise harte, weiche, kräftige, matte, dünne, fadenförmige, gleitende, rauhe, verzögerte, unruhige, erregte und wechselnde Pulse. Um hier eindeutige und verläßliche Befunde zu erhalten, ist jahrelanges Üben unter Anleitung eines Lehrmeisters unumgänglich.

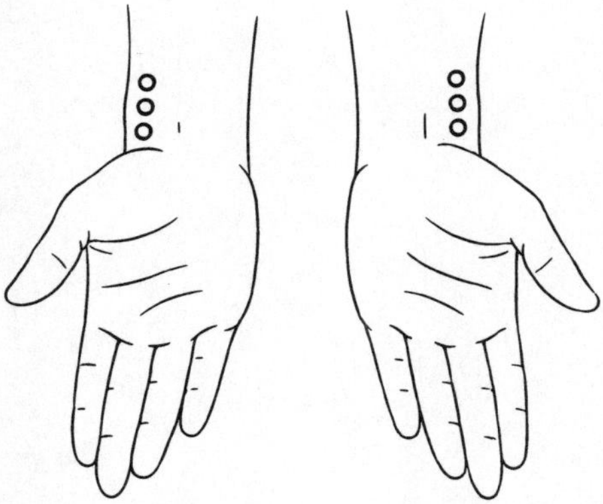

Taststellen der chinesischen Pulsdiagnose

Wesentlich einfacher als die chinesische Pulsdiagnostik ist die im ersten Teil dieses Bandes beschriebene Mondlinientestung. Sie liefert, was die Chakren anbetrifft, genau dieselben Resultate. Der Chakrabefund läßt sich dabei direkt aus den bei der Testung gefundenen Bach-Blütenschienen mit Hilfe der Tabelle «Chakren und Bach-Blüten» im Anhang ableiten.

Kapitel III

Behandlung der Chakren

1.
Therapie mit Bach-Blütenschienen

Die einfachste Form der Chakrabehandlung ist die Bach-Blütentherapie mit ganzen Schienen, wie sie im dritten Band der Neuen Therapien mit Bach-Blüten beschrieben ist. Sie basiert auf den Beziehungen der Schienen zueinander, die aus den Regeln der Akupunktur abgeleitet sind. Weicht man von diesen Regeln ab und kombiniert andere Schienen miteinander oder verwendet nur eine einzige Schiene, so treten vielfach überaus heftige und unangenehme Reaktionen auf, die bei längerer Einnahme z. T. sehr extreme Formen annehmen können.*

Diese Methode ist die wirksamste Form der Bach-Blütentherapie. Der Grund liegt darin, daß bei der Einnahme einer solchen Schienenkombination und der dazugehörigen Äußeren Blüte auch die damit gekoppelten Akupunkturmeridiane und das entsprechende Chakra mitbeeinflußt werden. Da die Wirkung derart tiefgreifend ist, sollte dieses Verfahren *nur bei akuten Schwierigkeiten* eingesetzt werden. Eine Ausnahme bilden Therapieblockaden, die sich im Verlauf einer längerfristigen Behandlung nach der im ersten Band der Neuen Therapien mit Bach-Blüten beschriebenen Methode zeigen und bei chronischen Problemen für eine Stagnation der Bes-

---

* Vgl. Neue Therapien mit Bach-Blüten 3, S. 169ff.

serung oder eine Therapieresistenz verantwortlich sind. Hier kann, unter Berücksichtigung bestimmter Kriterien*, kurzfristig mit ganzen Schienen gearbeitet werden, bis die entsprechende Blokkade beseitigt ist.

Die Behandlung von Kindern mit ganzen Schienen ist in der Regel unproblematisch. Es empfiehlt sich aber dennoch, diese Methode auch hier nur bei akuten Schwierigkeiten oder zur Aufarbeitung von traumatischen Erlebnissen aus der Vergangenheit, z.B. während der Geburt oder der Zeit der vorgeburtlichen Entwicklung, anzuwenden.**

Für die Auswahl der geeigneten Blütenkombination sind die augenblicklichen Gemütssymptome ausschlaggebend. Zusätzlich kann eine der im letzten Kapitel vorgestellten Diagnosemethoden hinzugezogen werden. Ausschließlich darauf verlassen sollte man sich jedoch nur, wenn man sich darin sehr sicher ist. In diesem Fall müssen die in Frage kommenden Bach-Blüten aber mit dem Patienten durchgesprochen werden, da sie sehr stark auf die Psyche wirken und ihre Verwendung ohne Zustimmung des Betroffenen einen Eingriff in den freien Willen darstellt.

Bei einer Therapie mit ganzen Schienen genügt es, einige wenige momentan angezeigte Blüten richtig zu erkennen, da sich die anderen für das gerade aktuelle Problem benötigten Blüten aus den Beziehungen der Schienen zueinander ergeben.*** Manchmal reicht sogar eine besonders auffällige Blüte aus, um den Fall zu lösen. Steht beispielsweise Ungeduld im Augenblick im Vordergrund, so ist damit bereits die Indikation für die Clematis- und Impatiens-Schiene nebst Aspen gegeben. Dies vereinfacht die Bach-Blütendiagnose enorm.

---

* Vgl. Neue Therapien mit Bach-Blüten 3, S. 197

** Vgl. Neue Therapien mit Bach-Blüten 3, S. 297 ff.

*** Die zusammengehörenden Schienen und die dazugehörigen Äußeren Blüten sind aus der Tabelle «Chakren und Bach-Blüten» im Anhang zu entnehmen.

Bei körperlichen Beschwerden* ist die Vorgehensweise genau dieselbe. Auch hier ist für die Auswahl der in Frage kommenden Blüten die augenblickliche Gemütsverfassung des Patienten entscheidend. Häufig treten vor Beginn der ersten körperlichen Symptome negative Emotionen oder auch Launen auf, die für den Betroffenen untypisch oder durch ihre momentane Intensität besonders auffallend sind. Diese deuten meist ziemlich augenscheinlich auf die benötigte Schienenkombination hin. Bei Kindern sind diese «Vorboten» besonders ausgeprägt. So kann z.B. ein relativ ruhiges Kind kurz vor Ausbruch einer Infektionskrankheit aus heiterem Himmel furchtbar ungeduldig (Impatiens) oder auch wütend und leicht reizbar (Holly) werden. Umgekehrt kommt es vor, daß ein sonst sehr lebhaftes Kind kurz vor einer Erkältung ohne jeden äußeren Anlaß still und in sich gekehrt wirkt (Mustard).

Oft gibt es auch Auslöser, die dem Betroffenen bekannt sind, so z.B. seelische Schocks, emotionale Verletzungen oder Enttäuschungen (Star of Bethlehem), völlige Erschöpfung infolge körperlicher (Olive) oder auch geistiger (Hornbeam) Überarbeitung, Raubbau an der eigenen Gesundheit (Oak), starke Schuldgefühle aufgrund irgend eines Fehlers (Pine) usw. Hat der Patient Schmerzen, so befinden sich diese meist in einer (oder mehrerer) der diesen Blüten zugeordneten Hautzonen. Sie können aber auch, wie bereits bei den einzelnen Chakren erläutert, im Verlauf des Meridians auftreten, der zu der Schiene gehört, die mit der betroffenen Schiene gekoppelt ist. Sind beispielsweise Schuldgefühle (Pine/Centaury-Schiene) der Auslöser, so können körperliche Symptome – außer in einer Pine-Zone – auch im Verlauf des Dreifachen-Erwärmer-Meridians auftreten, da dieser mit der Rock-Rose-Schiene verbunden ist, die nach den Beziehungen der Schienen zueinander mit der Centaury-Schiene gekoppelt ist.

Meist befindet sich der Ort der Beschwerden entweder im Einflußbereich des mit der in Frage kommenden Schienenkombina-

* Bitte beachten Sie hierbei den Hinweis im Anhang, S. 279.

tion zusammenhängenden Chakras oder des mit diesem Chakra gekoppelten.*

Die Dosierung und Einnahme ist bei der Behandlung akuter Schwierigkeiten mit ganzen Schienen dieselbe wie bei der üblichen Methode: Man gibt zwei Tropfen je Blüte direkt aus der Stockbottle in ein Glas Wasser und trinkt davon viertel- bis halbstündlich je einen Schluck. Lassen die Beschwerden nach, so vergrößert man die Abstände.

In vielen Fällen hat sich auch eine andere Vorgehensweise bewährt: Von der oben beschriebenen Zubereitung trinkt man jede Minute einen Schluck über einen Zeitraum von ungefähr zehn bis fünfzehn Minuten. Anschließend setzt man die Mischung wieder ab und läßt sie auswirken. Erst wenn das Abklingen der akuten Symptome stagniert, nimmt man sie in größeren Abständen wieder weiter. Bei Bagatellbeschwerden oder vorübergehenden Stimmungsschwankungen ist dies jedoch in den meisten Fällen nicht mehr erforderlich.

---

* Vgl. S. 212

2.
Therapie mit Farben

Als mögliche Farbbehandlung der Chakren bietet sich auf den ersten Blick die großflächige Bestrahlung der Energiezentren mit deren Resonanzfarben an. Leider erweist sich diese in der Praxis als nicht sehr effektiv. Um eine befriedigende therapeutische Wirkung zu erzielen, muß das Licht mit einem Pyramidenfokus gebündelt und direkt auf die nur 4–5 mm große Eintrittsöffnung des Energiekanals appliziert werden. Diese auf der Oberfläche des Ätherkörpers gelegene Stelle muß mit der Pyramidenspitze der Farblampe exakt berührt werden, was nicht gerade einfach ist, da die Ausdehnung des Ätherkörpers nach außen von Person zu Person schwankt. Verfehlt man die Eintrittsöffnung auch nur um ein bis zwei Millimeter, so tritt keinerlei Resonanzeffekt auf. Selbst wenn es gelingt, diese Stelle exakt zu lokalisieren und die Farblampe dort mit Hilfe eines Stativs zu justieren, wird der Therapieerfolg bereits durch die geringste Bewegung des Patienten vereitelt, der dabei 10–15 Minuten lang vollkommen regungslos liegen muß. Eine Behandlung des dritten und vierten Chakras ist mit dieser Methode infolge der Atembewegung von Brust und Bauch überhaupt nicht möglich.

Eine Alternative zu diesem nicht praktikablen Verfahren bietet die Farbtherapie der Chakrapunkte der Mondlinien. Hierbei werden Punkte direkt auf der Körperoberfläche behandelt, die verhältnismäßig einfach zu lokalisieren sind. Die Farblampe muß dabei nicht mit einem Pyramidenfokus an eine eng umrissene Stelle gehalten, sondern kann mit dem Flachfokus im Abstand von 5–15 cm vom Körper entfernt an einem Stativ befestigt werden. Ich verwende zu diesem Zweck einen handelsüblichen Mikrophonständer.

Die Chakrapunkte sind unterteilt in zwei Gruppen. Eine davon steht in Beziehung zu den Chakren selbst, die andere gehört zu den Austrittspunkten. Die Reflexpunkte für die letzteren befinden sich wie die Austrittspunkte auf der Körperrückseite. Sie liegen dort jeweils in gleichem Abstand auf einer gedachten vertikalen Linie, die die Steißbeinspitze mit dem Mondlinienmittelpunkt verbindet. Angeordnet sind sie auch in derselben Reihenfolge wie die zugehörigen Austrittspunkte, d.h. die Steißbeinspitze entspricht dem Austrittspunkt des ersten Chakras, der Mondlinienmittelpunkt dem des siebten.

Die Reflexpunkte für die Chakren befinden sich auf der Körpervorderseite, direkt gegenüber denen der Austrittspunkte. Auch sie sind in der Reihenfolge der Chakren angeordnet. Der unterste Punkt liegt am Unterrand des Schambeins in einer äußerst schmerzhaften Vertiefung. Von hier aus erstrecken sich die anderen in gleichen Abständen wie die Punkte auf der Körperrückseite nach oben.

In der Praxis hat es sich bewährt, die Chakrapunkte zusammen mit den meditativen Punkten der Mondlinien* zu behandeln. Letztere besitzen eine stark entspannende Wirkung; sie helfen, innerlich loszulassen und positive wie auch negative Gefühle anzunehmen. Da sie die Angst vor der Auflösung des inneren Konflikts senken, der für die bestehenden Probleme verantwortlich ist, lassen sich mit ihrer Hilfe auch eventuell bestehende Therapieblockaden beseitigen. Obwohl die Punkte primär seelisch wirken, verschwinden bei ihrer Behandlung sehr häufig auch körperliche Beschwerden.

Diese meditativen Punkte liegen auf einer gedachten horizontalen Linie, die durch den Mondlinienmittelpunkt geht und sich bis zur Körpervorderseite erstreckt. Ihre Reihenfolge ist im Vergleich

---

* Vgl. Neue Therapien mit Bach-Blüten 3, S. 166ff.

zu den diagonalen Linien genau umgekehrt. Der Mittelpunkt und dessen Pendant auf der Körpervorderseite gehören zur ersten Mondlinie (Mimulus-Linie).* Die anderen Punkte befinden sich in genau doppeltem Abstand zu einer gedachten Senkrechten durch den Mittelpunkt wie die Anfangs- und Endpunkte der diagonalen Linien. Die Hälfte der Punkte liegt daher auf der Körpervorderseite.

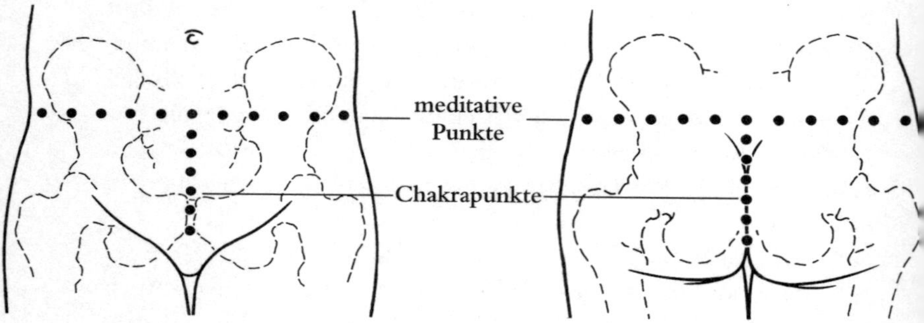

Lage der meditativen Punkte und der Chakrapunkte der Mondlinien

Bei der Therapie beginnt man mit dem meditativen Punkt auf der linken Seite, wechselt anschließend zum meditativen Punkt auf der rechten Seite und behandelt daraufhin den dazugehörigen Chakra- bzw. Austrittspunkt. Die Dauer der Bestrahlung beträgt bei allen drei Punkten jeweils 15 Minuten. Dabei ist stets ein Flachfokus zu verwenden.

Die Behandlung sollte in einem ruhigen, leicht abgedunkelten Raum stattfinden, in dem der Patient weder durch die Türklingel noch durch das Telefon gestört wird. Sanfte Entspannungsmusik im

* Die beiden Punkte sind gleichzeitig auch Reflexpunkte für das siebte Chakra und dessen Austrittspunkt. Worauf sie wirken, hängt von der gewählten Therapiefarbe ab.

Hintergrund ist sehr förderlich, da sie einen beruhigenden Einfluß auf den Patienten ausübt und zugleich einer eventuell aufkommenden Langeweile während der 45minütigen Anwendung vorbeugt. Allerdings sollte dabei der persönliche Geschmack berücksichtigt werden, da ungeliebte Musik eher verkrampfend wirkt. Instrumentale Musik eignet sich dazu am besten. Bei gesungenen Stücken besteht die Gefahr, daß der Patient zu sehr auf den Text achtet oder gar in Gedanken mitsingt, anstatt einfach loszulassen und mit geschlossenen Augen den angenehm entspannten Zustand zu genießen, in dem er sich gerade befindet.

Um die Wirkung der Farbtherapie zu verstärken, kann man zusätzlich ein ätherisches Öl in der Aromalampe verdampfen. Zu diesem Zweck wählt man aus den zu dem verwendeten Chakrapunkt passenden Ölen* dasjenige aus, das am dringendsten benötigt wird.

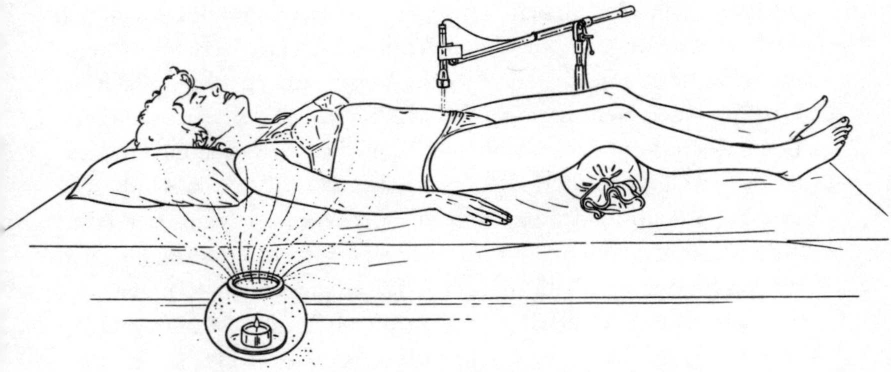

Farbbestrahlung eines Chakrapunktes

* Die den Chakrapunkten entsprechenden Bach-Blüten sind aus der Tabelle «Chakren und Bach-Blüten» im Anhang ersichtlich. Die zu diesen Blüten passenden Aromaessenzen können aus der Tabelle der Entsprechungen im Anhang von Neue Therapien mit ätherischen Ölen und Edelsteinen entnommen werden.

3.
Therapie mit Klängen

Die direkte Beschallung der Chakren mit speziellen Klängen ist meiner Erfahrung nach die wirkungsvollste Methode, um feinstoffliche Blockierungen der Energiezentren zu beheben. Durch die intensive Vibration, denen diese dabei ausgesetzt sind, lösen sich u.a. auch Verklebungen* auf, die gegenüber anderen Verfahren ungemein hartnäckig sind. Gerade solche Verklebungen sind vielfach die Ursache therapieresistenter Beschwerden, bei denen sämtliche Behandlungsversuche, unabhängig von der verwendeten Heilmethode, erfolglos bleiben. Bedenkt man, daß die Chakren übergeordnete Steuerungszentren sind, die den Kontrollzyklus der Akupunktur kontrollieren, so wird dies verständlich. Dies erklärt auch die hervorragende Wirkung der Chakratherapie mit Klängen, mit der sich gerade in derartigen Fällen oft noch gute Erfolge erzielen oder zumindest Blockaden lösen lassen, so daß hierauf die bisherigen Methoden wieder greifen.

Der jeweils verwendete Klang muß so beschaffen sein, daß er bei dem zu behandelnden Chakra die größtmögliche Vibration erzeugt. Hierbei kommt es nicht allein auf die Tonhöhe** an, sondern auch

---

* Vgl. S. 164 sowie Tafel 14 und 15

** Vgl. Tabelle «Chakren und Töne» im Anhang

auf den speziellen Klang sowie das Ein- und Ausschwingverhalten. Experimente haben gezeigt, daß ganz allgemein obertonreiche Klänge mit einem ausgeprägten Wah-Wah-Effekt die stärkste Wirkung hervorrufen. Sie dürfen aber nicht als Dauerton verwendet werden, sondern müssen mehrmals pro Sekunde an- und wieder abschwellen, wobei die Frequenz von Chakra zu Chakra etwas variiert. Diese speziellen Klänge müssen auf einem Synthesizer erzeugt werden.* Sie weisen eine gewisse Ähnlichkeit mit dem von Schwirrhölzern hervorgebrachten Klang auf.

Die einzelnen Klänge werden über einen Lautsprecher, der an einem Stativ befestigt ist, auf die entsprechenden Chakren bzw. deren Austrittspunkte übertragen. Der Abstand zwischen Lautsprecher und Körperoberfläche beträgt dabei 20–25 cm. Der Patient sollte während der Therapie möglichst bequem liegen. Der Raum sollte angenehm warm und leicht abgedunkelt sein.

Behandelt wird nicht nur das betroffene Chakra, sondern, wie bereits erwähnt, auch das mit diesem über die Beziehungen der Chakren zueinander korrespondierende.** Dabei wird sowohl das jeweilige Chakra selbst als auch dessen Austrittspunkt beschallt. Wichtig ist auch die Reihenfolge, in der die einzelnen Stellen therapiert werden. Man beginnt auf der Körperrückseite und arbeitet dort von unten nach oben. Anschließend wechselt man zur Körpervorderseite und geht hier in umgekehrter Reihenfolge vor. Soll beispielsweise das erste und das vierte Chakra behandelt werden, so lautet die Reihenfolge: Austrittspunkt des 1. Chakras – Austrittspunkt des 4. Chakras – 4. Chakra – 1. Chakra.

Die Behandlungsdauer ist an den einzelnen Stellen unterschiedlich und hängt von der jeweiligen feinstofflichen Reaktion des Patienten ab, die vom Therapeuten auf sensitive Weise gespürt werden muß. Bei lediglich funktionell gestörten Chakren kommt es zu einem ganz allmählich ansteigenden Resonanzeffekt, der nach durchschnittlich drei Minuten seinen Höhepunkt erreicht und dann

---

* Die Klänge sind inzwischen auf einer CD erhältlich. Diese kann auf entsprechenden Seminaren erworben werden.

** Vgl. S. 212

jäh abbricht. Jetzt sollte die Beschallung dieser Stelle umgehend beendet werden, um eine energetische Überladung zu vermeiden. Bei blockierten Chakren steigt der Resonanzeffekt wesentlich langsamer an, weshalb die Therapie hier erheblich länger dauern kann. Teilweise geht auch die für den Therapeuten spürbare Energieabstrahlung der Aura etwas zurück, steigt wieder an, fällt erneut etwas ab, steigt wieder an usw., ohne zu einem Ende zu kommen. Durch Auflegen des für die Blockade an diesem Chakra bzw. Austrittspunkt passenden Edelsteins auf eine ihm zugeordnete Hautzone klärt sich die Situation meist rasch. Reißt während der Beschallung eine Verklebung auf, so ist dies an einem sehr typischen Energiemuster zu erkennen.

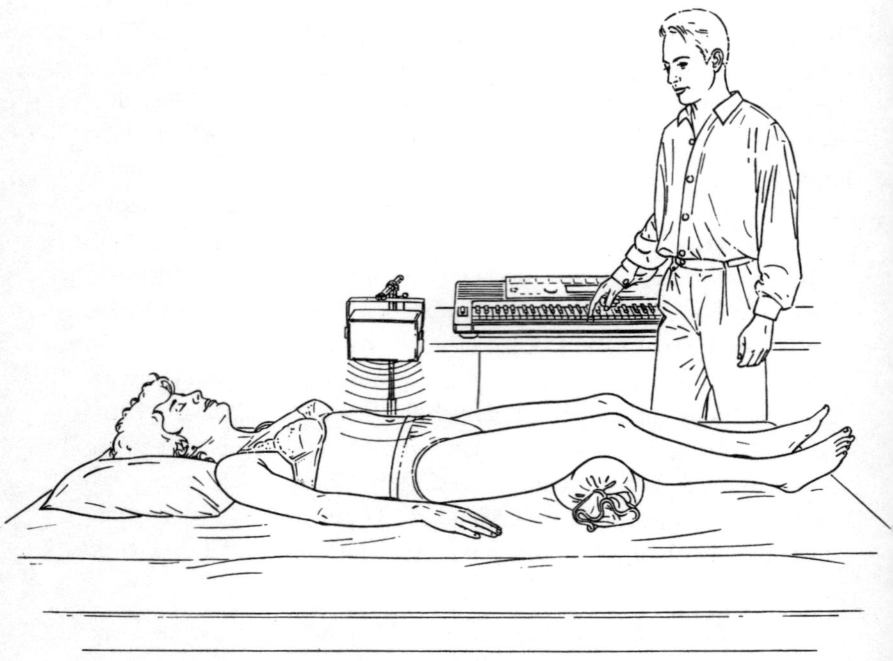

Chakratherapie mit Klängen

Während der Behandlung erlebt der Patient meist intensive Reaktionen, die von angenehmer Entspannung und wellenförmigen Energieströmen bis hin zu äußerst unangenehmen Empfindungen und heftigen Schmerzen in erkrankten Körperteilen gehen können. Es ist daher sinnvoll, den Patienten nach der Behandlung noch einige Minuten liegen zu lassen, bis diese vollständig abgeklungen sind.

4.
Therapie mit Metallen

Eine verhältnismäßig einfache und dennoch wirkungsvolle Form der Chakratherapie ist das Auflegen von Metallen auf die Chakren bzw. deren Austrittspunkte. Voraussetzung dafür ist jedoch die exakte Lokalisierung der entsprechenden Stellen.* Außerdem sollten die eingesetzten Metalle in der Höhe jeweils so plaziert werden, daß sie möglichst genau die Ein- bzw. Austrittsöffnung auf der Oberfläche des Ätherkörpers berühren. Dies läßt sich erreichen, indem man die Metallstücke auf eine entsprechende Unterlage legt. Da der Ätherkörper den physischen Körper im Durchschnitt um ein bis zwei Zentimeter überragt, ist die Verwendung von etwa 1,5 Zentimeter dicken Metallbrocken auf einer ca. 0,75 Zentimeter hohen Unterlage zu empfehlen.** Gold kann auch in Form von Blattgold verwendet werden, das in einer Flüssigkeit in kleinen Fläschchen preisgünstig im Handel angeboten wird. Dasselbe gilt auch für Silber.

Als Anwendungsdauer genügen 10–15 Minuten. Die zu behandelnden Chakren bzw. Austrittspunkte können entweder mit Hilfe

---

* Vgl. Übersicht «Lokalisation der Chakren» und «Hinweise zum Auffinden der Chakra-Austrittspunkte» im Anhang.

** Ein komplettes Therapieset mit den im Buch genannten Metallen kann über die im Anhang angegebenen Bezugsquellen bezogen werden.

eines der bereits beschriebenen Diagnoseverfahren ermittelt oder auch rein aufgrund der aktuellen Symptome ausgewählt werden. Die zugehörigen Metalle sind aus der Tabelle «Chakren und Metalle» im Anhang ersichtlich. Um Überstimulationen zu vermeiden, sollten in einer Sitzung nur ein bis zwei Metalle eingesetzt werden.

Noch effektiver als die Metalltherapie allein ist deren Kombination mit der Edelsteintherapie über die Bach-Blüten-Hautzonen. Hierbei verfährt man nach der im ersten Band beschriebenen Methode*, legt aber zusätzlich zu den Steinen**, die jeweils auf einer ihnen zugeordneten Zone plaziert werden, die entsprechenden Metalle auf die dazugehörigen Chakren bzw. Austrittspunkte.*** Bei Steinen, die mit zwei Energiezentren korrespondieren, läßt sich durch eine sensitive Diagnose oder anhand der sonstigen Symptome des Patienten ermitteln, welches der beiden Chakren das therapiebedürftige ist.

Die Wirkung der aufgelegten Edelsteine wird durch die gleichzeitige Stimulation der dazugehörigen Chakren enorm verstärkt, was meist auch für den Patienten spürbar ist. Die gesamte Behandlungsdauer verkürzt sich durch die Kombination beider Verfahren in der Regel auf 3–5 Minuten.

Abschließend möchte ich noch bemerken, daß das direkte Auflegen von Edelsteinen auf die Chakren im Vergleich zu deren Anwendung über die Hautzonen relativ wenig bringt. Dasselbe gilt auch für Einreibungen im Bereich der Chakren mit den im ersten Band beschriebenen ätherischen Ölen.

---

* Vgl. Neue Therapien mit ätherischen Ölen und Edelsteinen, S. 170ff.

** Bei einer Kombination von Edelstein- und Metalltherapie sollten nicht mehr als zwei verschiedene Steine in einer Sitzung eingesetzt werden.

*** Die Zuordnung der Steine zu den Chakren bzw. Austrittspunkten ist aus der Tabelle «Chakren und Edelsteine» im Anhang zu entnehmen. Die entsprechenden Metalle sind aus der Tabelle «Chakren und Metalle» ersichtlich.

5.
Chakrameditation

Die Chakrameditation ist eine einfache Form der Selbstbehandlung. Sie ermöglicht, auf mentalem Wege Spannungszustände aufzulösen, die zur Blockierung eines Energiezentrums geführt haben. Die Methode selbst ist verhältnismäßig leicht durchzuführen und setzt keine Vorerfahrungen mit meditativen Techniken voraus.

Für die Meditation sollte ein ruhiger Ort gewählt werden, an dem man weder durch äußere Geräusche noch durch hinzukommende Personen gestört wird. Man sollte bequem und möglichst aufrecht sitzen. Spezielle Sitzpositionen wie Schneider- oder Lotussitz sind dabei völlig unerheblich. Da im Liegen die Tendenz besteht einzuschlafen, ist diese Position weniger empfehlenswert.

Die Meditation beginnt man, indem man die Augen schließt und erst einmal einen Moment innehält, um abzuschalten und die Gedanken etwas zur Ruhe kommen zu lassen. Anschließend denkt man an die Stelle, an der sich das zu behandelnde Chakra* befindet. Dabei ist nicht entscheidend, daß dieses exakt lokalisiert wird. Es genügt, die Aufmerksamkeit auf die ungefähre Lage des Ener-

* Am effektivsten erweist sich die Meditation auf das im Augenblick am meisten blockierte Chakra. Vgl. S. 217ff.

giezentrums zu lenken und dort zu fixieren. Dies sollte möglichst anstrengungslos erfolgen, indem man lediglich versucht, diesen Bereich wahrzunehmen. Das Ganze ist vergleichbar mit dem Anschauen eines Gegenstandes mit offenen Augen. Der Unterschied besteht allein darin, daß der Vorgang hier innerlich abläuft. Dabei treten oftmals Empfindungen wie Wärme, Energieströme, vermehrte Anspannung und ein starkes Druckgefühl sowie Entspannung und Entkrampfung im Bereich des Chakras auf.

Sehr häufig kommt es vor, daß die Gedanken abschweifen und man sich dabei ertappt, wie man an etwas völlig anderes denkt. In diesem Fall lenkt man einfach die Aufmerksamkeit wieder auf das Chakra zurück, möglichst ohne sich dabei anzustrengen oder gar zu verkrampfen. Dieses Abschweifen der Gedanken passiert so gut wie jedem und ist bei dem ruhelosen Geist, den die meisten von uns in unserer schnellebigen, hektischen, intellektorientierten westlichen Kultursphäre aufweisen, wohl kaum zu vermeiden.

Da es bei dieser Methode ausschließlich um die Auflösung von Spannungszuständen in dem betreffenden Energiezentrum geht, ist die Visualisierung einer speziellen Farbe oder gar des Chakras selbst vollkommen überflüssig. Außerdem müßte man sich hierzu intensiv konzentrieren, was – besonders bei Ungeübten – sehr häufig zu einer mehr oder weniger starken innerlichen Anspannung führen würde, die dem genau entgegengesetzt ist, was man durch die Meditation eigentlich erreichen möchte.

Um ein spürbares Resultat zu erhalten, sollte diese Meditation über einen Zeitraum von mindestens einer Woche regelmäßig etwa 15 Minuten lang täglich praktiziert werden. Die genaue Tageszeit spielt hierbei keine Rolle. Zu beachten ist lediglich, daß das Üben morgens nach dem Aufstehen und direkt nach dem Essen weniger effektiv ist, da Müdigkeit und ein voller Magen für jede Art von Meditation hinderlich sind.

Anhang

Anmerkungen

1 Nach Ted J. Kaptchuk, Das große Buch der chinesischen Medizin, Bern u. a. 1990, Scherz/O.W.Barth-Verlag, S. 25/26
2 Nach Clarissa Ray, Die persönliche Magie der Farben, Bad Münstereifel 1991, Edition Tramontane, S. 24
3 Nach ebd., S. 24
4 Nach Waltraud Maria Hulke, Das Farben Heilbuch, Aitrang 1991, Windpferd Verlagsgesellschaft, S. 19
5 Nach Heinz Schiegl, Colortherapie, Freiburg i. Br. 1982, Verlag Hermann Bauer, S. 40
6 Nach Prof. L. Eberhard, Heilkräfte der Farben, München 1954, Drei Eichen Verlag, 1954, S. 10
7 Nach ebd., S. 39
8 Farblampen nach Peter Mandel sind erhältlich bei Me Te Pro, Peter F. Mandel, Hildastr. 8, D-76646 Bruchsal
9 Nach Clarissa Ray, Die persönliche Magie der Farben, a. a. O., S. 15
10 Nach Peter Mandel, Lichtblicke in der ganzheitlichen (Zahn-) Medizin, Bruchsal 1989, Energetik-Verlag, S. 19
11 Vgl. Max Lüscher, Lüscher Diagnostik, Düsseldorf, Wien, New York, Moskau 1993, Econ Verlag
12 Nach Peter Mandel, Lichtblicke in der ganzheitlichen (Zahn-) Medizin, a. a. O., S. 15
13 Nach ebd., S. 39
14 Nach ebd., S. 41
15 Ebd., S. 41
16 Nach Peter Mandel, Esogetik, Sulzbach/Taunus 1991, Energetik Verlag, S. 80
17 Nach ebd., S. 80
18 Nach Peter Mandel, Praktisches Handbuch der Farbpunktur, Bruchsal 1986, Energetik Verlag, S. 25
19 Nach Robert Füß/Peter Mandel, Farbpunktur bei Wirbelsäulen- und Gelenkerkrankungen, Sulzbach/Taunus 1993, S. 20

20 Nach Howard und Dorothy Sun, Neuer Schwung durch Farbe, Freiburg i. Br. 1994, Verlag Hermann Bauer, S. 62
21 Nach Waltraud Maria Hulke, Das Farben Heilbuch, a. a. O., S. 84
22 Nach Howard und Dorothy Sun, Neuer Schwung durch Farbe, a. a. O., S. 63
23 Nach Clarissa Ray, Die persönliche Magie der Farben, a. a. O., S. 131
24 Nach Howard und Dorothy Sun, Neuer Schwung durch Farbe, a. a. O., S. 62
25 Nach Waltraud Maria Hulke, Das Farben Heilbuch, a. a. O., S. 48
26 Nach Alex Jones, Die Geheimnisse der Farben, Aitrang 1991, Windpferd Verlag, S. 164
27 Nach ebd., S. 163
28 Nach ebd., S. 163
29 Nach Einführung und Bedienungsanleitung Multi Color Combi Set, Life Energy Products, LEP Santa Fe, New Mexico, USA.
30 Vgl. Peter Mandel, Praktisches Handbuch der Farbpunktur Bd. 2, Sulzbach/Taunus 1993, Energetik Verlag, S. 132
31 Nach Robert Füß/Peter Mandel, Farbpunktur bei Wirbelsäulen- und Gelenkerkrankungen, a. a. O., S. 21
32 Nach Howard und Dorothy Sun, Neuer Schwung durch Farbe, a. a. O., S. 64
33 Nach Peter Mandel, Praktisches Handbuch der Farbpunktur, a. a. O., S. 26
34 Waltraud Maria Hulke, Das Farben Heilbuch, a. a. O., S. 52
35 Ebd., S. 52
36 Nach Alex Jones, Die Geheimnisse der Farben, a. a. O., S. 166
37 Nach Howard und Dorothy Sun, Neuer Schwung durch Farbe, a. a. O., S. 63
38 Nach Peter Mandel, Praktisches Handbuch der Farbpunktur Bd. 2, a. a. O., S. 123
39 Nach Ingrid S. Kraaz & Wulfing von Rohr, Die richtige Schwingung heilt, München 1989, Wilhelm Goldmann Verlag, S. 83

40 Nach Waltraud Maria Hulke, Das Farben Heilbuch, a.a.O., S. 55 u. 85
41 Nach Peter Mandel, Praktisches Handbuch der Farbpunktur, a.a.O., S. 25
42 Nach Alex Jones, Die Geheimnisse der Farben, a.a.O., S. 170
43 Nach Waltraud Maria Hulke, Das Farben Heilbuch, a.a.O., S. 54/55
44 Nach Ingrid S. Kraaz & Wulfing von Rohr, Die richtige Schwingung heilt, a.a.O., S. 92
45 Nach Clarissa Ray, Die persönliche Magie der Farben, a.a.O., S. 97
46 Nach Waltraud Maria Hulke, Das Farben Heilbuch, a.a.O., S. 55
47 Nach ebd., S. 86
48 Nach Ingrid S.Kraaz & Wulfing von Rohr, Die richtige Schwingung heilt, a.a.O., S. 125
49 Nach Howard und Dorothy Sun, Neuer Schwung durch Farbe, a.a.O., S. 66
50 Nach ebd., S. 67
51 Nach Waltraud Maria Hulke, Das Farben Heilbuch, a.a.O., S. 58
52 Nach Theo Gimbel, Healing Through Colour, Saffron Walden 1989, C.W. Daniels Company Ltd., S. 151
53 Nach Howard und Dorothy Sun, Neuer Schwung durch Farbe, a.a.O., S. 69
54 Nach Ingrid S. Kraaz von Rohr, Die Farben Deiner Seele, München 1991, Wilhelm Goldmann Verlag, S. 130
55 Nach ebd., S. 130
56 Nach ebd., S. 130
57 Nach Ingrid S. Kraaz & Wulfing von Rohr, Die richtige Schwingung heilt, a.a.O., S. 100
58 Nach ebd., S. 100
59 Nach Peter Mandel, Praktisches Handbuch der Farbpunktur Bd. 2, a.a.O., S. 127/128
60 Nach Ingrid S. Kraaz von Rohr, Die Farben Deiner Seele, a.a.O., S. 119
61 Nach Waltraud Maria Hulke, Das Farben Heilbuch, a.a.O., S. 58

62 Nach ebd., S. 59
63 Nach Alex Jones, Die Geheimnisse der Farben, a. a. O., S. 175
64 Nach Ingrid S. Kraaz & Wulfing von Rohr, Die richtige Schwingung heilt, a. a. O., S. 87
65 Nach Theo Gimbel, Healing Through Colour, a. a. O., S. 151
66 Nach Robert Füß/Peter Mandel, Farbpunktur bei Wirbelsäulen- und Gelenkerkrankungen, a. a. O., S. 20
67 Nach ebd., S. 20
68 Nach Howard und Dorothy Sun, Neuer Schwung durch Farbe, a. a. O., S. 70
69 Nach Heinz Schiegl, Colortherapie, a. a. O., S. 76
70 Nach Theo Gimbel, Healing Through Colour, a. a. O., S. 151
71 Nach Max Lüscher, Lüscher Diagnostik, a. a. O., S. 239
72 Nach Olivea Dewhurst-Maddock, Selbstheilung durch Klang und Stimme, Aarau/Schweiz 1993, AT Verlag, S. 27
73 Nach Dr. med Thomas Verny/John Kelly, Das Seelenleben des Ungeborenen, München 1981, Verlag Rogner & Bernhard, S. 15/16
74 Nach Olivea Dewhurst-Maddock, Selbstheilung durch Klang und Stimme, a. a. O., S. 11
75 Vgl. Robert A. Monroe, Der zweite Körper, Interlaken 1987, Ansata Verlag
76 Nach Olivea Dewhurst-Maddock, Selbstheilung durch Klang und Stimme, a. a. O., S. 13
77 Nach Eva Rudy Jansen, Klangschalen – Funktion und Anwendung, Diever (NL) 1991, Verlag Binkey Kok, S. 37/38
78 Nach ebd., S. 38
79 Nach Dirk Schellberg, Didgeridoo, Südergellersen 1993, Verlag Bruno Martin, S. 60 ff.
80 Nach Olivea Dewhurst-Maddock, Selbstheilung durch Klang und Stimme, a. a. O., S. 111
81 Nach ebd., S. 89
82 Nach ebd., S. 89
83 Nach Karl Spießberger, Magneten des Glücks, Berlin 1971, Verlag Richard Schikowski, S. 67
84 Nach ebd., S. 59

85 Informationen für Therapeuten sind erhältlich bei der Firma Wala-Heilmittel GmbH, Bad Boll.

86 Nach Gerhard Schmitt/Walther Cloos/Wilhelm Pelikan/Reimar Thetter/Willem Daems, Heilmittel für typische Krankheiten gegeben durch Rudolf Steiner, 5. Folge Blei und Silber, Dornach 1963, Philosophisch-Anthroposophischer Verlag, S. 90/91

87 Zwei der klassischen Meridianverläufe erwiesen sich dabei als fehlerhaft, wie sich auch mit der Farbresonanzmethode nachweisen läßt: der Dreifacher-Erwärmer-Meridian endet am Ringfinger statt auf der Außen- auf der Daumenseite. Der Lungenmeridian biegt am Punkt Lu 9 an der Daumenwurzel zur Handfläche hin ab, verläuft über die Innenseite der Handfläche und endet am äußeren Nagelfalzwinkel des Mittelfingers, direkt gegenüber dem Punkt KS 9.

88 Nach Lingen Lexikon, Köln 1976/77, Lingen Verlag, Bd. 1, S. 120/121

89 Nach Mellie Uyldert, Verborgene Kräfte der Metalle, München 1984, Heinrich Hugendubel Verlag, S. 141

90 Nach Das große Universal Lexikon in Farbe, Herrsching 1979, Edition Thomas, Bd. 10, S. 233

91 Nach Jürgen K. Juchheim, Leitfaden der Haaranalyse, Heidelberg 1986, Karl F. Haug Verlag, S. 56, sowie nach Eleonore Blaurock-Busch, Mineralstoffe und Spurenelemente und deren Bedeutung in der Haar-Mineralien-Analyse, Boulder Colorado 1984, Alpine Health Inc., S. 98

92 Nach Mellie Uyldert, Verborgene Kräfte der Metalle, a. a. O., S. 143

93 Nach Jürgen K. Juchheim, Leitfaden der Haaranalyse, a. a. O., S. 56

94 Nach Eleonore Blaurock-Busch, Mineralstoffe und Spurenelemente und deren Bedeutung in der Haar-Mineralien-Analyse, a. a. O., S. 96/97

95 Nach Wilhelm Pelikan, Sieben Metalle, Dornach 1981, Philosophisch-Anthroposophischer Verlag, S. 96

96 Nach Mellie Uyldert, Verborgene Kräfte der Metalle, a. a. O., S. 18

97 Nach Jürgen K. Juchheim, Leitfaden der Haaranalyse, a.a.O., S. 30
98 Nach Wilhelm Pelikan, Sieben Metalle, a.a.O., S. 114
99 Nach Eleonore Blaurock-Busch, Mineralstoffe und Spurenelemente und deren Bedeutung in der Haar-Mineralien-Analyse, a.a.O., S. 43
100 Nach Jürgen K. Juchheim, Leitfaden der Haaranalyse, a.a.O., S. 32, sowie nach Eleonore Blaurock-Busch, Mineralstoffe und Spurenelemente und deren Bedeutung in der Haar-Mineralien-Analyse, a.a.O., S. 45–47
101 Nach Mellie Uyldert, Verborgene Kräfte der Metalle, a.a.O., S. 68ff.
102 Nach Jürgen K.Juchheim, Leitfaden der Haaranalyse, a.a.O., S. 37
103 Nach Jürgen K.Juchheim, Leitfaden der Haaranalyse, a.a.O., S. 37, sowie nach Eleonore Blaurock-Busch, Mineralstoffe und Spurenelemente und deren Bedeutung in der Haar-Mineralien-Analyse, a.a.O., S. 58
104 Nach Eleonore Blaurock-Busch, Mineralstoffe und Spurenelemente und deren Bedeutung in der Haar-Mineralien-Analyse, a.a.O., S. 62
105 Nach Jürgen K.Juchheim, Leitfaden der Haaranalyse, a.a.O., S. 42
106 Nach Auswertungsblatt der Firma Micro Trace Minerals, Laboratorium für spektralanalytische und biologische Untersuchungen, Röhrenstr. 20, D-91217 Hersbruck
107 Nach Mellie Uyldert, Verborgene Kräfte der Metalle, a.a.O., S. 84
108 Nach ebd., S. 84
109 Nach Eleonore Blaurock-Busch, Mineralstoffe und Spurenelemente und deren Bedeutung in der Haar-Mineralien-Analyse, neue erweiterte Auflage, Hersbruck 1991, Biologischer Arbeits- und Forschungskreis, S. 107
110 Nach Eleonore Blaurock-Busch, Mineralstoffe und Spurenelemente und deren Bedeutung in der Haar-Mineralien-Analyse, Boulder Colorado 1984, Alpine Health Inc., S. 110

111 Nach Jaap Huibers, Gesund sein mit Metallen, Freiburg i. Br. 1981, Aurum Verlag, S. 49
112 Nach Mellie Uyldert, Verborgene Kräfte der Metalle, a. a. O., S. 45
113 Nach Jürgen K. Juchheim, Leitfaden der Haaranalyse, a. a. O., S. 44
114 Nach Wilhelm Pelikan, Sieben Metalle, a. a. O., S. 55
115 Nach Eleonore Blaurock-Busch, Mineralstoffe und Spurenelemente und deren Bedeutung in der Haar-Mineralien-Analyse, Boulder Colorado 1984, a. a. O., S. 89
116 Nach Ebd., S. 89
117 Nach Mellie Uyldert, Verborgene Kräfte der Metalle, a. a. O., S. 108
118 Nach Harish Johari, Chakras – Körperzentren der Transformation, Basel 1992, Sphinx Verlag, S. 22
119 Nach Naomi Ozaniec, Die Chakras, Braunschweig 1993, Aurum Verlag, S. 18
120 Nach ebd., S. 18
121 Nach ebd., S. 19
122 Nach Rosalyn L.Bruyere, Chakras – Räder des Lichts, Eine Einführung, Essen 1990, Synthesis Verlag, S. 21
123 Nach ebd., S. 22
124 Nach ebd., S. 24
125 Nach Naomi Ozaniec, Die Chakras, a. a. O., S. 19
126 Vgl. Neue Therapien mit Bach-Blüten Bd. 1, S. 22 + 134, Bd. 2, S. 60, Bd. 3, S. 50, Esoterische Therapien Bd. 1, S. 129, 142, 151/152, 276/277
127 Barbara Ann Brennan, Licht-Arbeit, München 1989, Wilhelm Goldmann Verlag, S. 95/96
128 Nach Jochen M. Gleditsch, Reflexzonen und Somatotopien als Schlüssel zu einer Gesamtschau des Menschen, Schorndorf 1983, WBV Biologisch-Medizinische Verlagsgesellschaft, S. 97
129 Vgl. Helle Gotved, Beckenboden und Sexualität, Trias Thieme, Hippokrates und Enke Verlag, Stuttgart, sowie im selben Verlag Helle Gotved, Harninkontinenz ist überwindbar

130 Shalila Sharamon und Bodo J. Baginski, Das Chakra Handbuch, Durach 1989, S. 96
131 Gérard Edde, Chakras und Heilung, St.Goar 1993, Edition Tramontane, S. 15
132 Dianne M. Connelly, Traditionelle Akupunktur: Das Gesetz der fünf Elemente, Heidelberg 1989, Verlag Anna-Christa Endrich, S. 31
133 Nach Prof. Dr. Manfred Porkert, Die chinesische Medizin, Düsseldorf 1989, Econ Verlag, S. 134
134 Nach Jochen M. Gleditsch, Reflexzonen und Somatotopien als Schlüssel zu einer Gesamtschau des Menschen, a.a.O., S. 105
135 Nach ebd., S. 105
136 Nach Jochen M. Gleditsch, Reflexzonen und Somatotopien als Schlüssel zu einer Gesamtschau des Menschen, a.a.O., S. 113
137 Prof. Dr. Manfred Porkert, Die chinesische Medizin, a.a.O., S. 108
138 Nach ebd., S. 109
139 Dies beruht auf einer hemmenden Wirkung des ANF auf das Nebennierenhormon Aldosteron und das die Aldosteronfreisetzung stimulierende Eiweißmolekül Angiotensin II. Aldosteron verengt die Blutgefäße, steigert die Kontraktionskraft und die Frequenz des Herzmuskels und erhöht den Blutdruck. ANF ist außerdem imstande, die Natriumausscheidung in den Nierentubuli direkt zu fördern, unter Umgehung des Renin-Angiotensin-Aldosteron-Systems.
140 Nach Selecta 27, 7. Juli 1986
141 Nach Shalila Sharamon und Bodo J. Baginski, Das Chakra Handbuch, a.a.O., S. 130
142 Ebd., S. 130
143 Nach ebd., S. 131
144 Prof. Dr. Manfred Porkert, Die chinesische Medizin, a.a.O., S. 116
145 Ebd., S. 118
146 Nach Manfred Porkert/Carl-Hermann Hempen, Systemati-

sche Akupunktur, München–Wien–Baltimore 1985, Urban & Schwarzenberg, S. 104
147 Nach ebd., S. 104
148 Nach Jochen M. Gleditsch, Reflexzonen und Somatotopien als Schlüssel zu einer Gesamtschau des Menschen, a. a. O., S. 109
149 Guido Fisch, Sammlung: «Die Meridiane und ihre Punkte in der traditionellen Chinesischen Medizin», Nr. VII, Der Herzmeistermeridian, Jouxtens/Schweiz 1991, Verlag für traditionelle orientalische Medizin, S. 2
150 Nach Manfred Porkert/Carl-Hermann Hempen, Systematische Akupunktur, a. a. O., S. 76
151 Prof. Dr. Manfred Porkert, Die chinesische Medizin, a. a. O., S. 105/106
152 Manfred Porkert/Carl-Hermann Hempen, Systematische Akupunktur, a. a. O., S. 76
153 Nach ebd., S. 104
154 Nach Prof. Dr. Manfred Porkert, Die chinesische Medizin, a. a. O., S. 118
155 Nach ebd., S. 135
156 Nach Dianne M. Connelly, Traditionelle Akupunktur: Das Gesetz der fünf Elemente, a. a. O., S. 45
157 Nach Walter Pierpaoli & William Regelson, Pineal control of aging: effect of melatonin and pineal grafting on aging mice. Proceedings of the National Academy of Sciences of the United States, Jan 18, 1994
158 Nach Marty Munson & Greg Gutfeld, Beat the lag: Pill helps ease fatigue from jet travel. Prevention, Dec 1993 und Gail Vines, A glass of urin a day keeps the stress away (Hormone melatonin present in considerable quantity in early morning urine can induce mild sedation.), New Scientist, Feb 29, 1992
159 Nach Steve Nadis, Cure the Winter Blues., Technology Review, Nov–Dec 1987
160 Nach Mohammad Shafii & Sharon Lee Shafii, Biological Rhythms, Mood Disorders, Light Therapy, and the Pineal Gland, (book reviews), JAMA, The Journal of the American Medical Association, March 20, 1991

161 Nach Living in Perpetual Twilight (Melatonin's Physiological Affect on the Body) and (The Tyranny of Time: Solving the Mystery of Our Inner Clockwork), Nutrition Health Review, Winter 1992

162 Nach Marilyn Elias, The Mysteries of Melatonin., Harvard Health Letter, June 1993

163 Nach Do you crave light? (Seasonal Affective Disorder), Heart Care, August 1990

164 Nach Do you crave light? (Seasonal Affective Disorder), Heart Care, August 1990, und Steve Nadis, Cure the Winter Blues., Technology Review, Nov-Dec 1987

165 Nach Marty Munson & Greg Gutfeld, Beat the lag: Pill helps ease fatigue from jet travel. Prevention, Dec 1993

166 Nach W. Loscher; U. Wahnschaffe; M. Mevissen; A. Lerchl; A. Stamm; Effects of weak alternating magnetic fields on nocturnal melatonin production und mammary carcinogenesis in rats (Adapted from Oncology, May-June 1994), Cancer Researcher Weekly, June 20, 1994

167 Vgl. Peter Dosch, Lehrbuch der Neuraltherapie, Ulm 1981, Karl F. Haug Verlag, S. 184

Literaturverzeichnis

Akupunktur:

Dianne M. Conelly, Traditionelle Akupunktur: Das Gesetz der Fünf Elemente, Verlag Anna-Christa Endrich, Heidelberg

Guido Fisch, Die traditionelle Chinesische Medizin, Georg Wenderoth Verlag, Kassel

Hans Giesen, PAFA, Klassische Akupunktur für den Praktiker, WBV Biologisch-Medizinische Verlagsgesellschaft, Schorndorf

Wataru Ohashi, Shiatsu, Die Japanische Fingerdrucktherapie, Hermann Bauer Verlag, Freiburg i. Br.

Manfred Porkert, Die chinesische Medizin, Econ-Verlag, Düsseldorf

Barbara D. Schrecke/Gerhard J. Wertsch, Lehrbuch der modernen und klassischen Akupunktur, WBV Biologisch-Medizinische Verlagsgesellschaft, Schorndorf

Bach-Blütentherapie:

Edward Bach, Die nachgelassenen Originalschriften, Hrsg. Judy Howard und John Ramsell, Hugendubel Verlag, München

Julian & Martine Barnard, Das Bach-Blüten Wunder, Heyne Verlag, München

Judy Howard, The Story of Mount Vernon, Home of the Bach Flower Remedies, Albry Printing, Wallingford-on-Thames, Oxfordshire

Dietmar Krämer, Neue Therapien mit Bach-Blüten 1, Ansata Verlag, München

Dietmar Krämer/Helmut Wild, Neue Therapien mit Bach-Blüten 2, Ansata-Verlag, München

Dietmar Krämer, Neue Therapien mit Bach-Blüten 3, Ansata Verlag, München

Dietmar Krämer, Neue Therapien mit ätherischen Ölen und Edelsteinen – in Verbindung mit Bach-Blüten-Hautzonen, Ansata Verlag, München

Dietmar Krämer/Anne Simons, Neue Therapien mit Bach-Blüten – Das Praxisbuch, Lotos/Ullstein-Taschenbuch, München

Dietmar Krämer/Hagen Heimann, Bach-Blütentypen leicht erkannt anhand markanter Patientenzitate, Libri Books on Demand
Nora Weeks, Edward Bach – Entdecker der Blütentherapie. Sein Leben – seine Erkenntnisse, Hugendubel Verlag, München

Farbtherapie:

Prof. L. Eberhard, Heilkräfte der Farben, Drei Eichen Verlag, München
Robert Füß/Peter Mandel, Farbpunktur bei Wirbelsäulen- und Gelenkerkrankungen, Energetik Verlag Sulzbach
Waltraud Maria Hulke, Das Farben Heilbuch, Windpferd Verlag, Aitrang
A.Kornerup/J. H. Wanscher, Taschenlexikon der Farben, Muster-Schmidt Verlag, Zürich/Göttingen
Ingrid S. Kraaz von Rohr, Die Farben Deiner Seele, Goldmann Verlag München
Dr. Jakob Libermann, Die heilende Kraft des Lichts, Scherz Verlag, Bern, München, Wien
Max Lüscher, Lüscher-Diagnostik, Econ Verlag, Düsseldorf–Wien–New York–Moskau
Peter Mandel, Lichtblicke in der ganzheitlichen (Zahn-)Medizin, Energetik Verlag, Sulzbach
Peter Mandel, Praktisches Handbuch der Farbpunktur, Energetik Verlag, Sulzbach
Peter Mandel, Praktisches Handbuch der Farbpunktur Band 2, Therapien der Farbpunktur, Energetik Verlag Sulzbach
Clarissa Ray, Die persönliche Magie der Farben, Edition Tramontane, Bad Münstereifel
Heinz Schiegl, Colortherapie – Heilung durch Farbenkraft, Bauer Verlag, Freiburg i. Br.
Howard und Dorothy Sun, Neuer Schwung durch Farbe, Bauer Verlag, Freiburg i. Br.

Klangtherapie:

Olivea Dewhurst-Maddock, Selbstheilung durch Klang und Stimme, AT Verlag, Aarau

Eva Rudy Jansen, Klangschalen – Funktion und Anwendung, Verlag Binkey Kok, Diever (NL),

Töm Klöwer, Die Welten der Trommeln und Klanginstrumente, Verlag Bruno Martin, Südergellersen

Dirk Schellberg, Didgeridoo – Das faszinierende Instrument der Australischen Ureinwohner, Verlag Bruno Martin, Südergellersen

Metalltherapie:

Eleonore Blaurock-Busch, Mineralstoffe und Spurenelemente und deren Bedeutung in der Haar-Mineralien-Analyse, Biologischer Forschungs-und Arbeitskreis, Hersbruck

Jaap Huibers, Gesund sein mit Metallen, Aurum Verlag, Freiburg i. Br.

Jürgen K. Juchheim, Leitfaden der Haaranalyse, Karl F. Haug Verlag, Heidelberg

Wilhelm Pelikan, Sieben Metalle, Philosophisch-Anthroposophischer Verlag, Dornach

Mellie Uyldert, Verborgene Kräfte der Metalle, Irisiana Verlag, München

Chakren:

Rosalyn L. Bruyere, Chakras – Räder des Lichts, Eine Einführung, Synthesis Verlag, Essen

Rosalyn L. Bruyere, Chakras – Räder des Lichts Band 1, Das Wurzelchakra, Synthesis Verlag, Essen

Gérard Edde, Chakras und Heilung, Edition Tramontane, St. Goar

Dora van Gelder-Kunz/Shafica Karagulla, Die Chakras und die feinstofflichen Körper des Menschen, Aquamarin Verlag, Grafing

Harish Johari, Chakras – Körperzentren der Transformation, Sphinx Verlag, Basel

C. W. Leadbeater, Die Chakras, Verlag Hermann Bauer, Freiburg i. Br.

Naomi Ozaniec, Die Chakras, Aurum Verlag, Braunschweig

Shalila Sharamon/Bodo J. Baginski, Das Chakra Handbuch, Windpferd Verlag, Aitrang

Johannes Walter, Chakra Erfahrung durch Symbole, Visualisierung, Meditation, Naturerleben, Körperwahrnehmung, Atmen und Mudras, Wilhelm Heyne Verlag, München

Ergänzende Literatur:

Rüdiger Dahlke, Krankheit als Sprache der Seele, Bertelsmann Verlag, München

Thorwald Dethlefsen/Rüdiger Dahlke, Krankheit als Weg, Bertelsmann Verlag, München

Jochen M. Gleditsch, Reflexzonen und Somatotopien als Schlüssel zu einer Gesamtschau des Menschen, WBV Biologisch-Medizinische Verlagsgesellschaft, Schorndorf

Peter Mandel, Esogetik, Sinn und Unsinn von Krankheit und Schmerz, Edition Energetik, Sulzbach

Übersicht:

*Die unterschiedlichen Körper des Menschen und die darauf wirkenden Heilverfahren**

Mentale Ebene («Mentalkörper»)	Edelsteintherapie Metalltherapie
... Punkte?	
Emotionale Ebene («Astralkörper»)	Bach-Blütentherapie Aromatherapie
Mondlinienpunkte	
Energetische Ebene («Ätherkörper»)	Farbtherapie** Klangtherapie**
Akupunkturpunkte	
Grobstoffliche Ebene (Physischer Körper)	Kräuterheilkunde

* Vgl. Neue Therapien mit ätherischen Ölen und Edelsteinen, S.16ff.

** Die Therapie mit Resonanzfarben bzw. -klängen wirkt auf den Übergang zwischen Astral- und Ätherkörper.

Übersicht:

Lokalisation der Chakren

Chakrastiele

Chakra:	**Lokalisation*:**
VII	Am höchsten Punkt des Schädels in der Verlängerung der Ohrspitzen
VI	1 Finger breit oberhalb des Nasenwurzelansatzes
V	2 Finger breit oberhalb der Kehlgrube
IV	Im 4. Zwischenrippenraum, 1 Finger breit links
III	2 Finger breit oberhalb der Nabelmitte
II	$^1/_2$ Finger breit über dem oberen Schambeinrand
I	Mann: $1^1/_2$ Finger breit hinter dem Hodenansatz Frau: unterhalb der Harnröhrenöffnung

Austrittspunkte

Chakra:	**Lokalisation*:**
VII	1 Finger breit hinter dem Chakrastiel
VI	Oberhalb des Unterrandes der Hinterhauptschuppe in der Mitte der 1. Vertiefung
V	In der Mitte zwischen 5. und 6. Halswirbel
IV	Auf dem Dornfortsatz des 7. Brustwirbels
III	Auf dem Dornfortsatz des 12. Brustwirbels
II	In der Mitte zwischen 4. und 5. Lendenwirbel
I	Mann: 3 Finger breit hinter dem Hodenansatz Frau: Unterrand der Vagina

* Ausgangspunkt ist stets die vertikale Mittellinie des Körpers.

Hinweise zum Auffinden der Chakra-Austrittspunkte

Das Aufsuchen der Chakra-Austrittspunkte am Rücken läßt sich vereinfachen, wenn man die tastbaren Dornfortsatzspitzen auf der Mittellinie mit einem Stift markiert. Am besten eignen sich hierzu die in der Kosmetik verwendeten Eye-Liner oder Kajalstifte. Um die Lage der einzelnen Wirbel genau zu lokalisieren, geht man am besten von auffälligen Markierungspunkten aus und zählt von dort nach oben bzw. unten. Für den oberen Rücken ist dies der 7. Halswirbel, für den unteren der 4. Lendenwirbel.

7. *Halswirbel:*
Bei weit nach vorn gebeugtem Kopf zeichnet sich dieser in Schulterhöhe als am weitesten hervorstehender Wirbel ab. In manchen Fällen steht der 1. Brustwirbel ebenfalls sehr stark heraus, was zu Verwechslungen führen kann. Hier gibt es einen Trick, um beide Wirbel voneinander zu unterscheiden: bei weit nach vorne geneigtem Kopf mit einem Finger auf den fraglichen Dornfortsatz drücken. Wird der Kopf anschließend maximal nach hinten gebeugt, verschwindet der 7. Halswirbel nach vorne, der 1. Brustwirbel bleibt.

4. *Lendenwirbel:*
Der 4. Lendenwirbel liegt in Höhe der Oberkante des Darmbeinkamms. Er läßt sich am leichtesten finden, wenn man beidseitig die Hände in die Seite auf das obere Ende der Hüfte legt und eine waagerechte Verbindungslinie zieht.

Alphabetisches Verzeichnis der Bach-Blüten

Agrimony
Aspen
Beech
Centaury
Cerato
Cherry Plum
Chestnut Bud
Chicory
Clematis
Crab Apple
Elm
Gentian
Gorse
Heather
Holly
Honeysuckle
Hornbeam
Impatiens
Larch
Mimulus
Mustard
Oak
Olive
Pine
Red Chestnut
Rock Rose
Rock Water
Scleranthus
Star of Bethlehem
Sweet Chestnut
Vervain
Vine
Walnut
Water Violet
White Chestnut
Wild Oat
Wild Rose
Willow

Tabelle:

Bach-Blütenschienen und Farben

Bach-Blütenschiene*:	**Farbe:**
Agrimony-Schiene	Tiefviolett
Centaury-Schiene	Tiefrot
Cerato-Schiene	Dunkelrosa
Chicory-Schiene	Dunkelgelb
Clematis-Schiene	Helltürkis
Gentian-Schiene	Türkis
Impatiens-Schiene	Tiefblau
Mimulus-Schiene	Orange
Rock-Rose-Schiene	Hellrosa
Scleranthus-Schiene	Grün
Vervain-Schiene	Orangerot
Water-Violet-Schiene	Gelbgrün

* Die Zuordnungen von Farben zu den Äußeren Blüten spielen nur für den Bach-Blüten-Farbtest eine Rolle. Hierbei entspricht Tiefblau Aspen, Orange Elm, Dunkelrosa Gorse, Hellrosa und Orangerot Star of Bethlehem sowie Dunkelgelb Walnut.

Tabelle:

Bach-Blütenschienen und Töne

Bach-Blütenschiene:	**Ton:**
Agrimony-Schiene	a
Centaury-Schiene	e
Cerato-Schiene	d
Chicory-Schiene	fis
Clematis-Schiene	gis
Gentian-Schiene	cis’
Impatiens-Schiene	dis
Mimulus-Schiene	h
Rock-Rose-Schiene	g
Scleranthus-Schiene	ais
Vervain-Schiene	f
Water-Violet-Schiene	c’

Tabelle:

Bach-Blütenschienen und Metalle

Bach-Blütenschiene:	**Metall:**	**Planet*:**
Agrimony-Schiene	Mangan	Pluto
Centaury-Schiene	Wismut	Chiron
Cerato-Schiene	Gold	Sonne
Chicory-Schiene	Aluminium	Uranus
Clematis-Schiene	Vanadium	Transpluto
Gentian-Schiene	Silber	Merkur
Impatiens-Schiene	Zinn	Jupiter
Mimulus-Schiene	Molybdän	Mond
Rock-Rose-Schiene	Zirkonium	Neptun
Scleranthus-Schiene	Nickel	Saturn
Vervain-Schiene	Kupfer	Venus
Water-Violet-Schiene	Titan	Mars

* Anmerkung: Die von mir gefundenen Zusammenhänge decken sich nur zum Teil mit den klassischen Zuordnungen. Die Tabelle ist ausschließlich für astrologische Studien gedacht.

Tabelle:

Akupunkturmeridiane und Farben*

Meridian:	**Farbe:**
Blasen-Meridian	Tiefrot
Dreifacher-Erwärmer-Meridian	Hellrosa
Dickdarm-Meridian	Helltürkis
Dünndarm-Meridian	Tiefviolett
Gallenblasen-Meridian	Grün
Herz-Meridian	Orangerot
Kreislauf-Sexus-Meridian	Gelbgrün
Leber-Meridian	Tiefblau
Lungen-Meridian	Dunkelgelb
Nieren-Meridian	Orange
Magen-Meridian	Türkis
Milz/Pankreas-Meridian	Dunkelrosa

* Die angegebenen Farben gelten auch für die den Meridianen zugehörigen Mondlinien.

Tabelle:

Akupunkturmeridiane und Töne*

Akupunktur-Meridian:	**Ton:**
Blase	e
Dickdarm	gis
Dreifacher Erwärmer	g
Dünndarm	a
Gallenblase	ais
Herz	f
Kreislauf-Sexus	c’
Leber	dis
Lunge	fis
Magen	cis’
Milz/Pankreas	d
Niere	h

* Die angegebenen Töne gelten auch für die den Meridianen zugehörigen Mondlinien.

Tabelle:

Akupunkturmeridiane und Metalle*

Akupunktur-Meridian:	**Metall:**	**Planet**:**
Blase	Wismut	Chiron
Dickdarm	Vanadium	Transpluto
Dreifacher Erwärmer	Zirkonium	Neptun
Dünndarm	Mangan	Pluto
Gallenblase	Nickel	Saturn
Herz	Kupfer	Venus
Kreislauf-Sexus	Titan	Mars
Leber	Zinn	Jupiter
Lunge	Aluminium	Uranus
Magen	Silber	Merkur
Milz/Pankreas	Gold	Sonne
Niere	Molybdän	Mond

* Die angegebenen Metalle gelten auch für die den Meridianen zugehörigen Mondlinien.

** Anmerkung: Die von mir gefundenen Zusammenhänge decken sich nur zum Teil mit den klassischen Zuordnungen. Die Tabelle ist ausschließlich für astrologische Studien gedacht.

*Tabelle der Mondlinien**

Nummer der Mondlinie:	zugehörige Bach-Blütenschiene:
1	Mimulus-Schiene
2	Water-Violet-Schiene
3	Rock-Rose-Schiene
4	Centaury-Schiene
5	Clematis-Schiene
6	Chicory-Schiene
7	Scleranthus-Schiene
8	Vervain-Schiene
9	Gentian-Schiene
10	Impatiens-Schiene
11	Cerato-Schiene
12	Agrimony-Schiene

* Die Numerierung erfolgt im Beckenbereich von außen nach innen, im Kopfbereich von innen nach außen.

Tabelle:

Chakren und Akupunkturmeridiane

Beziehung zum Chakra:	**Chakra:**	**Beziehung zum Austrittspunkt:**
Lunge	VII	Dünndarm
Leber	VI	Dickdarm
Lunge	V	Kreislauf-Sexus
Herz	IV	Blase
Milz/Pankreas	III	Gallenblase
Dreifacher Erwärmer	II	Blase
Niere	I	Magen

Tabelle:

*Chakren und Bach-Blüten**

Beziehung zum Chakra:	Chakra:	Beziehung zum Austrittspunkt:
Chicory-Schiene (Walnut)	VII	Agrimony-Schiene
Impatiens-Schiene (Aspen)	VI	Clematis-Schiene
Chicory-Schiene (Walnut)	V	Water-Violet-Schiene
Vervain-Schiene (Star of Bethlehem, Larch)	IV	Centaury-Schiene
Cerato-Schiene (Gorse)	III	Scleranthus-Schiene
Rock-Rose-Schiene (Star of Bethlehem, Larch)	II	Centaury-Schiene
Mimulus-Schiene (Elm)	I	Gentian-Schiene

* Anmerkung: Die Beziehungen zwischen Chakren und Bach-Blüten-Hautzonen bleiben hier unberücksichtigt, da die in Frage kommenden Blüten jeweils nur indirekt mit den entsprechenden Chakren zusammenhängen.

Tabelle:

Chakren und Farben

Beziehung zum Chakra:	**Chakra:**	**Beziehung zum Austrittspunkt:**
Dunkelgelb	VII	Tiefviolett
Tiefblau	VI	Helltürkis
Dunkelgelb	V	Gelbgrün
Orangerot	IV	Tiefrot
Dunkelrosa	III	Grün
Hellrosa	II	Tiefrot
Orange	I	Türkis

Tabelle:

Chakren und Töne

Beziehung zum Chakra:	**Chakra:**	**Beziehung zum Austrittspunkt:**
fis	VII	a
dis	VI	gis
fis	V	c’
f	IV	e
d	III	ais
g	II	e
h	I	cis’

Tabelle:

Chakren und Metalle

Beziehung zum Chakra:	**Chakra:**	**Beziehung zum Austrittspunkt:**
Aluminium	VII	Mangan
Zinn	VI	Vanadium
Aluminium	V	Titan
Kupfer	IV	Wismut
Gold	III	Nickel
Zirkonium	II	Wismut
Molybdän	I	Silber

Tabelle:

*Chakren und Planeten**

Beziehung zum Chakra:	**Chakra:**	**Beziehung zum Austrittspunkt:**
Uranus	VII	Pluto
Jupiter	VI	Transpluto
Uranus	V	Mars
Venus	IV	Chiron
Sonne	III	Saturn
Neptun	II	Chiron
Mond	I	Merkur

* Anmerkung: Die von mir gefundenen Zusammenhänge decken sich nur zum Teil mit den klassischen Zuordnungen. Die Tabelle ist ausschließlich für astrologische Studien gedacht.

Tabelle:

*Chakren und Edelsteine**

a) Beziehung zum Chakra
b) Beziehung zum Austrittspunkt

Edelstein:	**Chakra:**	**Edelstein:**	**Chakra:**
Achat	II b, IV b	Malachit	I a
Azurit	VII b	Milchquarz	VI a
Bergkristall	VI a	Moosachat	II a, IV a
Chalzedon	I a	Onyx	II a, VII b
Chrysokoll	V b	Pyrop	VI b
Chrysopras	III a	Rauchquarz	III a
Citrin	III b	Rhodochrosit	III a
Diamant	V a, VII a	Rhodonit	III b
Epidot	V b	Rosenquarz	II b, IV b
Fluorit	VI a	Rubin	IV a, VII b
Hämatit	III b	Saphir	II a
Heliotrop	V a, VII a	Sarder	I b
Honigcalcit	I a, VI b	Schneeflocken-obsidian	IV a
Jade	I a	Smaragd	V a, VII a
Jaspis	I b	Sodalith	VI a, VI b
Karneol	II a, IV a	Topas	I b
Kunzit	IV a	Türkis	V a, VII a
Lapislazuli	II b, IV b	Uwarowit	II a
Magnetit	V b	Zirkon	III a

* Anmerkung: Die Beziehungen zwischen Chakren und Bach-Blüten-Hautzonen bleiben hier unberücksichtigt, da die in Frage kommenden Blüten jeweils nur indirekt mit den entsprechenden Chakren zusammenhängen.

Bezugsquellen

Sämtliche in diesem Buch vorgestellten Produkte und Behandlungsgeräte sind erhältlich bei:

Isotrop-Versand
Frankfurter Str. 155
D-65520 Bad Camberg
Tel. + Fax: 0 64 34/54 55
E-Mail: info@isotrop.de
Internet: www.isotrop.de
(Lieferung zollfrei auch nach Österreich
und in jedes andere EG-Land)

Gaissberg-Versand
Gilbert Walz
Bahnhofstraße 13a
CH-8580 Amriswil
Tel.: (071) 411 30 33
Fax: (071) 411 30 34
E-Mail: gaissberg-versand@freesurf.ch

Seminare

Seminare für Therapeuten und Laien über die in diesem Band beschriebenen Themen und die «Neuen Therapien mit Bach-Blüten» werden vom Autor dieses Buches und weiteren von diesem hierzu beauftragten und eigens dafür ausgebildeten Personen regelmäßig angeboten. Aufbauend auf den dort gelehrten Grundlagen finden auch spezielle Kurse für Therapeuten statt, die u.a. die Diagnose und Therapie der Mondlinien beinhalten. Auskünfte hierüber erhalten Sie bei:

Internationales Zentrum
für Neue Therapien
Postfach 1712
D-63407 Hanau am Main
Fax: 06181/24640
E-Mail: info@dietmar-kraemer.de

Das aktuelle Seminarprogramm sowie umfangreiche Informationen zum Thema «Neue Therapien mit Bach-Blüten, ätherischen Ölen und Edelsteinen» können auch online über folgende Internet-Seite abgerufen werden:
www.sanfte-therapien.de

Ich möchte Sie an dieser Stelle darauf hinweisen, daß unter dem Titel «Neue Therapien mit Bach-Blüten» auch von anderer Seite Seminare angeboten werden, die vom Inhalt meiner Bücher z.T. erheblich abweichen. Informationen über Seminare, die tatsächlich auf meiner Arbeit basieren, sind aus diesem Grunde nur noch über die oben genannten Anschriften erhältlich. Früher erwähnte Kontaktadressen verlieren hiermit ihre Gültigkeit.

Hinweis

Die in diesem Buch vorgestellten Behandlungsmöglichkeiten ersetzen keinen Arzt oder Heilpraktiker. Manifeste Erkrankungen sollten vor Selbstversuchen unbedingt diagnostisch abgeklärt werden. Massive körperliche Beschwerden oder ernsthafte seelische Probleme gehören grundsätzlich in die Hand eines erfahrenen Therapeuten.

Neue Therapien mit ätherischen Ölen und Edelsteinen in Verbindung mit Bach-Blüten-Hautzonen

Dietmar Krämer
NEUE THERAPIEN MIT ÄTHERISCHEN ÖLEN UND EDELSTEINEN
in Verbindung mit Bach-Blüten-Hautzonen
324 Seiten, mit 48 farbigen Abbildungen, Paperback
ISBN 3-7787-7220-1

In dem hier vorgestellten Buch zeigt der erfahrene Heilpraktiker auf, daß zu den von Edward Bach entdeckten Blütenessenzen Entsprechungen auf anderen Ebenen existieren. Anhand Tausender Einzeltests konnte er nachweisen, daß jeweils 38 ätherische Öle und Edelsteine genau den Seelenkonzepten entsprechen, wie sie auch die Bach-Blüten verkörpern. Diese Identitäten (und nicht nur Analogien!) wurden auf sensitive Weise ermittelt und in der Praxis getestet. Außerdem gelang es ihm erstmals, Arzneimittelprüfungen an Edelsteinen durchzuführen und damit deren Heilwirkungen experimentell nachzuweisen.

Das in diesem Buch dargestellte völlig neue System der Entsprechungen vereinfacht Anwendung und Diagnose erheblich, denn ätherische Öle und Edelsteine können nach den einfachen Indikationen der Bach-Blüten verordnet werden. Auch die Bach-Blüten-Hautzonen gelten für Edelsteine und Aromaöle gleichermaßen. Zu den vielen bewährten Anwendungsverfahren schildert der Autor auch Indikationen von Steinen und Ölen, bei denen Heilwirkungen bislang unbekannt waren.

Der Band beinhaltet durch die umfassende Darstellung der Bach-Blüten-, Aroma- und Edelsteintherapie im Grunde drei Bücher in einem. Er wendet sich sowohl an Therapeuten als auch an Laien und ist ein idealer Ratgeber für die Selbstbehandlung von negativen Gemütszuständen, Alltagsproblemen und auch körperlichen Beschwerden.

Der erste Band mit neuen Gesichtspunkten und Forschungsergebnissen über die Bach-Blüten

Dietmar Krämer

NEUE THERAPIEN MIT BACH-BLÜTEN 1

Beziehungen der Blüten zueinander
Innere und äußere Blüten
Auswertung anhand der zwölf Schienen
Gebunden mit Schutzumschlag, mit vielen Tabellen, 232 Seiten
ISBN 3-7787-7067-5

Die Bach-Blütentherapie, obwohl 60 Jahre alt, hat erst in den letzten Jahren den ihr gebührenden Platz in der Naturheilkunde eingenommen. Obgleich Jahr für Jahr viele Bücher zu diesem Thema erschienen sind, kamen nur wenige wirklich neue Gesichtspunkte hinzu.

Eine große Ausnahme macht hier das vorliegende Werk von Dietmar Krämer. Als Sensitiver beschreibt er aufgrund praktischer Erfahrung und intuitiver Forschung therapeutische Konsequenzen, die der Bach-Blütentherapie neue Möglichekeiten eröffnen, und zwar nicht nur hinsichtlich der Diagnose, sondern auch bezüglich der Anwendung der Blüten.

Der erste Band beschreibt ein Therapiekonzept, das Ordnung in die 38 verschiedenen Blüten bringt und damit die Diagnose wesentlich erleichtert und vereinfacht. Über die Beziehungen der Blüten zueinander läßt sich erkennen, welche mehr die oberflächliche Seite des Problems und welche die tiefere Ursache abdeckt. Die Auswertung anhand der Schienen dient hierbei zur Orientierung, wo sich im Bewußtsein des Kranken die inneren Konflikte befinden, und zeigt den zu beschreitenden therapeutischen Weg auf.

Das Werk enthält einen therapeutischen Fragebogen, der bei jeder Frage die möglichen Blüten unter Angabe ihrer Kurzcharakteristik zur Differenzierung ausweist. So ist es schon dem Anfänger möglich, bereits ohne große Kenntnisse der einzelnen Blüten Diagnosen zu erstellen. Diagnostische Hilfsmittel wie die Partnerdiagnose und die Diagnose anhand der Organsprache erleichtern die Wahl der richtigen Blüten. Die Astrologische Diagnose läßt ebenfalls tieferliegende seelische Konflikte erkennen, wobei hier mit dem neuen ganzheitlichen Therapiekonzept nicht nur wie bisher 12, sondern 32 Blüten in die Diagnose miteinbezogen werden können.

Wie die Bach-Blütenheilmittel noch einfacher, schneller und wirkungsvoller eingesetzt werden können

Dietmar Krämer/Helmut Wild
NEUE THERAPIEN MIT BACH-BLÜTEN 2
Diagnose und Behandlung über die Bach-Blüten Hautzonen
Mit einem topographischen Atlas
Gebunden mit Schutzumschlag
320 Seiten, mit 200 Abbildungen
ISBN 3-7787-7068-3

Den beiden sensitiven Autoren dieses Buches ist es gelungen, durch die Diagnose und Therapie über die neu gefundenen Bach-Blüten Hautzonen eine Behandlung mit den Blütenheilmitteln noch einfacher und wirkungsvoller zu machen, mit der auch Nichtsensitive erfolgreich arbeiten können, sei es im Heilberuf oder als Laie zur Selbsthilfe.

Jedem Bach-Blütenmittel lassen sich nämlich Zonen auf der Hautoberfläche zuordnen, da bei bestimmten Gemütszuständen Veränderungen in der energetischen Struktur auftreten, die oft von Schmerzen und Sensibilitätsstörungen begleitet werden. Die so gefundenen Bach-Blüten Hautzonen sind auf etwa 200 Zeichnungen genau lokalisiert. Die in Frage kommenden Blütenmittel lassen sich daher direkt vom Körper ablesen.

Durch Anwendung der entsprechenden Blüten in Form von Umschlägen direkt auf die gestörten Zonen läßt sich die Wirkung enorm steigern. Nicht nur negative Gemütszustände lassen wesentlich schneller nach als bei der Einnahme in Form von Tropfen, sondern auch bei körperlichen Beschwerden bessert sich der Zustand häufig unmittelbar nach Aufbringung der Blüten auf die Haut. So können seelische Probleme, z.B. Schuldgefühle, genau dort behandelt werden, wo sie sich körperlich manifestieren. Auch vorbeugende Behandlungen über die Hautzonen sind möglich.

Die Bach-Blütentherapie ist nicht nur eine wertvolle Seelenhygiene zur Harmonisierung der Psyche, sondern kann jetzt durch die Erkenntnisse zweier sensitiver Praktiker auch als eine eigenständige Behandlung körperlicher Beschwerden eingesetzt werden, wie es auch Edward Bachs Anliegen war.

Neue, in der täglichen Praxis getestete Diagnose- und Behandlungshinweise mit Bach-Blüten

Dietmar Krämer
NEUE THERAPIEN MIT BACH-BLÜTEN 3
Akupunkturmeridiane und Bach-Blüten
Beziehungen der Schienen untereinander
Bach-Blütenbehandlung von Kindern
Gebunden mit Schutzumschlag, mit vielen Abbildungen, 328 Seiten
ISBN 3-7787-7069-1

Der Abschlußband der «Neuen Therapien mit Bach-Blüten» beschreibt im ersten Teil die Entsprechungen zwischen Bach-Blütenschienen und den Meridianen der Akupunktur. Der Autor zeigt anhand von übereinstimmenden Symptomen, daß die Bach-Blütenschienen und Akupunkturmeridiane Manifestationen ein und desselben Prinzips auf zwei verschiedenen Schwingungsebenen darstellen, was mit einer Fülle von neuen diagnostischen und therapeutischen Praxishinweisen dokumentiert wird.

Aus den in der Akupunktur bekannten Wandlungszyklen leitet der erfahrene Praktiker die Beziehungen der Bach-Blütenschienen zueinander ab, die eine Therapie mit ganzen Schienen zur Steigerung der Wirkung der Blüten möglich machen. Diese neue Anwendungsform stellt in akuten Fällen und bei der Behandlung von Kindern eine wesentliche Vereinfachung dar.

Neu gefundene Test- und Therapiepunkte (Mondlinienpunkte) ermöglichen eine objektive Blüten-Diagnose und erleichtern die Wahl der in Frage kommenden Schienenkombinationen. Mit der Entdeckung der Mondlinien erhielt der Autor den Beweis für die Richtigkeit seiner Annahmen und die Möglichkeit, die Nahtstelle zwischen Bach-Blütenschienen und Akupunkturmeridianen direkt zu behandeln.

Der zweite Teil gibt wichtige Hilfestellungen bei der Blütenbehandlung von Kindern. Ein speziell entwickelter Kinderfragebogen vereinfacht die Diagnose, und Beispiele zeigen, wie Einflüsse während der Schwangerschaft und Geburt sowie der Umgebung exakte Hinweise auf benötigte Schienen geben können.

Das Buch enthält weitere, in der täglichen Praxis getestete Diagnose- und Behandlungshinweise sowie zahlreiche Fallbeispiele. Der Autor dokumentiert ferner Zusammenhänge von typischen Träumen nach Einnahme der Blütenmittel und beantwortet viele Fragen zur Bach-Blütentherapie.